KB169134

R을 이용한 중·고급 데이터 분석의 바이블

Big Data
빅데이터 활용서 Ⅰ

시대인

R을 이용한 중·고급 데이터 분석의 바이블

빅데이터 활용서 Ⅰ

개정3판2쇄 발행일 2020년 6월 5일
개정3판2쇄 인쇄일 2020년 3월 31일
초판인쇄일 2014년 9월 30일

발 행 인 박영일
책 임 편 집 이해욱

지 은 이 김경태 · 안정국 · 김동현
편 집 진 행 윤승일 · 이 웅 · 민한슬
표지디자인 이미애
본문디자인 안시영

공 급 처 (주)시대고시기획
발 행 처 시대인
출 판 등 록 제10-1521호
주 소 서울시 마포구 큰우불로 75[도화동 538번시 성지B/D] 9F
대 표 전 화 1600-3600
팩 스 02-701-8823
홈 페 이 지 www.sidaegosi.com

I S B N 979-11-254-5627-8 (13000)

※ 저자와의 협의에 의해 인지를 생략합니다.
※ 잘못된 책은 구입하신 서점에서 바꾸어 드립니다.
※ 이 책은 저작권법에 의해 보호를 받는 저작물이므로 오디오 · 동영상 제작 및 무단전재와 복제를 금합니다.

R을 이용한 중·고급 데이터 분석의 바이블

Big Data
빅데이터 활용서 Ⅰ

P / R / O / L / O / G / U / E

통계분석을 넘어서 마이닝기법을 실제 사례를 이용해 알기 쉽게 전개하고 있다.

지금까지의 책들이 통계에 치우치거나 마이닝의 특정 기법에 대해 이론적으로

접근하는 한계가 있었는데, 이를 넘어서는 매우 의미 있는 책이다.

R을 이용한 중·고급 데이터 분석의 바이블

우리나라에서 빅데이터가 대중의 관심을 모은 지 2년 정도 된 것 같다. 마치 하루아침에 뚝하고 떨어진 것 같이 여기곤 한다. 면세점에서 카드로 물건을 구매하는데, 결제가 안 되더니 잠시 후 카드사에서 전화가 와서는 본인이 사용한 것이 맞는지 물었던 것이 벌써 5년 전 일이다. 그보다 더 앞서 정부기관에서 데이터 마이닝을 이용해 재정분석을 하시던 박사님을 뵈었던 것은 7년 전의 일이다. 이미 있었던 데이터 분석이 갑자기 크게 관심을 끈 이유는 무엇일까?

미디어에서는 끊임없이 빅데이터에 대해 이야기 한다. 미래 경쟁력을 위해 꼭 필요하며, 데이터 사이언티스트가 많이 필요하다고 한다. 주변을 둘러보면 기업들이 속속 데이터 분석에 뛰어들고 있다. 금융 기관, 통신사뿐 아니라, 제조업, 중공업, 건설업 그리고 공공기관까지도 각자의 필요성에 따라 빅데이터를 도입하고 있다. 그리고 들려오는 이야기는 데이터는 모았는데, 그 다음을 진행할 줄 아는 사람을 구하기 어렵다는 것이다. 서점에 가보면 통계에서부터 시작해 분석 툴인 R, SAS, SPSS, 그리고 Python, 빅데이터 기술서도 많고, 빅데이터 관련 인문 서적, 데이터 마이닝 책도 꽤 된다. 그렇다면 이 중에서 데이터 사이언티스트가 되려면 어떤 책을 봐야 할까?

이 책이 위의 의문사항에 해답을 제시한다고 감히 말하고 싶다. 빅데이터 분석이 인기를 모으는 건 우리의 생활에 직접적으로 연관이 되어 그 힘을 경험할 수 있기 때문이다. 분석은 데이터 마이닝의 다양한 유형과 알고리즘을 통해 패턴을 찾고 이를 응용한 것이다. 이 책은 이러한 데이터 마이닝에 대해 실무적 활용 사례를 담았으며, 이를 바탕으로 상당한 인사이트를 얻을 것이라 생각한다. 그리고 지금까지 이론적으로만 공부해 왔다면, 이 책에 수록된 예제들을 익히고 비슷한 방식으로 분석을 접근할 수 있으며, 데이터 사이언티스트에 한 발 더 다가서게 될 것이다.

본인이 처음 데이터 분석을 접한 것은 한국데이터베이스진흥원(KoDB)의 빅데이터 아카데미였다. 그때 만났던 김경태 교수님과는 이제 함께 일을 하는 좋은 인연으로 발전하였다. 이렇게 이끌어 주신 데 대해 감사드린다.

미디어에서는 끊임없이 빅데이터에 대해 이야기한다.
미래 경쟁력을 위해 꼭 필요하며, 데이터 사이언티스트가 많이 필요하다고 한다.

같은 조에 속해 이 책에 수록된 상장폐지예측 모델링을 함께 했던 한기원님, 김경민님, 길기상님, 최동철님께도 이 자리를 빌려 감사드린다. 그리고 본인이 멘토였던 환율예측을 함께한 KoDB의 빅데이터 아카데미 분석 과정 7기의 백형충님, 윤상택님, 최선애님, 박순표님, 김성희 님께도 감사드린다. 무엇보다 오늘 이러한 인생을 살 수 있도록 기회를 만들어 주신 한국데이터베이스진흥원의 여러 관계자 분들께 감사드리며, 앞으로도 우리나라의 빅데이터 산업을 올바른 방향으로 이끄는 데 많은 역할을 해주시길 바란다.

끝으로, 미래가 유망하지만 아직 성숙되지 않은 분야로 방향을 전환하는 데 대해 심적으로 많은 고생을 한 아내와 일만 하느라 놀아주지 못한 우리 아이들에게 나의 사랑을 표현하고자 한다.
사랑한다, 얘들아! 사랑해요, 우리 와이프!

저자 안정국

* * * * *

한국데이터베이스진흥원의 빅데이터 분석전문가 1기에 참석하게 된 것이 좋은 기회가 되었습니다.

흔히 Big Data를 언급하면 3V 1C(Velocity, Volume, Variety, Complex)를 떠올립니다. 불과 3년 전까지만 해도 각종 보고서에서 언급된 클라우드 컴퓨팅, 하둡 에코시스템, 분석 인프라 등을 보면서 진입장벽이 매우 높다고 생각했습니다.

Think Big Start Small!
가능한 빠른 시간에 처음부터 끝까지 분석 전체과정 한 턴을 돌려봐야 한다!

그런데 'Big Data의 3V 1C가 and 조건이 아니고 or 조건이라면 나도 관련된 경험이 많은데…'라고 관점을 바꿔서 생각해 보니 달리 보이기 시작했습니다. 3V급은 아니지만 신용평가/신용정보회사에서 볼륨 측면으로는 대용량 데이터베이스를 관리했고, 업무의 다양성 측면에서는 기업정보, 기업재무분석(재무비율분석, 상장기업분석등), 기업신용평가, 개인신용정보, 개인신용평가와 관련된 업무를 했었습니다. 거기에 데이터의 다양성으로는 중앙일보, 매경, 한경 등에서 뉴스를 소켓통신과 웹 크롤링, 금감원 Dart의 감사보고서 입수 및 가공, 코스콤 주가정보와 채권정보, 통계청의 다양한 국가통계정보, 감정원의 공시지가, 부동산 시세정보와 경매정보 등 정형·비정형 데이터를 입수하여 서비스했기 때문에 여러 유형의 데이터와 다양한 입수방법, Online, Batch 방식으로 raw data 및 분석 서비스를 제공한 셈이죠.

이 책을 읽는 여러분도 유사한 입장일 수 있습니다. 사견입니다만, 수많은 전문가가 이야기하는 인프라와 분석기술을 다 알고 모두 갖추고 난 후에야 이 분야에서 일할 수 있는 것은 아닐 겁니다. 업무적으로 알고 있는 분야에서 기술적인 배경을 바탕으로 실제 경험해 보면서 차츰차츰 발전하는 것이 좋은 전략인 것 같습니다. 아래 두 문장을 염두에 두시고 자신감을 가지고 도전해 보세요.

'소셜분석을 통한 주가변동예측' 분석은 해외 논문사례를 직접 구현해 보자는 생각에서 시작하게 되었습니다. 분석과정에서는 주로 R을 이용했고, 막히는 부분도 많아서 Python이나 엑셀, MySQL, SQL을 이용해 다른 방법으로 해결하면서 진행했습니다. 총 6주 프로젝트기간에서 5주를 트위터 데이터 입수와 가공에 시간을 보낼 만큼 정말이지 수많은 시행착오를 겪었습니다. 이런 경험도 공유되어 여러분들은 고생하지 않으시길 바라며, 다른 좋은 방안이 있다면 역시 공유해 주시면 좋겠습니다.

정말 힘들게 함께 고생한 '주가파' 팀원분들 감사합니다. 항상 옆에서 묵묵히 지켜봐 주고 응원해주는 고마운 아내 '지영' 아빠가 안 놀아줘서 서운했을 아들 '강유'도 고맙고 사랑합니다.

특히 김경태 대표님! 좋은 인연으로 만나게 되어 가르침을 받아 제3의 인생 경로가 생겼네요. 늘 감사하게 생각하고 있습니다.

저자 김동현

1장

R을 이용한 빅데이터 분석
이론 및 실습

R을 이용한
빅데이터 분석 이론 및 실습

본서는 중급, 고급 사용자를 위한 본격적인 책이다. 머리말에서도 언급했듯이, 기존 '데이터분석 전문가·준전문가 단기완성(김경태/안정국/양윤기, 시대고시기획)'에서 기본적인 이론과 실습에 대한 내용을 다루었기 때문에 추가된 내용에 대해서만 본서에 담고자 한다. 또한 '경영 빅데이터분석사 단기완성(김경태/안정국, 시대고시기획)'에서 비즈니스 프로세스와 다양한 산업에서의 빅데이터 분석 활용에 대해 언급한 내용을 재차 다루지는 않겠다. 앞의 두 책이 수험서이기는 해도 중요한 개념에 대해 다루고 있고 이론과 실습에 대한 내용이 충실하기 때문이다.

다만 앞선 도서 출간 이후 짧은 기간임에도 불구하고 빅데이터 분석에 대한 새로운 화두가 논의되고, 색다른 기능들이 추가되었기 때문에 해당 부분을 보완해 수록하였다.

빅데이터 분석 개요

비정형 데이터가 증가하고 활용이 필요해짐에 따라 기존 정형 데이터 분석만으론 분석할 내용이 한계에 달했으며, 비정형 데이터를 수집하고 저장하는 기술 분야의 발전과 IT 하드웨어 비용의 하락 덕분에 빅데이터 분석이 각광받게 되었다. '빅데이터'가 피상적인 개념에 의한 벤더들의 영업상인 용어가 아니라 현실에 근거를 둔다는 점에서 따진다면 '빅데이터는 일시적 유행이다'라는 논란에 신경 쓸 단계는 지났다고 본다. 이러한 논란은 빅데이터 시대에 진입하기를 두려워하는 사람들의 불필요한 우려라 생각된다.

최근 빅데이터 분석 이슈

빅데이터 분석에 대한 이해를 보다 넓게 하기 위해 최근 몇 개월간 화두가 되고 있는 내용들을 추려보면 아래와 같다.

- 빅데이터 시장 상황
- 빅데이터 추진방안
- 빅데이터 보안 및 거버넌스
- 분석 전문가 부족
- 제조 및 인사관리 분야 활용
- 예측의 필요성과 방법 및 활용
- 텍스트 마이닝 접근법 및 활용
- 시각화와 인포그래픽의 효용성
- 스몰데이터
- 개인정보 보호

1. 빅데이터 시장 상황

빅데이터 분석시장에 대한 보고서 및 해외 전문가들의 발표나 세미나들이 꾸준히 이어지고 있다. 전 세계적으로 유명한 분석보고서인 Gartner나 IDC, McKinsey Report 등에서 나오는 개괄적인 내용을 제외하면 벤더나 IT 분야 입장에서의 분석에 대한 이야기가 주를 이룬다. 따라서 분석을 전문으로 하는 사람들에게는 다소 납득하기 어려운 관점이 많다. 빅데이터 분석은 하루 아침에 생긴 것이 아닌데도, 실시간 마이닝을 분석기법의 대혁신으로 갑자기 나타난 것처럼 표현하거나 생소한 관점을 제시하곤 한다. 기술의 발전으로 데이터를 빠르게 처리할 수 있고, 분산병렬처리를 저렴하게 할 수 있는 건 큰 혜택이지만, 그렇다고 해서 분석기법도 반드시 달라져야 하는 것은 아니다.

대표적인 예로 구글 번역기, 감기나 전염병의 확산, 월드컵 경기 예측에 대한 이야기 등 모든 상황에 적용 가능한 것처럼 부풀려서 말하는 것을 들 수 있다. 데이터가 많이 축적되어 있으면 인공지능이 알아서 답해준다는 식이다. 구글 번역기의 경우 성공적인 사례로 볼 수 있지만, 전염병 확산이나 월드컵 예측에서 나타난 내용을 자세히 보면 과연 정말 옳을까라는 생각이 든다. 국내에서 감기 관련 예측을 위해 twitter를 분석했더니 쓸모없는 데이터가 대부분이라 사용할 수 없었다. 다시 말해서 작은 성공적인 사례를 너무 확대해석하면 안 된다는 것이다. 미국과 국내의 소셜미디어 사용은 패턴에 큰 차이가 있다. 감기 관련 기사가 나온 날 국내에서는 "감기에 걸렸다"라는 유사한 패턴의 글이 매우 적었는데 우리나라에서는 감기 이야기를 소셜미디어에서 잘 언급하지 않기 때문이다. 그러나 미국 LA의 twitter를 보면 인구수나 규모로 볼 때 우리와 유사한 상황인데 감기에 관한 꽤 많은 데이터를 쉽게 찾을 수 있다. 바로 문화적 차이가 영향을 주기 때문에 일반화가 어렵다는 것이다. 월드컵 예측도 8강까지 맞추었다고 대대적으로 보도가 났지만, 4강 진출팀이나 우승팀은 예측하지 못했다. 항상 이변이 일어나기 때문이다. 이런 일은 경마에서 1, 2, 3등 할 말을 맞추는 것과 같다. 2마리는 쉽게 맞추나 1마리는 이변이 있어서 어렵다. 이러한 확률은 굳이 소란을 떨 만큼의 정확한 예측과는 거리가 멀다. 결론적으로 빅데이터 분석에 대해 비전문가들이 너무 많은 의견들을 쏟아내면 오해의 소지가 있는 일들이 발생한다는 것이다. 추가적인 사례로 한 보고서에서는 주로 분석데이터를 이용하는 사용자가 가장 관심 있는 분석기법은 고객세분화와 장바구니 분석이지만, 시행에 많은 비용이 들어 실제 투자까지 이어지기는 어렵다고 한다. 데이터마이닝을 10년 이상 한 사람들은 '아직도 같은 이야기를 하고 있나'라고 의아해 할 것이다. 물론 장바구니 분석은 국내에서 활용 정도가 낮으나 활성화를 위해 계속 노력하고 있다. 그러나 그것이 빅데이터 분석을 대표한다 말하기에는 적합하지 않다.

2. 빅데이터 추진방향

빅데이터 추진방향에 대한 조언이 흘러 넘치는데, 주로 IT 분야나 분석에서의 후발주자들의 의견이 대다수를 차지한다. 분석이라는 분야를 처음 접해 보니 모든 것이 신기하고 새로워서 적극적으로 무언가를 말하고 싶어하는 것은 좋으나, 과거 실패를 또다시 재현하려는 우려스러운 조짐이 자주 보인다. 선발주자는 구체적이고 다양한 적용과 활용방안을 만들려고 하는데, 후발주자일수록 추진방향이니 인문학적 사고와 다양성이니 하는 원론적인 내용만 되풀이한다.

경영진이 빅데이터 분석추진에 대해 적극적 지원 의지를 보여주고 구체적인 비즈니스 목표를 정하는 것은 좋은 현상이다. 그러나 과하게 참견을 하기 시작하여 잦은 빈도로 요구를 하다보면 일개 "분석 공장"으로 전락하기 마련이다. 2000년대 초반에 "통계 공장"이 있었고, 2005년부터 5년간 "컨설팅 공장"이 유행한 적이 있었다. 통계 공장에서는 수많은 1회성 통계 값과 장표들을 찍어냈고, 컨설팅 공장도 전략이란 명분하에 단기적인 과제들을 수없이 찍어냈다. 경영진의 지나친 간섭과 요구는 이러한 "공장"을 돌리게 되어 학습과 훈련은 되겠지만, 조직의 역량으로 전환되지 못하고 도리어 품질은 떨어지는 부정적 현상이 나타나기 시작한다. 아마 빅데이터 분석에서도 이런 상황이 재현될 가능성이 높다. 하나의 성공사례를 만드는 데 초기 6개월은 필요하고, 다음 과제들로 복사되어 전사적으로 파급되는 데는 구체적인 계획에 의해 추진되어야 한다. 그러나 경영진의 즉흥적인 원인규명 요구나 단기과제는 조직을 지치게 하고 방향성을 상실하게 만든다. 모든 게 인과관계로 설명될 순

없다. 단지 나타난 패턴을 갖고 미래 예측에 활용하는 것이다. 인과관계 규명은 학자들이나 연구소의 몫이지 기업이 수행해야 할 일이 아니다.

3. 전문인력 부족 및 양성

국내 분석의 역사가 20년이 넘었다고 하는데 전문인력은 여전히 부족하다고 한다. 뭔가 모순이다. 그리고 3개월 수준의 단기 교육으로는 전문인력 양상에 기여할 수 없다고 하면서도 단기 1일 과정이나 1주 과정 수준이 가장 흔하고, 전문인력 양성을 위해 교육비를 늘려야 한다고 한다.

국내에 전문인력이 부족한 것은 기존 분석자들의 업무 과부하로 추가적인 빅데이터 시장의 니즈를 수용하기에는 여력이 없어서 변화를 거부하기 때문이라는 이유도 있다. 조직의 비효율적 업무는 글로벌 컨설팅사의 컨설턴트가 혼자서 2주에 할 일을 여러 명이 3~6개월에 걸쳐 추진하는 기업문화적인 차이가 있다. 기존 분석자들은 이미 지쳐있다. 빅데이터 분석교육을 진행하면서 얻은 통계에 따르면 빅데이터에 관심을 갖는 계층은 크게 대학생과 35세 이후의 고급인력이 많았다. 그리고 비즈니스보다는 IT 인력이 70%를 차지할 정도로 높은 비중을 차지했다. 이것은 어떤 계층이 새로운 변화를 보다 빨리 수용하고 앞으로 빅데이터 시장을 이끌어 갈지를 보여주는 것이다. 새로운 시장에서는 변화를 빨리 수용하는 새로운 인력들로 수요를 충당하는 게 적합하다. 그리고 체계적인 교육을 통해 향후 5년간 부족할 빅데이터 인력들을 좀 더 잘 훈련시켜 공급할 수 있도록 정부와 각 기업들의 투자가 필요하다. 지금까지 교육을 진행해 보니 최소 5일 교육, 최적은 10일 교육이 분석만을 위해 필요하고 1번 이상의 실제 데이터를 갖고 분석하는 경험을 갖도록 진행해야 효과적이었다. 다양한 단기성 교육보다는 체계적인 1회 교육이 우선 필요하다. 이런 것이 선행된 다음에 다양한 전문가들의 조언을 듣는 다양성을 추구하는 게 순서이다.

빅데이터 분석 교육을 한다고 하면서 DBMS, JAVA 프로그래밍 교육하는 일이나 R Studio를 이용한 분석 교육을 하는 황당한 경우는 없어야 한다. 혹시나 해서 언급하는데 R Studio는 IDE이지 분석도구가 아니다. 그리고 빅데이터 분석 교육을 하는데 통계학과 과목을 집중적으로 제시하는 것은(예를 들어 샘플링, 실험계획, 좀 더 나가면 t-test까지 가는 불행한 상황은 없어야겠지만) 영어회화 교육한다고 하면 서 성문종합영어 명사편(맨 첫 장으로, 공부 안하는 사람들이 늘 다시 시작할 때 처 음부터 시작하는 것을 비유한 것임)부터 공부하는 일과 마찬가지다. 통계학이 필요 하기는 하지만 비중을 조정해야 하고, IT 인력을 재교육시켜 충분히 활용해야 한다.

4. 빅데이터를 활용한 예측

인도네시아에서 프로젝트를 한 적이 있다. 현지인 친구에게 "자바섬의 여인이 매우 아름답다고 들었는데 한 번 보고 싶다"라고 했더니 "지금 당신이 있는 곳이 자바다. 자바는 작은 섬이 아니다"라고 웃으며 답을 했다. 나는 자바섬이 제주도보다 기껏 해 봤자 몇 배 큰 섬으로 생각했었는데 인도네시아의 그 큰 땅덩이가 자바섬이었다.

최근에 예측이 중요하고, 예측분석이 필요한데 이에 대해 말하는 사람을 못 봤다 는 말을 들었다. 똑같은 말을 해주고 싶다. 데이터 마이닝을 사용하건 시뮬레이션이 나 최적화를 사용하건 그건 미래에 어떻게 하면 될지를 알려주는 예측에 활용이 가 능한 분석이다. 그냥 예측이라고 말해도 좋다. 그런데 Predictive Analytics라고 말 하면 좋아하고 Classification이라고 하면 구식으로 생각한다. 별거 아닌 걸로 화두 만 던지는 일은 지양해야 하고, 우리가 어디에 서있는지를 명확히 알고 방향을 정하 는 게 필요하다. 'Regression Model이면 예측이고 RandomForest도 예측이지만 Classification은 예측이 아니다' 는 논리는 어디서 나오는 것일까? 그리고 예측에서 의 실패가 많았다고 하나 예측모델을 제대로 못 만든 경우의 대부분은 역량이 안 되 는 사람들이 무모하게 추진하거나 커뮤니케이션에 실패한 사례들이다. 그것을 기준 으로 실패사례가 많아서 우려가 된다면 우리는 아무것도 하지 말아야 한다. 저자는 성공사례를 많이 경험했기 때문에 실패사례를 언급하는 사람들을 보면 안타깝다.

특히 데이터 사이언티스트는 빅데이터를 활용한 예측의 핵심이다. 이들의 역할이 무엇이어야 된다는 것은 원론적인 이야기일 뿐이다. 그들이 어떤 분야에 시도를 해서 어떻게 성공 사례들을 만들어가며, 잘 할 수 있는지가 중요하다. 성공사례 도출이 우선이고, 전반적인 역할과 역량에 대해서는 결과를 보고나서 정의해도 늦지 않는다. 실행 전에 말이 많으면 아무것도 못한다.

아무리 어려운 예측과제라도 팀 구성과 경영층의 제대로 된 지원을 받으면 기대 이상의 성과를 얻을 수 있다. SMB(중소기업)를 대상으로 한 전자제품 시장동향을 파악해보는 프로젝트에서 국내 중소기업에 대한 정확한 정보를 얻기가 어려운 상황에서도 최대한 취합하여 활용했고, 검증결과 예측모델의 80%가 정확했으며 현업에서도 인정한 좋은 결과가 나온 적이 있다. 처음에는 다들 미쳤다고 할 만큼 만류했던 일을 실현했지만 초반에 불신하던 사람들 어느 누구도 본인들이 부정적이었던 때를 언급하지 않았다. 무모하다 생각한 일도 실행해보고, 가능하다는 것을 경험하면 모든 게 긍정적으로 보이게 된다. 그렇다고 안 될 일에 무작정 뛰어들라는 의미는 아니다. 그러나 상식적으로 불가능해 보이지만 전문가라면 해낼 수 있는 일이 빅데이터 분야에는 너무나 많다. 아니 대부분이 그렇다고 할 수 있다.

예측이 활용되었거나 될 수 있는 분야는 어떤 것이 있을까? 적용 분야는 많지만 제대로 안 하고 있다는 게 문제다. IoT(Internet of Things)의 확산 및 발달에 따라 재난·재해 예측이 가장 유용할 수 있다. 예를 들어 주요 운송 서비스에 해당하는 고속버스, 선박, 철도에 센서를 부착해서 상시 신호를 가칭 '재난방지센터'에서 수집하고 대응을 하도록 한다. 신호는 소리건 에너지 사용량이건 다양한 정보를 수집했는데, 값이 이상치를 보이면 우리는 사고가 발생했거나 발생할 가능성이 높다는 것을 알 수 있다. 사고가 발생했을 때 신고 및 처리에 체계적인 대응이 없으면 발생할 수 있는 손실은 크다. 세월호 사건이 대표적인 예다. 마찬가지로 최근 부산지역의 집중호우에 따른 수해는 예상치 못한 집중호우 때문도 있지만 분명히 나타났을 초기 예후를 빠르게 잡아내지 못한 까닭이다. 그러면 그 원인에 가장 민감하게 반응하는 곳을 먼저 해결하면 연속적인 확산이 줄어들지 않을까? 아니면 그렇게 누적한 데이터를 바탕으로 어디에 우선적으로 대응해야 하는지 객관적인 자료를 통해 매뉴

얼을 만들어 대비한다면 동일한 재해를 두 번 겪지 않을 수 있을 것이다. 요즘에는 Wearable Device를 통해 심박 등 기타 신체정보를 수집할 수 있다. 이는 일반인에 있어서는 위급상황을 감지해서 가까운 곳의 응급센터에서 대응해줄 수 있고, 성범 죄자라면 이러한 정보가 향후 가까운 시일에 범죄를 일으킬 수 있다는 것을 알려줄 것이다. 흔히 말하는 twitter에서 재난 정보를 입수하는 것은 국내에서는 아직 어려 울 것이다. 앞에서 언급한 바와 같이 우리나라에서의 twitter 이용 패턴이 미국과 다르기 때문이다. 소셜미디어는 국가와 언어별로 종류, 사용 용도 및 빈도가 다르 다. 미국에서는 twitter에 교통이 막히거나 사고가 나면 누군가 정보를 올리는 일이 있겠지만 우리나라는 facebook에 올릴 가능성이 높다. 그래서 "감기에 걸린 것 같 아"를 우리나라 twitter에서 검색하면 거의 찾을 수 없는 것이다. 이러한 비정형 데 이터를 활용하면 미래 예측 및 활용이 가능해진다. 좀 더 넓게 바라보면 대한민국의 미래는 어떻게 될 것인가를 사회, 경제, 의료 등 다양한 분야에 대해 인터넷상의 수 많은 데이터를 활용해 예측을 해서 정책수립을 하고 미래에 대응할 수 있을 것이다. 그러나 일련의 일들은 공공기관 내 전문성이 떨어지는 작은 조직에서는 불가능하 다. 설혹 조직이 크더라도 자유롭고 활발한 활동이 필요한 분야의 인력이 공공기관 에 있을 리 없다. 결국 기관 외에 있는 외부 인사들을 활용할 것이고, 이는 부실함으 로 직결될 것이다. 수많은 자문위원과 교수들로 이루어진 비전문 조직의 산출물은 부실과 세금의 낭비가 예상된다. 대표적인 예가 기상청에서 기상정보를 이용한 회 귀분석을 통한 전국 전력 사용량 예측분석이다. 기상청이 주가 되어 기상데이터를 이용하기보다는 기상과 건물과 기업들의 정보를 결합해서 사용해야 하지, 자기 데 이터를 이용해서 접근하는 단편적인 것은 공공 데이터가 제대로 통합되어 활용되고 있지 못하다는 뜻이다.

5. 소셜 또는 비정형 데이터 분석

　소셜 데이터 분석을 너무 쉽게 생각하고 있어 많은 솔루션이 쏟아지고 있다. 정작 나와야 될 것은 엔진인데 완성차들이 넘쳐나는 꼴이다. 소셜미디어나 인터넷 또는 기업내부의 비정형 데이터에서 Text Mining을 한다는 것은 특정 목적에 따른 특정

형태의 데이터 처리가 필요하게 된다는 뜻이다. 따라서 일반적인 솔루션은 껍데기이고 그 속에 들어가 있는 엔진이 핵심이기 때문에 한글 처리에 대해 엔진으로 경쟁하는 솔루션이 나와야 되는데, 엔진만으로는 사업타당성이 낮으므로 다들 완성차를 팔고 있다. 그래서 대부분의 많은 한글 Text Mining에서 대용량 처리, 불용어, 감성에 대한 처리 등에서 수많은 수작업이 필요하게 된다.

흔히 말하는 소셜 데이터보다 더 많은 정보의 소스는 인터넷에 있는 수많은 개인 사이트다. 이들 목록을 고정해 놓고 관리하는 것은 어렵고, 구글에서 검색한 결과를 기반으로 목록을 만들어서 해당 자료를 가져오거나 구글의 summary를 이용하는 게 효율적이다. 이들 정보가 제한된 소셜 데이터보다 정보의 양이나 품질에서 더 좋다. 따라서 대상 소스를 수작업으로 정의해서 제한하는 실수는 하지 말아야 한다. 그리고 흔히 사람이 인지하지 못하는 패턴은 기계도 못한다고 생각하기 쉬운데, 패턴이란 것을 사람들이 인식할 정도면 이미 우리가 찾는 '숨어있는' 패턴이 아니다. 우리가 찾고자 하는 패턴은 체계적인 변동성이 낮아 사람이 짧은 시간에 파악하기 힘들다. 따라서 사람의 노력으로 패턴을 제한하려 하면 overfitting되어 일반화가 어려워진다.

효율적인 접근을 위해서는 목표 분야에 대한 별도의 감성이나 용어집을 작성해 관리해야 하고, 다양한 분야의 전문 모듈이나 사례가 많아져 시장이 보다 세분화되어 성장해야 한다. 또한 기업들은 이런 세분화된 모듈을 결합해서 활용하려는 접근이 필요하다.

6. 시각화 활용

보고서 작성을 위한 시각화는 적합하지만, 분석목적의 시각화는 고민을 해봐야 한다. 분석목적으로 시각화를 해야 할 상황은 상대적으로 적다. 만약 데이터로 파악을 못한다면 데이터 선택 및 표현의 문제가 있다는 말이 때문이다. 시각화는 좀 더 효율적이고 쉽게 전달하기 위한 방안일 뿐이다. 시각화는 상대적으로 단순작업이 많이 필요한 분야이고, d3 수준의 시각화가 간단하게 R로 활용될 수 있는 시점에 가야 시각화가 일반화될 것이다. 그러나 아직은 분석과 별개의 추가적인 부담이 주어지는 작업이다. 따라서 시각화에 너무 집중을 하는 것은 주의해야 한다.

7. 인사관리 분야에 대한 적용

기업의 중요한 자산인 인재를 선별하는 일에 빅데이터를 적용하기 위한 작업들이 시도되고 있다. 물론 SNS를 활용하여 개인을 평가하는 것은 정확한 대상식별에서 어려운 점이 존재할 수 있으며, 정확한 정보획득을 위해서는 개인정보 이용에 동의를 구해야 되기 때문에 우려되는 측면이 많다. 그렇지만 기존인력에서의 성공 사례를 기반으로 신입이나 경력을 채용할 때 활용한다면 만족할 만한 성과를 이룰 것이다. 근속연수가 길고 자기만족도가 높은 직원이 어떤 프로필을 가졌는지 분석해서 그와 유사한 인력을 발굴하는 방법이 대표적이다. 지금처럼 단순 서류 스크리닝과 적성검사 성적, 인터뷰 결과가 아니라 선발 과정에서 발생되는 데이터를 활용해서 진실성과 성향 및 기타 유용한 속성을 식별하는 데 활용한다면 도움이 될 것이다. 이를 위해서는 Text Mining이나 Classification이 유용할 수 있다. 그리고 자기 소개서나 이력서의 진실 여부를 파악하기 위해 텍스트 자료를 필터링하면 업무를 보다 효율적·효과적으로 수행할 수 있고, 집중해서 살펴보고자 하는 인력에 더 많은 시간을 들일 수 있도록 한다. 따라서 적합하지 않은 인력이 적성검사 준비나 인터뷰 스킬로 채용되는 이상 경우가 줄어드는 대신, 운에만 의지해 좋은 인력을 뽑을 확률도 낮아질 것이다.

기존 직원들에 대한 교육 및 인력배치에 대해 업무상 발생되는 데이터를 활용한 텍스트 마이닝이나 소셜 네트워크 분석을 이용한다면 전사적 측면에서 인력을 관리하는 데 유용할 것이다. 회사별 정책에 따라 다르겠지만 업무상 발생되는 데이터는 개인정보가 아니므로 법적으로 문제가 될 것이 없다. 도리어 이러한 데이터를 통해 제대로 평가받지 못했던 해당 분야 전문가를 식별해내 전사 차원에서 별도 관리가 가능해진다.

8. 개인정보 보호

정부 3.0 정책 중 '빅데이터를 활용한 공무원 부정 적발'에 대해 일부에서는 공무원들의 개인정보 보호 대책을 언급한 바 있으며, 여의도 연구소가 국민의 facebook 동향을 분석한 내용이 민간인 사찰이고 개인정보 보호법을 위반한다는 문제를 제기해 일부에서 논란이 되기도 했다.

하지만 업무와 관련된 내용에 대해서는 개인정보 적용이 안 되고, facebook의 데이터는 개인이 설정한 공개도에 의해 데이터를 가져갈 수 있는 방법이 제한되기 때문에 facebook이 대한민국 국민 전체의 데이터를 공개도 설정을 벗어난 내용까지 모두 제공하지 않는 한 불법이 아니다. 그러나 facebook이 그런 일을 할 이유도 없고, 그런 방식으로 데이터 수집을 하지도 않은 것으로 알고 있다. 왜냐하면 그렇게 할 필요가 없이 적법한 데이터 수집방식이 API로 제공되기 때문이다. 그리고 facebook 사건의 의견을 조사해보니 여의도 연구소 보고서에 대해 언급한 내용을 다른 사이트에서는 찾기가 어려웠고, facebook의 특정 일부에서만 이슈를 제기하였을 뿐임을 합법적인 데이터 조사를 통해 확인할 수 있었다.

국내 정황상 개인정보에 민감할 수 있으나 과도한 피해의식은 지양해야 할 것이다. 만약 국내 최대 전자회사가 소셜미디어 정보를 바탕으로 전자제품 판매에 대한 예측을 시도했다면 그것은 불법인가? 결론부터 말하면 불법이 아니다. 그리고 개인 신상정보를 획득하지 않아도 의사결정에 도움이 될 수 있는 정보로 전환할 수 있는 방법은 얼마든지 있기 때문에 불법을 굳이 시도하는 사례가 있다면 그 자체가 어리석은 일이다.

데이터 마이닝

1. 데이터 전처리(Data Preprocessing)

(1) dplyr[1]

데이터 핸들링을 통한 분석용 데이터 마트 생성은 전체 분석 작업의 70%를 차지한다. 시간적으로 소요되는 비중도 그렇고, 모델링을 지연시키는 요소로서 부정적인 측면도 있지만 데이터 구성 자체가 분석과정의 대부분이라고 말해도 과하지 않은 중요한 의미를 갖고 있다. 지금까지는 주로 reshape와 sqldf를 이용한 방법을 주로 제시해왔으나 최근 새로운 패키지인 dplyr이 꾸준히 개선되면서 이제는 parallel 처리도 반영될 수준으로 안정화되어 이번 기회에 소개를 하고자 한다.

dplyr 패키지는 Hadley Wickham가 작성한 패키지로 유사한 패키지는 plyr이 있지만 모든 함수가 R로 작성되어서 처리 속도가 느리다는 단점이 있는데 반해 dplyr은 C++로 작성되어 불필요한 함수를 불러오지 않기 때문에 매우 빠르다. 그리고 기본적으로 데이터 프레임을 처리하는 함수군으로 구성되어 있으나 data.table과 각종 데이터베이스들로 MySQL, PostgreSQL, SQLite, BigQuery를 지원하며 dplyr 패키지 내부에 실험적으로 내장된 데이터 큐브도 가능하다. dplyr에 대한 내용 중 가장 많이 사용할 것들에 대해서만 제시하도록 하겠다. 너무 많은 정보를 제시하는 건 도리어 혼란을 줄 뿐이고 나머지는 필요에 따라 스스로 찾아서 학습하는 게 더 효율적인 학습방법이다.

먼저 dplyr, hflight 패키지를 설치하고 함수 library를 이용해 함수군 및 데이터를 불러온다. hflight는 샘플 데이터를 위해서 사용한다.

```
# install.packages(c("dplyr", "hflights"))
```

---

[1]
http://cran.rstudio.com/web/packages/dplyr/vignettes/introduction.html

```
library(dplyr)
##
## Attaching package: 'dplyr'
##
## The following objects are masked from 'package:stats':
##
##      filter, lag
##
## The following objects are masked from 'package:base':
##
##      intersect, setdiff, setequal, union
library(hflights)
```

dplyr 패키지의 기본이 되는 것은 다음 5개 함수와 유사함수로는 아래와 같다. filter( ) 지정한 조건식에 맞는 데이터 추출 subset( ) select( ) 열의 추출 data[, c("Year", "Month")] mutate( ) 열 추가 transform( ) arrange( ) 정렬 order( ), sort( ) summarise( ) 집계 aggregate( ) 여기에 group_by( ) 함수를 추가로 이용하면 그룹별로 다양한 집계를 할 수 있다.

예제에 사용된 데이터는 미국 휴스턴에서 출발하는 모든 비행기의 2011년 이착륙 기록이 수록된 것으로 227,496건의 이착륙 기록에 대해 21개 항목을 수집한 데이터다. hflights 데이터는 관측치의 수가 많기 때문에 tbl_df 형식으로 변환해서 사용하는 것을 추천한다.

```
dim(hflights)
## [1] 227496      21
hflights_df <- tbl_df(hflights)
hflights_df
## Source: local data frame [227,496 x 21]
##
##      Year Month DayofMonth DayOfWeek DepTime ArrTime UniqueCarrier
## 5424 2011     1          1         6    1400    1500            AA
```

```
## 5425 2011      1        2       7     1401     1501           AA
## 5426 2011      1        3       1     1352     1502           AA
## 5427 2011      1        4       2     1403     1513           AA
## 5428 2011      1        5       3     1405     1507           AA
## 5429 2011      1        6       4     1359     1503           AA
## 5430 2011      1        7       5     1359     1509           AA
## 5431 2011      1        8       6     1355     1454           AA
## 5432 2011      1        9       7     1443     1554           AA
## 5433 2011      1       10       1     1443     1553           AA
## ..      ...  ...      ...     ...      ...      ...          ...
## Variables not shown: FlightNum (int), TailNum (chr), ActualElapsedTime
##    (int), AirTime (int), ArrDelay (int), DepDelay (int), Origin(chr), Dest
##    (chr), Distance (int), TaxiIn (int), TaxiOut (int), Cancelled(int),
##    CancellationCode (chr), Diverted (int)
```

tbl_df를 이용하면 모든 데이터를 화면에 출력하지 않고 내용을 파악할 수 있다. filter는 조건에 따라 row를 추출하고, 추출 대상이 되는 데이터 프레임과 추출하고 싶은 행의 조건을 지정하면 된다. 표현방법은 dplyr 패키지의 다른 기본함수에도 똑같이 적용되는데 AND 조건문은 콤마(,)로 구별하거나 & 연산자를 사용해도 되며 OR 조건문은 | 연산자를 이용한다. 1월 데이터 추출을 위한 방법, 1·2월 데이터 추출방법은 아래와 같다.

```
filter(hflights_df, Month == 1, DayofMonth == 1)
## Source: local data frame [552 x 21]
##
##    Year Month DayofMonth DayOfWeek DepTime ArrTime UniqueCarrier FlightNum
## 1  2011     1          1         6    1400    1500            AA       428
## 2  2011     1          1         6     728     840            AA       460
## 3  2011     1          1         6    1631    1736            AA      1121
## 4  2011     1          1         6    1756    2112            AA      1294
## 5  2011     1          1         6    1012    1347            AA      1700
## 6  2011     1          1         6    1211    1325            AA      1820
## 7  2011     1          1         6     557     906            AA      1994
```

```
## 8  2011      1         1          6      1824    2106           AS      731
## 9  2011      1         1          6      654     1124           B6      620
## 10 2011      1         1          6      1639    2110           B6      622
## ..  ...     ...       ...        ...     ...     ...           ...      ...
## Variables not shown: TailNum (chr), ActualElapsedTime (int), AirTime
##   (int), ArrDelay (int), DepDelay (int), Origin (chr), Dest (chr),
##   Distance (int), TaxiIn (int), TaxiOut (int), Cancelled (int),
##   CancellationCode (chr), Diverted (int)
filter(hflights_df, Month == 1 | Month == 2)
## Source: local data frame [36,038 x 21]
##
##    Year Month DayofMonth DayOfWeek DepTime ArrTime UniqueCarrier FlightNum
## 1  2011      1         1          6      1400    1500           AA      428
## 2  2011      1         2          7      1401    1501           AA      428
## 3  2011      1         3          1      1352    1502           AA      428
## 4  2011      1         4          2      1403    1513           AA      428
## 5  2011      1         5          3      1405    1507           AA      428
## 6  2011      1         6          4      1359    1503           AA      428
## 7  2011      1         7          5      1359    1509           AA      428
## 8  2011      1         8          6      1355    1454           AA      428
## 9  2011      1         9          7      1443    1554           AA      428
## 10 2011      1        10          1      1443    1553           AA      428
## ..  ...     ...       ...        ...     ...     ...           ...      ...
## Variables not shown: TailNum (chr), ActualElapsedTime (int), AirTime
##   (int), ArrDelay (int), DepDelay (int), Origin (chr), Dest (chr),
##   Distance (int), TaxiIn (int), TaxiOut (int), Cancelled (int),
##   CancellationCode (chr), Diverted (int)
```

arrange를 이용한 정렬은 지정한 열을 기준으로 작은 값으로부터 큰 값의 순으로 데이터를 정렬하는데 역순으로 정렬할 때는 함수 desc를 함께 사용한다. 예를 들어 데이터를 ArrDelay, Month, Year 순으로 정렬하고자 하는 경우나 Month의 큰 값으로 부터 작은 값 순으로 정렬하는 경우는 다음과 같다.

```
arrange(hflights_df, ArrDelay, Month, Year)
## Source: local data frame [227,496 x 21]
##
##    Year Month DayofMonth DayOfWeek DepTime ArrTime UniqueCarrier FlightNum
## 1  2011     7          3         7    1914    2039            XE      2804
## 2  2011    12         25         7     741     926            OO      4591
## 3  2011     8         21         7     935    1039            OO      2001
## 4  2011     8         31         3     934    1039            OO      2040
## 5  2011     8         26         5    2107    2205            OO      2003
## 6  2011    12         24         6    2129    2337            CO      1552
## 7  2011     8         28         7    2059    2206            OO      2003
## 8  2011     8         29         1     935    1041            OO      2040
## 9  2011     8         18         4     939    1043            OO      2001
## 10 2011    12         24         6    2117    2258            CO      1712
## .. ...   ...        ...       ...     ...     ...           ...       ...
## Variables not shown: TailNum (chr), ActualElapsedTime (int), AirTime
##   (int), ArrDelay (int), DepDelay (int), Origin (chr), Dest (chr),
##   Distance (int), TaxiIn (int), TaxiOut (int), Cancelled (int),
##   CancellationCode (chr), Diverted (int)
arrange(hflights_df, desc(Month))
## Source: local data frame [227,496 x 21]
##
##    Year Month DayofMonth DayOfWeek DepTime ArrTime UniqueCarrier FlightNum
## 1  2011    12         15         4    2113    2217            AA       426
## 2  2011    12         16         5    2004    2128            AA       426
## 3  2011    12         18         7    2007    2113            AA       426
## 4  2011    12         19         1    2108    2223            AA       426
## 5  2011    12         20         2    2008    2107            AA       426
## 6  2011    12         21         3    2025    2124            AA       426
## 7  2011    12         22         4    2021    2118            AA       426
## 8  2011    12         23         5    2015    2118            AA       426
## 9  2011    12         26         1    2013    2118            AA       426
## 10 2011    12         27         2    2007    2123            AA       426
## .. ...   ...        ...       ...     ...     ...           ...       ...
```

```
## Variables not shown: TailNum (chr), ActualElapsedTime (int), AirTime
##   (int), ArrDelay (int), DepDelay (int), Origin (chr), Dest (chr),
##   Distance (int), TaxiIn (int), TaxiOut (int), Cancelled (int),
##   CancellationCode (chr), Diverted (int)
```

함수 select( ), mutate( )를 이용한 열의 조작으로 select는 column을 추출하고 여러 개를 추출할 때에는 콤마(,)로 구분하며 인접한 열을 추출할 때에는 : 연산자를 이용할 수 있으며 제외할 column은 - 부호를 이용하면 된다. Year, Month, DayOfWeek 열을 추출하는 경우와 Year부터 DayOfWeek까지 Year, Month, DayOfMonth, DayOfWeek를 추출하는 경우, Year부터 DayOfWeek를 제외한 나머지 열의 추출은 아래와 같다.

```
select(hflights_df, Year, Month, DayOfWeek)
## Source: local data frame [227,496 x 3]
##
##        Year Month DayOfWeek
## 5424 2011     1          6
## 5425 2011     1          7
## 5426 2011     1          1
## 5427 2011     1          2
## 5428 2011     1          3
## 5429 2011     1          4
## 5430 2011     1          5
## 5431 2011     1          6
## 5432 2011     1          7
## 5433 2011     1          1
## ..    ...   ...        ...


select(hflights_df, Year:DayOfWeek)
## Source: local data frame [227,496 x 4]
##
##        Year Month DayOfMonth DayOfWeek
```

```
## 5424 2011     1        1        6
## 5425 2011     1        2        7
## 5426 2011     1        3        1
## 5427 2011     1        4        2
## 5428 2011     1        5        3
## 5429 2011     1        6        4
## 5430 2011     1        7        5
## 5431 2011     1        8        6
## 5432 2011     1        9        7
## 5433 2011     1       10        1
## ..    ...    ...      ...      ...
```

```
select(hflights_df, -(Year:DayOfWeek))
## Source: local data frame [227,496 x 17]
##
##      DepTime ArrTime UniqueCarrier FlightNum TailNum ActualElapsedTime
## 5424    1400    1500            AA       428  N576AA                60
## 5425    1401    1501            AA       428  N557AA                60
## 5426    1352    1502            AA       428  N541AA                70
## 5427    1403    1513            AA       428  N403AA                70
## 5428    1405    1507            AA       428  N492AA                62
## 5429    1359    1503            AA       428  N262AA                64
## 5430    1359    1509            AA       428  N493AA                70
## 5431    1355    1454            AA       428  N477AA                59
## 5432    1443    1554            AA       428  N476AA                71
## 5433    1443    1553            AA       428  N504AA                70
## ..       ...     ...           ...       ...     ...               ...
## Variables not shown: AirTime (int), ArrDelay (int), DepDelay (int), Origin
##    (chr), Dest (chr), Distance (int), TaxiIn (int), TaxiOut (int),
##    Cancelled (int), CancellationCode (chr), Diverted (int)
```

mutate는 열을 추가하는 경우에 사용하고 비슷한 함수로는 transform이 있다. mutate는 새로 만든 열을 같은 함수 안에서 바로 사용할 수 있는 장점이 있는데 에러가 나는 아래 예제를 보면 쉽게 이해된다.

```
mutate(hflights_df, gain = ArrDelay - DepDelay, gain_per_hour = gain/(AirTime/60))
## Source: local data frame [227,496 x 23]
##
##    Year Month DayofMonth DayOfWeek DepTime ArrTime UniqueCarrier FlightNum
## 1  2011     1          1         6    1400    1500            AA       428
## 2  2011     1          2         7    1401    1501            AA       428
## 3  2011     1          3         1    1352    1502            AA       428
## 4  2011     1          4         2    1403    1513            AA       428
## 5  2011     1          5         3    1405    1507            AA       428
## 6  2011     1          6         4    1359    1503            AA       428
## 7  2011     1          7         5    1359    1509            AA       428
## 8  2011     1          8         6    1355    1454            AA       428
## 9  2011     1          9         7    1443    1554            AA       428
## 10 2011     1         10         1    1443    1553            AA       428
## ..  ...   ...        ...       ...     ...     ...           ...       ...
## Variables not shown: TailNum (chr), ActualElapsedTime (int), AirTime
##   (int), ArrDelay (int), DepDelay (int), Origin (chr), Dest (chr),
##   Distance (int), TaxiIn (int), TaxiOut (int), Cancelled (int),
##   CancellationCode (chr), Diverted (int), gain (int), gain_per_hour (dbl)
# transform(hflights, gain = ArrDelay - DepDelay, gain_per_hour = gain/
(AirTime/60))
```

평균 출발 지연시간 계산을 복잡하게 sqldf를 이용하지 않는 방법은 아래와 같다.

```
summarise(hflights_df, delay = mean(DepDelay, na.rm = TRUE))
## Source: local data frame [1 x 1]
##
##   delay
## 1 9.445
```

group_by를 이용한 그룹화는 지정한 열별로 그룹화된 결과를 얻을 수 있는데, 예를 들어 비행편수 20편 이상, 평균 비행 거리 2,000마일 이상인 항공사별 평균 연착시간을 계산하여 그림으로 표현하는 코드는 다음과 같다.

```
planes <- group_by(hflights_df, TailNum)
delay <- summarise(planes, count = n(), dist = mean(Distance, na.rm = TRUE),
delay = mean(ArrDelay, na.rm = TRUE))
delay <- filter(delay, count > 20, dist < 2000)
library(ggplot2)
ggplot(delay, aes(dist, delay)) + geom_point(aes(size = count), alpha = 1/2) +
geom_smooth() + scale_size_area()
## geom_smooth: method="auto" and size of largest group is >=1000, so using gam with
formula: y ~ s(x, bs = "cs"). Use 'method = x' to change the smoothing method.
## Warning: Removed 1 rows containing missing values (stat_smooth).
## Warning: Removed 1 rows containing missing values (geom_point).
```

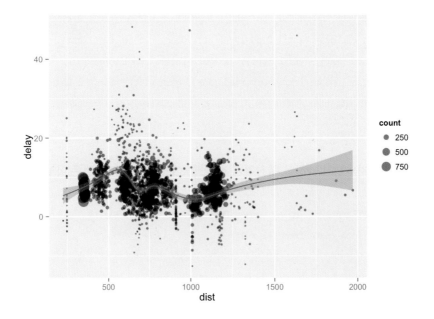

dplyr 패키지의 가장 큰 장점으로는 chain 기능인데 간단히 %.%를 이용해 각 작업 단위를 한 번에 수행할 수 있어서 복잡한 내용의 처리를 위해 스크립트 중간에 임시 데이터 프레임을 만들지 않아도 된다. 또한 매번 첫 번째 parameter에 dataframe을 지정했는데 %.%를 이용하면 한 번 지정 후에 이를 생략할 수도 있고, 앞의 결과를 pipe line처럼 뒤에 오는 함수의 입력 값으로 사용할 수 있다.

```
a1 <- group_by(hflights, Year, Month, DayofMonth)
a2 <- select(a1, Year:DayofMonth, ArrDelay, DepDelay)
a3 <- summarise(a2, arr = mean(ArrDelay, na.rm = TRUE), dep = mean(DepDelay,
na.rm = TRUE))
a4 <- filter(a3, arr > 30 | dep > 30)
```

위 예제는 hflights 데이터를 a1) Year, Month, DayofMonth의 수준별로 그룹화, a2) Year부터 DayofMonth, ArrDelay, DepDealy 열을 선택, a3) 평균 연착시간과 평균 출발 지연시간을 구하고, a4) 평균 연착시간과 평균 출발 지연시간이 30분 이상인 데이터를 추출한 결과다. 위 예제를 %.% 함수를 이용하면 다음과 같다.

```
hflights_df %.% group_by(Year, Month, DayofMonth) %.% summarise(arr =
mean(ArrDelay,na.rm = TRUE), dep = mean(DepDelay, na.rm = TRUE)) %.%
filter(arr > 30 | dep > 30)
## Source: local data frame [14 x 5]
## Groups: Year, Month
##
##    Year Month DayofMonth    arr   dep
## 1  2011     2          4  44.08 47.17
## 2  2011     3          3  35.13 38.20
## 3  2011     3         14  46.64 36.14
## 4  2011     4          4  38.72 27.95
## 5  2011     4         25  37.80 22.26
## 6  2011     5         12  69.52 64.52
## 7  2011     5         20  37.03 26.55
## 8  2011     6         22  65.52 62.31
```

```
## 9   2011    7          29 29.56 31.87
## 10  2011    9          29 39.20 32.50
## 11  2011    10          9 61.90 59.53
## 12  2011    11         15 43.68 39.23
## 13  2011    12         29 26.30 30.79
## 14  2011    12         31 46.48 54.17
```

dplyr과 다른 기능과의 데이터 처리 속도 비교를 위해 몇 가지 실험을 0.8GB, 4+ million rows, and ~80,000 groups 기준에서 해보았고, 속도 비교를 위해서는 data.frame, data.table, plyr, dplyr을 이용하여 비교하였다. 이용한 장비는 Macbook Pro Quad Core i7 2.7Ghz, Mac OS 10.9.4, 16GB이다.

```
set.seed(1234)
types <- c("A", "B", "C", "D", "E", "F")
obs <- 4e+07

one <- data.frame(id = as.factor(seq(from = 1, to = 80000, by = 1)), percent =
round(runif(obs,min = 0, max = 1), digits = 2), type = as.factor(sample
(types, obs, replace = TRUE)))
print(object.size(one), units = "GB")
## 0.6 Gb


summary(one)
##        id             percent        type
## 1      :  500    Min.   :0.00    A:6669214
## 2      :  500    1st Qu.:0.25    B:6668449
## 3      :  500    Median :0.50    C:6668361
## 4      :  500    Mean   :0.50    D:6663323
## 5      :  500    3rd Qu.:0.75    E:6663244
## 6      :  500    Max.   :1.00    F:6667409
## (Other):39997000
```

plyr의 ddply을 이용한 내용부터 해본다. test1 수행에 32초, test2에 24초, test3에 6초가 소요되었다.

```
library(plyr)
typeSubset <- c("A", "C", "E")
system.time(test1 <- ddply(one[one$type %in% typeSubset, ], .(id), summarise,
percent_total = sum(percent)))
##    user  system elapsed
## 32.487   1.186  33.674
two <- subset(one, type %in% typeSubset)
system.time(test2 <- ddply(two, .(id), summarise, percent_total =
sum(percent)))
##    user  system elapsed
## 26.076   0.577  26.655

system.time(test3 <- count(two, "id", "percent"))
##    user  system elapsed
##  6.889   0.528   7.417
detach("package:plyr",unload=TRUE)
```

이번에는 data.table을 이용한 방식이다. data.table과 dplyr 모두 1초 이내로 빠르게 수행되어 test4에 0.15초, test5에 0.096초로 data.table이 훨씬 빨랐다. 순수한 각 기능의 속도를 측정하면 data.table이 기여도가 높지만 문장표현을 보면 dplyr이 명확하고 사용하기 쉽다.

```
library(data.table)
three <- data.table(two, key = c("id"))
tables()
##       NAME       NROW  MB COLS           KEY
## [1,] three 20,000,819 310 id,percent,type id
## Total: 310MB
```

```
system.time(test4 <- three[, list(percent_total = sum(percent)), by =
key(three)])
##    user  system elapsed
##   0.150   0.008   0.159


library(dplyr)
##
## Attaching package: 'dplyr'
##
## The following object is masked from 'package:data.table':
##
##     last
##
## The following objects are masked from 'package:stats':
##
##     filter, lag
##
## The following objects are masked from 'package:base':
##
##     intersect, setdiff, setequal, union


fourDf <- group_by(two, id)
system.time(test5 <- summarise(fourDf, percent_total = sum(percent)))
##    user  system elapsed
##   0.084   0.000   0.084
```

이번에는 sql을 보다 동적으로 사용할 수 있는 방법을 알아보겠다. 경우에 따라서
는 sql문장이 실행할 때 마다 문장내용이 변화해야 한다. 이런 경우 sqldf를 이용하
려면 cast로 문장을 문자열로 복잡하게 변환해서 sqldf를 이용해서 실행한다. 이런
번거로움을 구조적으로 개선한 방법을 소개하겠다.

```
library(dplyr)
##
```

```
## Attaching package: 'dplyr'
##
## The following objects are masked from 'package:stats':
##
##     filter, lag
##
## The following objects are masked from 'package:base':
##
##     intersect, setdiff, setequal, union
library(sqldf)
## Loading required package: gsubfn
## Loading required package: proto
## Loading required package: RSQLite
## Loading required package: DBI
## Loading required package: RSQLite.extfuns
data(iris)
build_sql("select * from table")
## <SQL> select * from table
x <- "iris"
build_sql("select * from ",x)
## <SQL> select * from 'iris'
build_sql("select * from ",ident(x))
## <SQL> select * from "iris"
build_sql("select * from ",sql(x))
## <SQL> select * from iris
if (require("sqldf")) {
  a <- "select * from iris"
  condition <- "setosa"
  build_sql(a,condition)
  build_sql("select * from iris where Species=",(condition))
  b <- build_sql("select * from iris where Species=",(condition))
  sqldf(b)
}
## Loading required package: tcltk
```

```
## 	Sepal_Length Sepal_Width Petal_Length Petal_Width Species
## 1 	5.1 	3.5 	1.4 	0.2 setosa
## 2 	4.9 	3.0 	1.4 	0.2 setosa
## 3 	4.7 	3.2 	1.3 	0.2 setosa
## 4 	4.6 	3.1 	1.5 	0.2 setosa
## 5 	5.0 	3.6 	1.4 	0.2 setosa
## 6 	5.4 	3.9 	1.7 	0.4 setosa
## 7 	4.6 	3.4 	1.4 	0.3 setosa
## 8 	5.0 	3.4 	1.5 	0.2 setosa
## 9 	4.4 	2.9 	1.4 	0.2 setosa
......
## 49 	5.3 	3.7 	1.5 	0.2 setosa
## 50 	5.0 	3.3 	1.4 	0.2 setosa
```

아래 방식은 다단계로 중첩된(nested) 방식으로 결과를 넘겨서 처리하는데 코드를 읽고 이해하는 데 불편할 수 있다.

```
require("hflights")
## Loading required package: hflights
filter(summarise(select(group_by(hflights, Year, Month, DayofMonth),Year:
DayofMonth, ArrDelay, DepDelay),arr = mean(ArrDelay, na.rm = TRUE),dep = mean
(DepDelay, na.rm = TRUE)),arr > 30 | dep > 30)
## Source: local data frame [14 x 5]
## Groups: Year, Month
##
## 	Year Month DayofMonth 	arr 	dep
## 1 2011 	2 	4 44.08 47.17
## 2 2011 	3 	3 35.13 38.20
## 3 2011 	3 	14 46.64 36.14
## 4 2011 	4 	4 38.72 27.95
## 5 2011 	4 	25 37.80 22.26
## 6 2011 	5 	12 69.52 64.52
## 7 2011 	5 	20 37.03 26.55
```

```
## 8   2011    6        22 65.52 62.31
## 9   2011    7        29 29.56 31.87
## 10  2011    9        29 39.20 32.50
## 11  2011    10        9 61.90 59.53
## 12  2011    11       15 43.68 39.23
## 13  2011    12       29 26.30 30.79
## 14  2011    12       31 46.48 54.17
```

위의 방식의 대안으로 아래와 같은 문장이나 chain을 이용해서 사고의 흐름대로 표현을 해서 처리할 수 있다.

```
colnames(hflights)
##  [1] "Year"             "Month"            "DayofMonth"
##  [4] "DayOfWeek"        "DepTime"          "ArrTime"
##  [7] "UniqueCarrier"    "FlightNum"        "TailNum"
## [10] "ActualElapsedTime" "AirTime"         "ArrDelay"
## [13] "DepDelay"         "Origin"           "Dest"
## [16] "Distance"         "TaxiIn"           "TaxiOut"
## [19] "Cancelled"        "CancellationCode" "Diverted"
hflights %.%
group_by(Year, Month, DayofMonth) %.%
select(Year:DayofMonth, ArrDelay, DepDelay) %.%
summarise(arr = mean(ArrDelay, na.rm = TRUE),dep = mean(DepDelay, na.rm =
TRUE)) %.%
filter(arr > 30 | dep > 30)
## Source: local data frame [14 x 5]
## Groups: Year, Month
##
##    Year Month DayofMonth   arr   dep
## 1  2011    2         4 44.08 47.17
## 2  2011    3         3 35.13 38.20
## 3  2011    3        14 46.64 36.14
## 4  2011    4         4 38.72 27.95
```

```
## 5   2011    4        25 37.80 22.26
## 6   2011    5        12 69.52 64.52
## 7   2011    5        20 37.03 26.55
## 8   2011    6        22 65.52 62.31
## 9   2011    7        29 29.56 31.87
## 10  2011    9        29 39.20 32.50
## 11  2011   10         9 61.90 59.53
## 12  2011   11        15 43.68 39.23
## 13  2011   12        29 26.30 30.79
## 14  2011   12        31 46.48 54.17
chain(hflights,
    group_by(Year, Month, DayofMonth),
    select(Year:DayofMonth, ArrDelay, DepDelay),
    summarise(
      arr = mean(ArrDelay, na.rm = TRUE),
      dep = mean(DepDelay, na.rm = TRUE)
    ),filter(arr > 30 | dep > 30))
## Warning: Chain is deprecated. Please use %>%
## Source: local data frame [14 x 5]
## Groups: Year, Month
##
##    Year Month DayofMonth  arr   dep
## 1  2011    2         4 44.08 47.17
## 2  2011    3         3 35.13 38.20
## 3  2011    3        14 46.64 36.14
## 4  2011    4         4 38.72 27.95
## 5  2011    4        25 37.80 22.26
## 6  2011    5        12 69.52 64.52
## 7  2011    5        20 37.03 26.55
## 8  2011    6        22 65.52 62.31
## 9  2011    7        29 29.56 31.87
## 10 2011    9        29 39.20 32.50
## 11 2011   10         9 61.90 59.53
## 12 2011   11        15 43.68 39.23
```

```
## 13 2011    12       29 26.30 30.79
## 14 2011    12       31 46.48 54.17
```

2. 클러스터링(Clustering)

클러스터링 관련 기능으로는 주로 stats package에 있는 kmeans를 사용한다. 저자의 이전 책에서도 많은 예제들을 제시했는데 이번에는 이전에 간단히 소개했던 clustering package 기능위주로 활용방법을 제시한다. 해당 package는 Kaufman and Rousseeuw(1990)의 내용을 Peter Rousseeuw, Anja Struyf 그리고 Mia Hubert가 확장한 package이다. 사용된 votes.repub 데이터는 1856~1976년까지 31개 선거에서 공화당 대통령후보에 대한 각 주별 투표율에 대한 통계로 cluster package에 있는 샘플 데이터이다.

```
library(cluster)
votes.repub[1:10,1:3]
##              X1856 X1860 X1864
## Alabama         NA    NA    NA
## Alaska          NA    NA    NA
## Arizona         NA    NA    NA
## Arkansas        NA    NA    NA
## California   18.77 32.96 58.63
## Colorado        NA    NA    NA
## Connecticut  53.18 53.86 51.38
## Delaware      2.11 23.71 48.20
## Florida         NA    NA    NA
## Georgia         NA    NA    NA


data(votes.repub)
```

주요 function으로는 agnes, as.dendrogram이 있다. agnes function을 이용한 clustering method 종류는 6가지가 지원되는데 "average", "single"(single linkage), "complete" (complete linkage), "ward", "weighted", "flexible"이 있으며 기본방법은 "average"이다. 또한 데이터가 standardized되어 있으면 stand를 TRUE로 설정하며, daizy 함수를 이용해서 dissimilarity 계산이 된 경우로 dissimilarity matrix가 사용된 경우 무시된다.

```
agn1 <- agnes(votes.repub, metric = "manhattan", stand = TRUE)
agn1
## Call:    agnes(x = votes.repub, metric = "manhattan", stand = TRUE)
## Agglomerative coefficient:  0.7978
## Order of objects:
##  [1] Alabama        Georgia         Arkansas       Louisiana
##  [5] Mississippi    South Carolina  Alaska         Vermont
##  [9] Arizona        Montana         Nevada         Colorado
## [13] Idaho          Wyoming         Utah           California
## [17] Oregon         Washington      Minnesota      Connecticut
## [21] New York       New Jersey      Illinois       Ohio
## [25] Indiana        Michigan        Pennsylvania   New Hampshire
## [29] Wisconsin      Delaware        Kentucky       Maryland
## [33] Missouri       New Mexico      West Virginia  Iowa
## [37] South Dakota   North Dakota    Kansas         Nebraska
## [41] Maine          Massachusetts   Rhode Island   Florida
## [45] North Carolina Tennessee       Virginia       Oklahoma
## [49] Hawaii         Texas
## Height (summary):
##    Min. 1st Qu.  Median    Mean 3rd Qu.    Max.
##    8.38   12.80   18.50   23.10   28.40   87.50
##
## Available components:
## [1] "order"    "height"   "ac"       "merge"    "diss"     "call"
## [7] "method"   "order.lab" "data"


plot(agn1)
```

Banner of agnes(x = votes.repub, metric = "manhattan", stand =

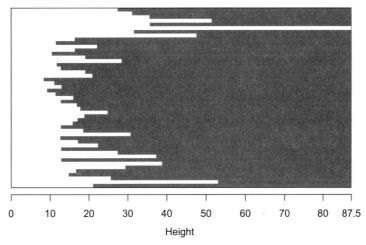

Agglomerative Coefficient = 0.8

Dendrogram of agnes(x = votes.repub, metric = "manhattan", stand = TR

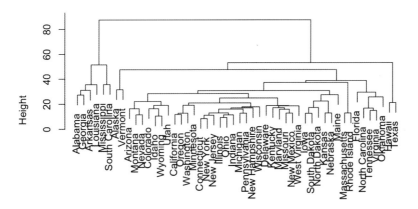

votes.repub
Agglomerative Coefficient = 0.8

```
op <- par(mfrow=c(2,2))
agn2 <- agnes(daisy(votes.repub), diss = TRUE, method = "complete")
plot(agn2)
agnS <- agnes(votes.repub, method = "flexible", par.meth = 0.6)
plot(agnS)
```

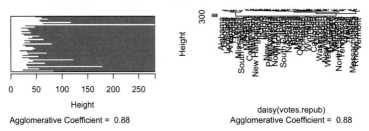

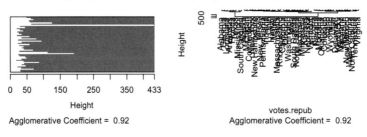

```
par(op)
```

as.dendrogram은 트리 형식의 일반적 모양을 hierarchical clustering과 classification tree에 제공해 동일한 형태의 plot이 가능하게 해준다.

```
(d2 <- as.dendrogram(agn2)) # two main branches
## 'dendrogram' with 2 branches and 50 members total, at height 282

d2[[1]] # the first branch
## 'dendrogram' with 2 branches and 8 members total, at height 116.7

d2[[2]]#the2ndone {8+42 =50}
```

```
## 'dendrogram' with 2 branches and 42 members total, at height 178.4


d2[[1]][[1]]
## 'dendrogram' with 2 branches and 6 members total, at height 72.92


# first sub-branch of branch 1 .. and shorter form identical(d2[[c(1,1)]],d2
[[1]][[1]])
    ## a "textual picture" of the dendrogram :


str(d2)
## --[dendrogram w/ 2 branches and 50 members at h = 282]
##   |--[dendrogram w/ 2 branches and 8 members at h = 117]
##   |  |--[dendrogram w/ 2 branches and 6 members at h = 72.9]
##   |  |  |--[dendrogram w/ 2 branches and 3 members at h = 60.9]
##   |  |  |  |--[dendrogram w/ 2 branches and 2 members at h = 48.2]
##   |  |  |  |  |--leaf "Alabama"
##   |  |  |  |  `--leaf "Georgia"
##   |  |  |  `--leaf "Louisiana"
##   |  |  `--[dendrogram w/ 2 branches and 3 members at h = 58.8]
##   |  |     |--[dendrogram w/ 2 branches and 2 members at h = 56.1]
##   |  |     |  |--leaf "Arkansas"
##   |  |     |  `--leaf "Florida"
##   |  |     `--leaf "Texas"
##   |  `--[dendrogram w/ 2 branches and 2 members at h = 63.1]
##   |     |--leaf "Mississippi"
##   |     `--leaf "South Carolina"
##   `--[dendrogram w/ 2 branches and 42 members at h = 178]
##      |--[dendrogram w/ 2 branches and 37 members at h = 121]
##      |  |--[dendrogram w/ 2 branches and 31 members at h = 80.5]
```

3. 텍스트 마이닝(Text Mining)

Text Mining 관련 웹기반 또는 클라우드 방식의 상업용 솔루션들이 있지만 이런 도구들은 특정목적에 정교하게 적용되기 힘들고 customization이 어렵거나 불가능하다. 저자는 customization을 선호하지는 않지만 분석에 대해서는 목적별 기능 구현이 필요하다고 생각한다. 특히 인트라넷 등 기업 내부의 정보에 대한 분석의 경우는 외부로 정보를 보낼 수 없기 때문에 솔루션을 도입하거나 자체 개발이 필요하다. 예를 들어 정부기관 내부 데이터에 대해 텍스트 마이닝을 수행하는 경우가 대표적일 수 있다.

우선 twitter에서 자료를 갖고 오기 위해 인증절차를 통해 자료를 갖고 오는 것을 승인처리하고, 데이터분석을 실시한다. 각 단계별 내용을 보면 아래와 같다.

(1) "https://apps.twitter.com/" 에 접속하여 sign in을 클릭하고 로그인한다.

(2) 로그인 후 나타나는 Twitter Apps 화면에서 "Create New App"을 클릭한다.

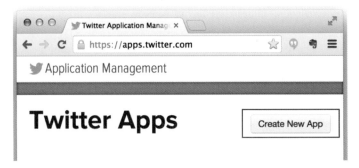

(3) App생성 화면에서 Name, Description, Website를 입력한다.

"http://"로 시작하는 아무 사이트 주소나 입력해도 된다. URL은 꼭 비워두기 바란다. 이를 비우지 않으면 추후 인증을 할 때 해당 주소가 열리게 되어 정상적인 인증을 진행할 수 없게 된다. 같은 화면에서 scroll down하여 아래쪽으로 이동하면 Developer Rules of the Road가 나오는데, 그 아래의 Yes, I agree의 왼편 체크박스에 체크하고, Create your Twitter application을 클릭해 App을 생성한다.

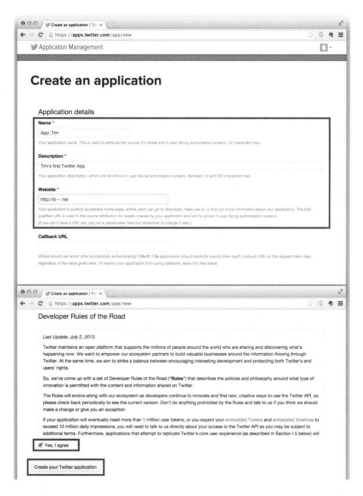

(4) App이 생성되었으면, API Keys Tab에서 API Key와 API secret을 메모장 등을 이용해 별도로 기록한다.

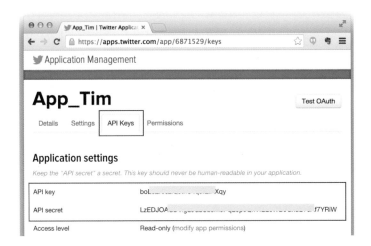

(5) R script를 실행하여 인증서 다운로드

다음의 R script는 Twitter와 App을 통해 자료를 받기 위해 인증서를 다운받는 과정이다. 위에서 복사한 API key와 API secret을 입력하여 본인의 인증서를 cacert.pem 파일로 받겠다는 것이다.

```
library(twitteR)
library(RColorBrewer)

url_rqst<-"https://api.twitter.com/oauth/request_token"
url_acc<-"https://api.twitter.com/oauth/access_token"
url_auth<-"https://api.twitter.com/oauth/authorize"

API_key<-"_____"  # 밑줄 부분에 복사해 둔 API key 입력
API_secret<-"????????????"  # 밑줄 부분에 복사해 둔 API secret 입력

twitCred<-OAuthFactory$new(consumerKey=API_key, consumerSecret=API_secret,
requestURL=url_rqst, accessURL=url_acc, authURL=url_auth)
```

```
download.file(url="http://curl.haxx.se/ca/cacert.pem",destfile="cacert.pem")
```

```
## trying URL 'http://curl.haxx.se/ca/cacert.pem'
```

```
## Content type 'unknown' length 250283 bytes (244 Kb)
```

```
## opened URL
```

```
## ================================================
```

```
## downloaded 244 Kb
```

(6) 인증서를 이용해 Twitter App과 연결하기

이번에는 Twitter의 App과 R을 연결해 보겠다.

아래의 script를 실행한 후 Console 창에 나타나는 두 번째 줄의 "https://"로 시작하는 url을 인터넷 주소창에 붙여 넣는다. 한 줄을 모두 선택할 때 애로를 겪는 경우가 많은데, 해당 줄의 아무 위치에서나 마우스를 세 번 클릭하면 줄 전체가 선택된다. 그리고 두번 클릭하면 단어 혹은 띄어쓰기가 없는 연속된 문자열이 선택된다. 두 번 클릭은 웹주소나 연속된 숫자열을 선택할 때 사용하면 편리하다.

```
twitCred$handshake(cainfo="cacert.pem")
```

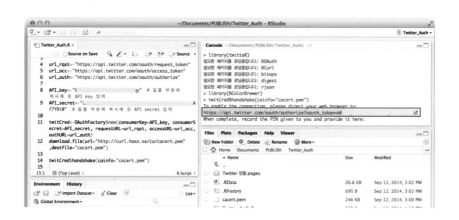

URL을 입력해 나타난 화면에서 "앱 인증"을 클릭하면 숫자가 나오는데, 이를 R Studio Console 창의 위 결과의 세 번째 줄에 붙여 넣고, enter를 친다.

(7) 연결 object 저장

아래는 연결이 적용된 object를 저장하는 script이다. 저장을 하면 working directory에 파일이 하나 추가되는 것을 확인할 수 있다.

```
save(list="twitCred",file="twitter_credentials")
```

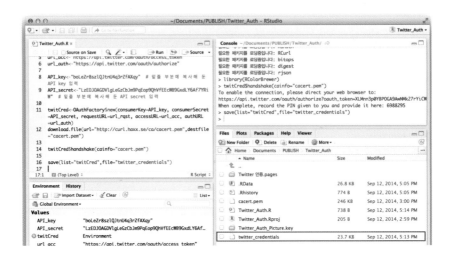

(8) R Studio 재개 후 인증 object load

앞에서 저장한 인증 object는 R Studio를 닫았다 열고, library를 로드한 후 인증 object를 load하면 App과 연결해 Twitter의 내용을 다운로드하는 다음의 과정을 진행할 수 있으므로, 앞의 인증 절차 모두는 이제부터는 필요하지 않게 된다. 메모리에 제대로 로드되었는지 확인을 한다.

```
library(twitteR)
library(RColorBrewer)
load("twitter_credentials")
registerTwitterOAuth(twitCred)
## [1] TRUE
```

(9) Twitter로부터 자료 가져오기

마지막으로 Twitter로부터 자료를 가져오는 것은 twitteR 패키지의 search Twitter 함수를 사용하면 된다. 가져온 결과는 list 형태이다. 아래 script에서 보듯이 searchTwitter의 option을 이용하면 언어나 지역, 기간을 선택할 수 있다.

```
iPhone6_tweets<-searchTwitter("iphone6 lang:en",n=500,cainfo="cacert.pem")
head(iPhone6_tweets)
length(apple_tweets)
```

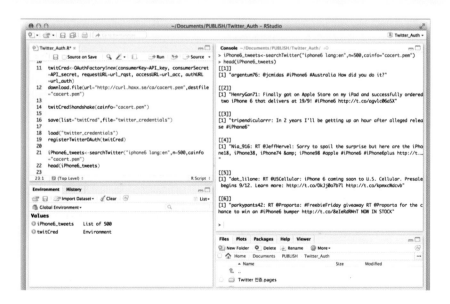

(10) 정 리

지금까지 twitter.com에서 App을 만들고, twitteR 패키지를 이용해 인증서를 다운받고, 인증 object를 생성한 후, searchTwitter 함수로 twitter 자료를 가져오는 것을 설명하였다. 결과 파일은 list로 만들어진다.

이 자료를 이용해 text mining을 할 수 있는데, 그 중에는 wordcloud와 sentiment analysis(감성분석)이 대표적일 것이다.

4. 텍스트 마이닝의 실전

```
library(twitteR)
library(RColorBrewer)
library(KoNLP)

# 본인 환경에 맞게 수정한다
setwd("/Users/eric/Dropbox/2. Consulting/2A00. EDU/2A40. mastering_R_for_
bigdata_analysis 1")

url_rqst<-"https://api.twitter.com/oauth/request_token"
url_acc<-"https://api.twitter.com/oauth/access_token"
url_auth<-"https://api.twitter.com/oauth/authorize"
API_key<-"본인 key 값을 넣으세요"
API_secret<-"본인 key 값을 넣으세요"

twitCred<-OAuthFactory$new(consumerKey=API_key,consumerSecret=API_
secret,requestURL=url_rqst,accessURL=url_acc,authURL=url_auth)
download.file(url="http://curl.haxx.se/ca/cacert.pem",destfile="cacert.pem")
twitCred$handshake(cainfo="cacert.pem")

save(list="twitCred",file="twitter_credentials")
```

```
load("twitter_credentials")
registerTwitterOAuth(twitCred)

apple_tweets<-searchTwitter("@apple",n=500,cainfo="cacert.pem")
head(apple_tweets)
length(apple_tweets)

ibm_tweets<-searchTwitter("@ibm",n=500,cainfo="cacert.pem")
head(ibm_tweets)
length(ibm_tweets)

ms_tweets<-searchTwitter("@microsoft",n=500,cainfo="cacert.pem")
head(ms_tweets)
length(ms_tweets)

pos.word=scan("positive-words.txt",what="character",comment.char=";")
neg.word=scan("negative-words.txt",what="character",comment.char=";")

score.sentiment = function(sentences, pos.words, neg.words, .progress='none')
{
  require(plyr)
  require(stringr)

  # we got a vector of sentences. plyr will handle a list
  # or a vector as an "l" for us
  # we want a simple array ("a") of scores back, so we use
  # "l" + "a" + "ply" = "laply":
  scores = laply(sentences, function(sentence, pos.words, neg.words) {

    # clean up sentences with R's regex-driven global substitute, gsub():
    sentence = gsub('[[:punct:]]', '', sentence)
    sentence = gsub('[[:cntrl:]]', '', sentence)
    sentence = gsub('\\d+', '', sentence)
```

```
    # and convert to lower case:
    sentence = tolower(sentence) # for english

    # split into words. str_split is in the stringr package
    word.list = str_split(sentence, '\\s+')

    # sometimes a list() is one level of hierarchy too much
    words = unlist(word.list)

    # compare our words to the dictionaries of positive & negative terms
    pos.matches = match(words, pos.words)
    neg.matches = match(words, neg.words)

    # match() returns the position of the matched term or NA
    # we just want a TRUE/FALSE:
    pos.matches = !is.na(pos.matches)
    neg.matches = !is.na(neg.matches)

    # and conveniently enough, TRUE/FALSE will be treated as 1/0 by sum():
    score = sum(pos.matches) - sum(neg.matches)

    return(score)
  }, pos.words, neg.words, .progress=.progress )

  scores.df = data.frame(score=scores, text=sentences)
  return(scores.df)
}

library(plyr)
apple_text<-laply(apple_tweets,function(t)t$getText())
str(apple_text)



head(apple_text,3)
```

```
Encoding(apple_text)[1:10]

apple_text<-apple_text[!Encoding(apple_text)=="UTF-8"]

head(apple_text,4)

apple_text[[10]]

apple_scores=score.sentiment(apple_text,pos.word,neg.word,.progress='text')

hist(apple_scores$score)
```

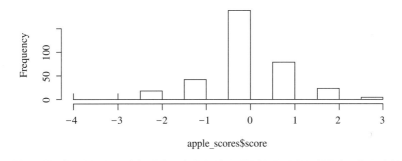

Histogram of apple_scores$score

```
ibm_text<-laply(ibm_tweets,function(t)t$getText())

head(ibm_text,3)

ibm_text<-ibm_text[!Encoding(ibm_text)=="UTF-8"]

ibm_scores=score.sentiment(ibm_text,pos.word,neg.word,.progress='text')

hist(ibm_scores$score)
```

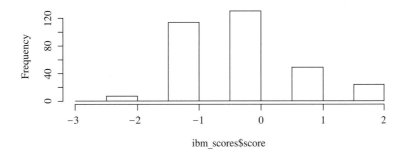

Histogram of ibm_scores$score

```
ms_text<-laply(ms_tweets,function(t)t$getText())

head(ms_text,3)

ms_text<-ibm_text[!Encoding(ms_text)=="UTF-8"]

ms_scores=score.sentiment(ms_text,pos.word,neg.word,.progress='text')

hist(ms_scores$score)
```

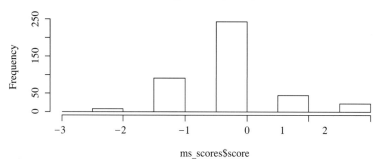

Histogram of ms_scores$score

시각화

    시각화와 관련되어서는 저자가 기존에 출판한 책에서는 ggplot2, googleVis를 등 주로 단순한 그래프를 이용했다. 그러나 점차 d3(Data Driven Document) 형태의 동적이고 다이나믹한 시각화 수준의 니즈가 증가함에 따라 d3를 직접 작성하지 않고 r에서 간단하게 작업할 수 있는 방안을 제시하고자 한다. 여기에서 나오는 결과는 R Studio의 Viewer에서 보이고 왼쪽의 버튼을 누르면 웹 브라우저에서 크게 볼 수 있다.

1. d3Chart[2)]

    우선 github에서 아직 CRAN에 등록되지 않은 package를 활용하겠다. github에서 설치를 위해서는 devtools가 필요하고 install_github를 이용해서 package명과 계정 명을 입력한다. 이러한 package들은 google을 통해 "r d3"와 같은 문장으로 검색하면서 추가로 원하는 기능의 단어를 넣어서 찾으면 된다.

```
library(devtools)
install_github('rCharts', 'ramnathv')
library(rCharts)
```

    iris 예제에는 "."가 변수 명에 들어가 있어서 불편하므로 해당 기호를 없애준다. 그리고 rPlot을 이용할 때는 measure를 먼저 쓰고 ~를 표시한 다음 dimension을 표시하고 "|"를 이용해서 group으로 분리한다. type은 point, bar 등이 있다. ggplot보다 편하게 그래프를 그릴 수 있다. 그리고 해당 point에 마우스를 가져다 대면 추가 정보가 보이게 된다.

```
names(iris) = gsub("\\.", "", names(iris))
```

---

2)
Source : https://github.com/ramnathv/rCharts

```
rPlot(PetalLength ~ PetalWidth | Species, data = iris, color = 'Species', type =
'point')
```

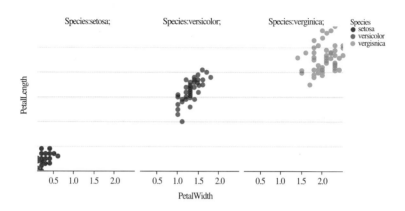

이번에는 HairEyeColor data를 이용해서 bar그래프를 그려본다. bar그래프 특성상 frequency를 표시하는 게 적합해서 bar로 보여준다.

```
hair_eye = as.data.frame(HairEyeColor)
rPlot(Freq ~ Hair | Eye, color = 'Eye', data = hair_eye, type = 'bar')
```

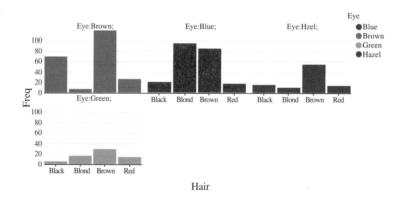

이번에는 "|" 뒤에 am + vs를 두 가지 값의 조합의 경우를 group으로 해서 그래프를 point로 그리는 방식이다. Factor인 값의 조합에 대해 measure의 차이를 확인하는 데 좋은 방법이다.

```
r1 <- rPlot(mpg ~ wt | am + vs, data = mtcars, type = 'point', color = 'gear')
r1
```

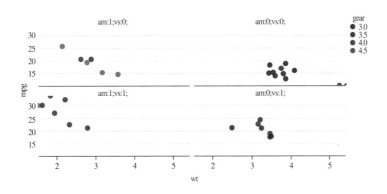

economics 데이터를 이용해서 2개의 변수를 series로 구성해서 y축에 표시한다. 그리고 set을 이용해서 마우스를 올렸을 때 포인터의 크기를 정한다.

```
data(economics, package = 'ggplot2')
econ <- transform(economics, date = as.character(date))
m1 <- mPlot(x = 'date', y = c('psavert', 'uempmed'), type = 'Line',data =
econ)
m1$set(pointSize = 0, lineWidth = 1)
m1
```

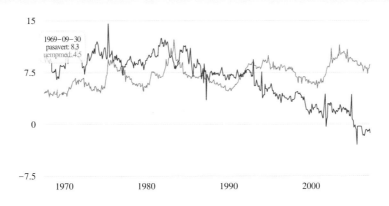

이번 내용은 HairEyeColor 데이터를 이용하는데 Male에 대해서만 데이터를 추출해서 group을 명시적으로 Eye로 구분하고 multiBarChart type을 이용했다.

```
hair_eye_male <- subset(as.data.frame(HairEyeColor), Sex == "Male")
n1 <- nPlot(Freq ~ Hair, group = "Eye", data = hair_eye_male, type = 'multiBarChart')
n1
```

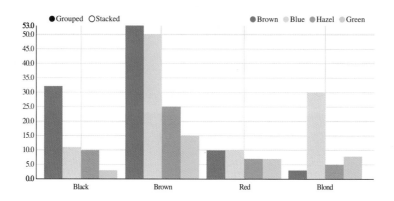

이번 예제는 reshape2의 metl를 이용해서 value를 통합한 다음에 line-dotted로 해서 category를 시리즈로 이용했다.

```
require(reshape2)
uspexp <- melt(USPersonalExpenditure)
names(uspexp)[1:2] = c('category', 'year')
x1 <- xPlot(value ~ year, group = 'category', data = uspexp, type = 'line-dotted')
x1
```

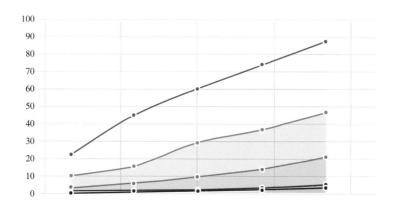

Spatial analysis로 지도를 바탕으로 해서 특정 위치에 pin을 표시한 내용이다. Leaflet object를 이용해서 중심점을 표시한 다음에 pin을 marker로 표시하고 라벨을 달았다. 주의할 점은 center를 pin들의 위치의 가운데로 설정해야 하고, zoom 수준을 적합하게 설정해서 pin 위치가 보이도록 한다는 것이다.

```
map3 <- Leaflet$new()
map3$setView(c(37.53, 127.02), zoom = 12)
map3$marker(c(37.546082, 127.019827), bindPopup = "<p> Eric Home </p>")
map3$marker(c(37.499596, 127.033678), bindPopup = "<p> The ECG </p>")
map3
```

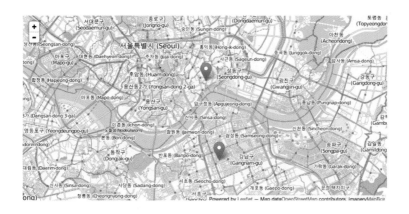

USPersonalExpenditure는 연도별 비용을 표시한 내용이다. 이를 melt하면 rowname에 있는 내용과 연도가 Var1, Var2로 되고 비용이 value로 변환되어 Area 그래프 형태를 갖는 Rickshaw 그래프가 작성된다.

```
data(USPersonalExpenditure)
colnames(USPersonalExpenditure)
[1] "1940" "1945" "1950" "1955" "1960"

usp = reshape2::melt(USPersonalExpenditure)
colnames(usp)
[1] "Var1"  "Var2"  "value"
```

```
head(usp)

            Var1 Var2  value
1      Food and Tobacco 1940 22.200
2 Household Operation 1940 10.500
3  Medical and Health 1940  3.530
4       Personal Care 1940  1.040
5   Private Education 1940  0.341
6      Food and Tobacco 1945 44.500


p4 <- Rickshaw$new()
p4$layer(value ~ Var2, group = 'Var1', data = usp, type = 'area')
p4
```

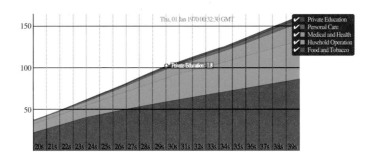

2. d3Network

igraph를 이용한 SNA를 그리면 정적이고 다양한 효과를 주기가 불편하다. 그래서 동적인 효과를 주기 좋은 d3Network을 이용해서 d3 효과를 충분히 내도록 한다. 관련된 데이터는 Facebook에서 수집한 국내 데이터 사이언티스트 명단을 이용해서 표시했다. 국내에 100명 이하로 존재한다는 데이터 사이언티스트를 추천받아 명단을 파악하고자 했으나 적극적 참여가 적어서 이들 명단만으로 구성하지 않고 이들 간의 친분관계를 추가하여 저자가 알고 있는 범위 내에서 관계를 표시하였다.

(1) 이론 및 실습

```
install.packages("devtools")
library(devtools)
devtools::install_github("christophergandrud/d3Network")
# Load RCurl package for downloading the data
library(RCurl)
library(d3Network)
```

생성된 d3 file을 열기 위한 기능으로 Windows와 Mac용 기능을 별도로 정의하였다.

```
ericOpenHtml <- function(filename) {
  if (Sys.info()["sysname"]=="windows") {
    shell.exec(filename)
  } else {
    system(paste("open",filename)) # mac case
  }
}


Source <- c("A", "A", "A", "A", "B", "B", "C", "C", "D")
Target <- c("B", "C", "D", "J", "E", "F", "G", "H", "I")
NetworkData <- data.frame(Source, Target)



d3SimpleNetwork(NetworkData, width = 400, height = 250,file="test1.html")
ericOpenHtml("test1.html")
```

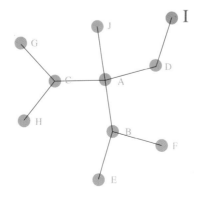

```
d3SimpleNetwork(NetworkData,      width      =      400,      height      =
250,fontsize=15,file="test2.html")
ericOpenHtml("test2.html")
```

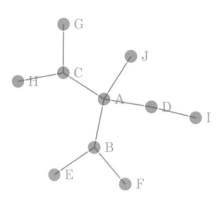

```
d3SimpleNetwork(NetworkData, width = 400, height = 250,textColour = "#D95F0E",
linkColour = "#FEC44F",nodeColour = "#D95F0E", opacity = 0.9,charge = -50,
fontsize = 12,file="test3.html")
ericOpenHtml("test3.html")
```

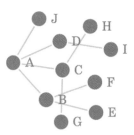

```
# Gather raw JSON formatted data
URL <- "https://raw.githubusercontent.com/christophergandrud/d3Network/master
/JSONdata/miserables.json"
MisJson <- getURL(URL, ssl.verifypeer = FALSE)
# Convert JSON arrays into data frames
MisLinks <- JSONtoDF(jsonStr = MisJson, array = "links")
MisNodes <- JSONtoDF(jsonStr = MisJson, array = "nodes")
```

```
head(MisLinks)
head(MisNodes)

d3ForceNetwork(Links = MisLinks, Nodes = MisNodes,Source = "source", Target =
"target",Value = "value", NodeID = "name",Group = "group", width = 1200,
height = 800,opacity = 0.9,zoom=TRUE, file="test4.html")
ericOpenHtml("test4.html")
```

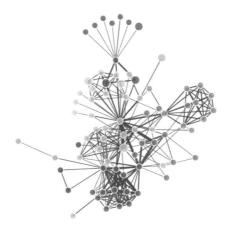

```
library(RCurl)
URL <- "https://raw.githubusercontent.com/christophergandrud/d3Network/master
/JSONdata/flare.json"
Flare <- getURL(URL)
# Convert to list format
Flare <- rjson::fromJSON(Flare)
# Create Graph
d3Tree(List = Flare, fontsize = 8, diameter = 1200,zoom=TRUE,file="test5.
html")
ericOpenHtml("test5.html")
```

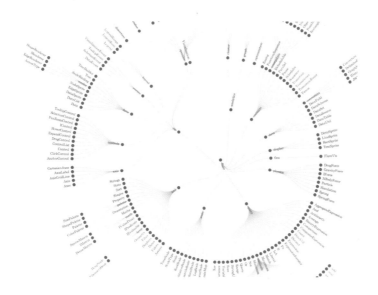

```
CanadaPC <- list(name = "Canada",children = list(list(name = "Newfoundland",
children = list(list(name = "St. John's")))),
list(name = "PEI",children = list(list(name = "Charlottetown")))),
list(name = "Nova Scotia",children = list(list(name = "Halifax")))),
list(name = "New Brunswick",children = list(list(name = "Fredericton")))),
list(name = "Quebec",children = list(list(name = "Montreal"),
list(name = "Quebec City"))),list(name = "Ontario",children = list(list(name =
"Toronto"),list(name = "Ottawa")))),list(name = "Manitoba",children = list(list(name =
"Winnipeg")))),list(name = "Saskatchewan", children = list(list(name = "Regina")))),
list(name = "Nunavuet",children = list(list(name = "Iqaluit")))),list(name = "NWT",children
= list(list(name = "Yellowknife")))), list(name = "Alberta",children = list(list(name =
"Edmonton")))), list(name = "British Columbia",children = list(list(name =
"Victoria"),list(name = "Vancouver")))),list(name = "Yukon",children = list(list(name =
"Whitehorse")))))
d3Tree(List = CanadaPC, fontsize = 10, diameter = 1200,textColour = "#D95F0E",
linkColour = "#FEC44F",nodeColour = "#D95F0E",zoom=TRUE,file="test6.html")
ericOpenHtml("test6.html")
```

```
URL <- "https://raw.githubusercontent.com/christophergandrud/d3Network/sankey
/JSONdata/energy.json"
Energy <- getURL(URL, ssl.verifypeer = FALSE)


# Convert to data frame
EngLinks <- JSONtoDF(jsonStr = Energy, array = "links")
EngNodes <- JSONtoDF(jsonStr = Energy, array = "nodes")
# Plot
d3Sankey(Links = EngLinks, Nodes = EngNodes, Source = "source",
        Target = "target", Value = "value", NodeID = "name",
        fontsize = 12, nodeWidth = 30, file = "TestSankey.html")
ericOpenHtml("TestSankey.html")
```

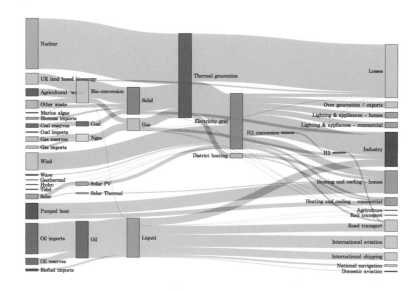

(2) 응 용

이번에는 좀 더 실질적인 데이터를 이용해서 시도해 보겠다. 추천받은 국내 데이터 사이언티스트들의 데이터를 수집해보고 그들의 관계도를 작성해 보았다. 데이터는 아래와 같은 형식으로 입력하면 된다.

```
Kim Eric,Revision XyXon
Kim Eric,SAS Lee Hyeyon
Kim Eric,ECG Ahn Jeongkook
Kim Eric,Oracle Park Joonyong
```

igraph를 이용해서 그릴 때보다 가독성이 높고, 자세히 보고자 하는 내용에 대해 node를 클릭하면 글씨가 커진다. 이보다 더 추가된 기능도 있기 때문에 r을 이용하는 충분한 이유가 된다. d3로 이것을 만드는 일은 생각하기도 싫은 일이다.

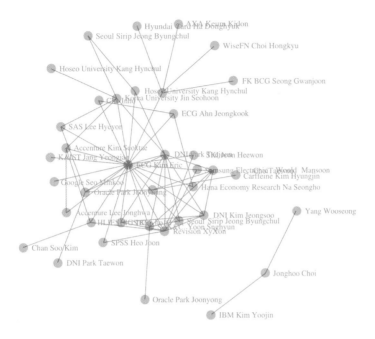

시뮬레이션

　　Simulation은 실제 상황을 모델링 과정을 통해 핵심요소들을 축약하여, 목적한 바를 실행을 통해 다양한 통계를 산출해서 분석할 수 있도록 컴퓨터에 스크립트 및 GUI를 이용해서 만들고 실험하는 작업이다. 실제 상황은 매우 복잡하고 다양한 요소들이 서로 영향을 주고 있으므로, 시뮬레이션 모델링은 현실세계를 핵심요소로 단순화하는 방법을 통해 다양한 목적의 분석을 할 수 있게 만든다. 이 부분은 Art이자 Technology이다. 또한 모델링 방법은 생산적이어야 하므로 주로 script나 GUI로 만드는데, 대부분 GUI로 작성하지만 GUI로 만드는 경우도 복잡성이 증가하여 script를 선호하게 되는 추세도 있다.

　　Simulation의 장점은 실제시간을 컴퓨터상의 시간으로 가상화해서 1년을 단 몇 분 만에 실험할 수 있고, 반복실험을 통해 안정된 통계 값을 얻을 수 있다는 점이다. 그리고 실제 존재하지 않는 물리적인 것을 반영하거나 기존 물리적인 시스템을 가상으로 변경할 수 있으므로 파괴적이지 않아 비용 효율적이다. 거기에다 현실 시스템에서는 데이터 수집이 불가능한 요소를 컴퓨터상에서 다양한 통계를 구할 수 있고 다양한 시나리오를 확률분포로 실험할 수 있어서 시나리오 분석 기법에 비해 신뢰할 수 있는 결과를 얻을 수 있다. Simulation에서는 먼저 현재 시스템이 존재한다면 As-Is를 모델링을 하고, 변경 또는 개선하고자 하는 시스템으로 수정해서 To-Be를 만들어서 예측을 한다. 이 과정에서 As-Is와 통계값이 유사하면 모델링은 유의미하다고 판단할 수 있다. 모델링 과정은 Input Data에 대한 Statistical Analysis와 Simulation Modeling, Statistical Analysis를 이용한 Output Analysis로 구성된다. 다양한 실험을 위해 random number generator를 사용하고 재현을 위해 random seed를 고정하여 실험하기도 한다.

　　R에서 Discrete Event Simulation(DES) package를 찾기는 쉽지 않다. 아직 모델링의 유연성이나 처리속도가 마음에 드는 것은 찾지 못했으나 simmer의 경우 표현방식이 마음에 든다. simmer를 제시하는 이유는 DES에 대한 개념을 충분히 파악

할 수 있는 방안이기 때문이므로 이를 가지고 모델링에 대한 연습을 해보기 바란다.

상업용으로는 SLAMSYSTEM, FACTOR/AIM, Siman/Arena가 있으나 오래된 역사에 비해 많이 확산되지는 못했고, 현재는 SIMAN/ARENA만 명맥을 잇고 있다. 1990년대 국내에서도 매우 인기가 높았으나 최근 다양한 기법에 밀려났다가 빅데이터 시대에 들어 다시 주목받고 있는 기법이다. 그러나 가격이 매우 비싸고, 현재 기업에서 적용되고 있는 사례가 많지 않기 때문에 일단 R로 접근하는 것이 현명한 방법이라고 생각한다.

우선 CRAN에 등록되지 않은 관계로, 아래와 같이 설치를 실행하면 된다. 독자가 사용하는 시점에 변경될 수 있으니 github에서 문장을 다시 한 번 확인해야 한다.

```
> library(devtools)
> devtools::install_github("Bart6114/simmer")
```

simmer에는 9개의 기능이 있다. add_entity_with_interval, add_entity, add_resource, add_trajectory, create_simulator, plot_evolution_entity_times, plot_resource_usage, plot_resource_utilization, simmer이다. 모두 Discrete Event Simulation의 핵심기능들이다. 아마 나중에 추가된다면 resource pool, preempt resource, resource schedule, attribute management 등이 될 것이다.

```
> library(simmer)
```

현실세계를 모델링하기 위한 내용을 먼저 살펴보면 업무 프로세스를 상세하게 파악하여 정의한 후에 시간의 흐름 또는 지연이 존재하거나 특정 자원(사람, 기계)을 요구하는 task 위주로 모델링에 반영한다. 시간의 지연이 매우 작은 내용들은 연관 task에 포함시켜서 반영을 하는데, 시간의 소요를 순수 작업시간을 반영하고 대기시간은 시뮬레이션 환경의 queue를 통해 자동으로 반영·측정된다. simmer에는 현재 queue에 대한 명시적 표시가 없는 것으로 판단되므로 이번 모델링에서는 깊

이 파악하지 않도록 한다. 시간의 지연은 작업시간과 자원의 가용성에 문제가 있는 경우에 발생된다. 시뮬레이션은 infinite capacity 상황은 고려하지 않는다. 예를 들어 엘리베이터 운영 상황을 모델링한다면 엘리베이터를 4대로 제한해 정의하고 그 엘리베이터를 이용하고자 하는 사람들의 도착을 entity의 생성으로 표시한다. 시간이 소요되는 항목은 확률분포를 이용해 반영하는데, 상수를 이용하는 방식은 현실적이지 않으므로 주로 단순한 분포인 uniform distribution, triangular distribution, normal distribution 등을 사용하고, 실제 소요시간을 측정해서 distribution과 parameter를 추정한다. 데이터 획득이 매우 어려운 경우 인터뷰나 소수의 관찰 값으로 분포를 생성하는데, 이러한 경우 uniform 또는 triangular distribution을 사용하도록 한다. 예제는 일반적으로 정규분포를 사용하나, 실제 현장(주로 제조)에서 발생하는 데이터는 weibull distribution이 많았다. 빅데이터 시대에서는 과거에 비해 데이터의 가용성이 높지만 이러한 데이터가 장비의 투자 없이 가용한 것은 아니므로 편리성을 위해 점차적으로 시스템 센서를 통한 데이터 획득의 가용성이 증가될 것이다.

병원 시뮬레이션의 경우 프로세스는 다음과 같다. 병원에 도착해서 간호사에게 예약확인을 통해 진료 대기자에 들어가고 이때 소요되는 시간은 평균 4분에 표준편차 2분이다. 이후 순서가 되면 의사를 만나서 진료받는 시간을 평균 10분에 표준편차 7분으로 한다. 다음에 주사를 맞을 필요가 있으면 주사를 맞거나 간단한 검사를 하고 가는 데 소요시간은 평균 3분에 표준편차 1분이다. 그리고 수납처에 가서 비용을 납부하고 처방전을 받는 데 평균 3분에 표준편차 2분이 소요된다. 약국에서 약을 구매하는 데 평균 10분에 표준편차 3분이 소요된다. 이런 프로세스에서 각각 소요되는 시간을 duration으로 표시했고 필요한 인원을 resource로 정의하였다. 아래와 같은 정의 방식은 GUI로 정의하는 것과 유사하게 쉽게 표현할 수 있어서 좋다.

```
> t1<-read.table(header=T, text=
+ "event_id   description    resource      amount  duration      successor
+ 1          intake        nurse         1       rnorm(1,4,2)   2
+ 2          consultation  doctor        1       rnorm(1,10,7)  3
```

```
+ 3        injection      nurse           1      rnorm(1,3,1)    4
+ 4        planning       administration  1      rnorm(1,3,2)    5
+ 5        move           walk            1      rnorm(1,10,5)   6
+ 6        drug           drugs           1      rnorm(1,10,3)   NA")
```

시뮬레이션 전체 환경설정을 위해 자원을 등록한다. 자원은 사람이나 기계에 해당된다. 걸어가는 데는 단지 시간의 소요만을 반영하기 위해 자원을 충분히 크게 잡는다.

```
> library(magrittr)
> sim<-
+ create_simulator(name = "SuperDuperSim") %>%
+ add_resource("nurse", 1) %>%
+ add_resource("doctor", 1) %>%
+ add_resource("administration", 1) %>%
+ add_resource("walk",100) %>%
+ add_resource("drugs",1)
```

시뮬레이션에서 주체가 되는 patient에 대한 도착분포를 설정한다. 10명이 10분 간격으로 도착하는 것인데 시간단위는 모두 분, 시간 등 동일한 기준으로 통일해서 처리하면 된다.

```
> sim<-
+ sim %>%
+ add_trajectory("Trajectory1",t1) %>%
+ add_entities_with_interval(n = 10, name_prefix = "patient", trajectory_name =
  "Trajectory1", interval =  10)
```

individual entity를 add하는데 early_start는 100분에 시작하도록 한다.

```
> sim<-
+ sim %>%
+ add_entity(name = "individual_entity", trajectory_name = "Trajectory1", early_ start =
100)
```

한번에 100분을 실행하는 것을 simmer(until=100)으로 설정하고 10회 반복 실험하는 것을 replication을 통해 개별실행의 사례와 평균값을 구하도록 한다. 아직 장기간 실행을 한번해서 warm-up period 통계를 제외하는 기능이나 초기 상태를 설정하는 기능은 없다.

```
> sim <-
+ sim %>%
+ replicator(10)
> sim <-
+ sim %>%
+ simmer(until=110)
```

아래 기능들은 현재 가능한 plot들이다. plot_resource_usage에서 번호를 지정하면 n번째 replication에서의 통계를 구할 수 있다.

```
> plot_resource_utilization(sim)
> plot_resource_usage(sim, "doctor")
> plot_resource_usage(sim, "doctor", 6)
> plot_evolution_entity_times(sim, type = "activity_time")
> plot_evolution_entity_times(sim, type = "waiting_time")
> plot_evolution_entity_times(sim, "flow_time")
```

다음 resource utilization을 보면 Doctor의 가동률이 70% 수준으로 인력기준 가동률이 적합한 수준으로 판단되지만 환자의 수가 많아지거나, 진료시간이 긴 환자 유형이 오는 경우 노동 강도가 높아질 것으로 판단되며, Nurse, Drug은 여유가 조금 있어서 더 많은 환자가 와도 대응이 될 것으로 판단된다. 그리고 administration

은 가동률이 낮아 가능하다면 Nurse가 처리해도 될 업무로 판단된다.

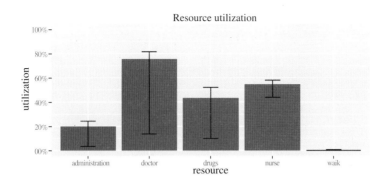

Activity에 대한 time을 보면 중반에 매우 높아져서 가동시간이 증가되었다가 감
소하는 것으로 보아 병목현상이 있었을 것으로 본다. 정확한 판단을 위해서는 시간
의 흐름에 따른 각 resource들에 대한 utilization을 봐야 한다.

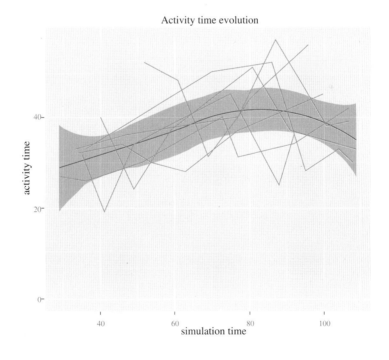

Waiting Time의 경우 중반부터 증가하여 마지막에 급상승하는 것으로 판단된다. 병원에 도착해서 약을 구매하고 종료하기까지 소요되는 전체적인 시간이 증가하는 것으로 보아 병목현상이 있다고 판단된다.

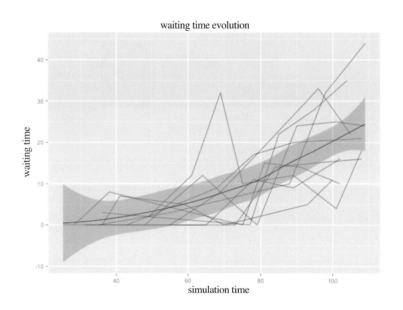

지금까지 소개한 시뮬레이션 모델링과 분석을 통해 다양한 통계와 Insight를 얻을 수 있으며, 모델을 수정해 변화를 주면 실제 상황의 물리적인 변화 없이 단시간에 예측할 수 있다. 따라서 이러한 시뮬레이션은 로켓발사, 교통 통제방식 설계, 공장 신설 계획 등 다양한 분야의 예측에 사용된다.

최적화

이전에 출간한 '데이터 분석 전문가/준전문가 단기완성'에서는 LP(Linear Program) 예제를 이용했다. 이번에는 IP(Integer Program)의 대표적 예인 수송문 제를 해결하고자 한다. 복잡한 문제는 이해가 어려우므로 단순한 예제를 인용했다. 수송 문제는 A에서 B지점으로 이동하는 데 소요되는 비용을 최소화하는 방법으로 각 지점 간에 수송에 소요되는 비용의 제약이 있다. 제약이 없다면 최적화로 풀 필 요가 없으므로 실제로 그런 문제는 존재하지 않는다.

필요한 패키지를 설치하고 로딩한다. 그리고 비용에 대한 cost matrix를 샘플로 10,000을 할당하고 특정 위치에 0 또는 다른 값을 할당한다. 여기서의 목적은 복잡 한 문제를 푸는 것보다 상상하는 시나리오대로 작동하는지를 이해하는 데 있다. 예 를 들어 cost[-4,5] <- 0 같은 문장은 4번째 row를 제외하고 5번째 column에 0을 넣겠다는 뜻이다. 최종 결과는 costs를 실행해서 보면 아래와 같다. 수송이 필요 없 는 방향으로는 매우 큰 값을 비용으로 할당하면 된다.

```
install.packages("lpSolve")
library(lpSolve)

costs <- matrix (10000, 8, 5); costs[4,1] <- costs[-4,5] <- 0
costs[1,2] <- costs[2,3] <- costs[3,4] <- 7; costs[1,3] <- costs[2,4] <- 7.7
costs[5,1] <- costs[7,3] <- 8; costs[1,4] <- 8.4; costs[6,2] <- 9
costs[8,4] <- 10; costs[4,2:4] <- c(.7, 1.4, 2.1)
costs
```

```
        [,1]  [,2]     [,3]     [,4]  [,5]
[1,]  10000 7e+00      7.7      8.4     0
[2,]  10000 1e+04      7.0      7.7     0
[3,]  10000 1e+04  10000.0      7.0     0
[4,]      0 7e-01      1.4      2.1 10000
[5,]      8 1e+04  10000.0  10000.0     0
```

```
[6,] 10000 9e+00 10000.0 10000.0     0
[7,] 10000 1e+04     8.0 10000.0     0
[8,] 10000 1e+04 10000.0    10.0     0
```

row와 col에 각각 부등호와 rhs 제약 값을 할당한다. 이 값들은 실질적인 절대적 제약조건을 반영해야 한다. 만약 이러한 값들이 잘못 설정되면 모델링이 잘못되어 결과값을 얻지 못하는 일이 발생된다. row.rhs에 할당한 값들은 200, 300 등 해당 row에 할당할 수 있는 최댓값이고 col.rhs는 해당 col에 할당될 수 있는 최댓값이다. 여기에 cost matrix를 곱하여 전체 비용을 산출하는데 최소화시킨 결과가 7,790이다. 결과값을 보기 위해서 lp.transport를 실행하면 되고, 각각의 할당값은 lp.transport의 $solution을 보면 된다.

```
row.signs <- rep ("<", 8)
row.rhs <- c(200, 300, 350, 200, 100, 50, 100, 150)
col.signs <- rep (">", 5)
col.rhs <- c(250, 100, 400, 500, 200)

lp.transport (costs, "min", row.signs, row.rhs, col.signs, col.rhs)
Success: the objective function is 7790
lp.transport (costs, "min", row.signs, row.rhs, col.signs, col.rhs)$solution
$solution
     [,1] [,2] [,3] [,4] [,5]
[1,]    0  100  100    0    0
[2,]    0    0  200  100    0
[3,]    0    0    0  350    0
[4,]  200    0    0    0    0
[5,]   50    0    0    0   50
[6,]    0    0    0    0   50
[7,]    0    0  100    0    0
[8,]    0    0    0   50  100
```

매우 간단한 예로 실제 기업 상황에서 국내 물류비용을 최소화하기 위한 문제를 풀때 해답이 될 수 있는 내용이다. 전국에 분포하는 물류창고 중 어디서 어디로 보내야 될지를 해결할 수 있다.

또다른 예로는 traveling salesman problem이다. 이 예제도 대표적인 최적화 문제이다. 이 문제는 최소 시작위치에서 주어진 위치(예 도시)를 모두 한번만 방문하고 시작위치로 돌아오는 방법을 찾는 것이다. 이러한 기능이 ERP에 포함되어 활용되면 매우 많은 도움이 되겠지만, 과거 경험한 사례에서는 코딩으로 해결하려고 했기 때문에 많은 시간과 성능의 문제가 있었던 적이 있었다. 만약 이것을 SAP ERP에서 ABAP으로 코딩하는 경우를 생각해 보면 끔찍한 일이다.

```
library(TSP)
data(USCA50)
USCA50

object of class 'TSP'
50 cities (distance 'euclidean')

methods <- c("nearest_insertion", "farthest_insertion", "arbitrary_insertion",
"nn", "repetitive_nn", "2-opt")
tours <- sapply(methods, FUN = function(m) solve_TSP(USCA50, method =
m),simplify = FALSE)

tours[[1]]

object of class 'TOUR'
result of method 'nearest_insertion' for 50 cities
tour length: 17280

dotchart(c(sapply(tours, FUN = attr, "tour_length"), optimal = 14497),xlab =
"tour length", xlim = c(0, 20000))
```

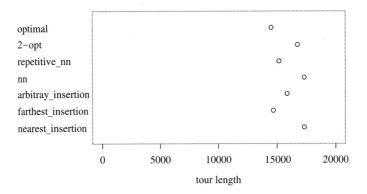

위 그래프를 보면 비용에 있어서 10~20%의 차이가 있음을 알 수 있다. 이러한 차이를 최적화를 통해 개선할 수 있다면 수작업을 통한 방법보다 최소 10~20%는 개선할 수 있다는 뜻이다.

```
data(USCA312)
tsp <- insert_dummy(USCA312, label = "cut")
tsp


tour <- solve_TSP(tsp, method="farthest_insertion")
tour


path <- cut_tour(tour, "cut")
head(labels(path))
tail(labels(path))


library("maps")
library("sp")
library("maptools")
data("USCA312_map")


plot_path <- function(path){
plot(as(USCA312_coords, "Spatial"), axes = TRUE)
plot(USCA312_basemap, add = TRUE, col = "gray")
```

```
points(USCA312_coords, pch = 3, cex = 0.4, col = "red")
path_line <- SpatialLines(list(Lines(list(Line(USCA312_coords[path,])),
ID="1")))
plot(path_line, add=TRUE, col = "black")  + points(USCA312_coords[c(head(path,
1), tail(path,1)),], pch = 19,col = "black")
}
plot_path(path)
```

```
atsp <- as.ATSP(USCA312)
ny <- which(labels(USCA312) == "New York, NY")
atsp[, ny] <- 0
initial_tour <- solve_TSP(atsp, method="nn")
initial_tour

tour <- solve_TSP(atsp, method ="2-opt", control = list(tour = initial_tour))
tour
path <- cut_tour(tour, ny, exclude_cut = FALSE)
head(labels(path))
tail(labels(path))
plot_path(path)
```

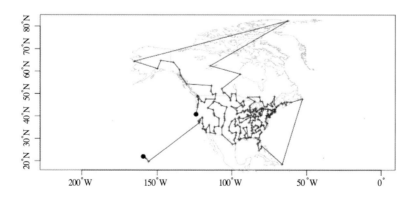

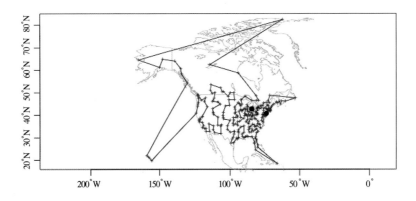

```
tsp <- reformulate_ATSP_as_TSP(atsp)

tsp

m <- as.matrix(USCA312)

ny <- which(labels(USCA312) == "New York, NY")

la <- which(labels(USCA312) == "Los Angeles, CA")

atsp <- ATSP(m[-c(ny,la), -c(ny,la)])

atsp <- insert_dummy(atsp, label = "LA/NY")

la_ny <- which(labels(atsp) == "LA/NY")

atsp[la_ny, ] <- c(m[-c(ny,la), ny], 0)

atsp[, la_ny] <- c(m[la, -c(ny,la)], 0)


tour <- solve_TSP(atsp, method ="nearest_insertion")

tour

path_labels <- c("New York, NY",labels(cut_tour(tour, la_ny)), "Los Angeles,
CA")

path_ids <- match(path_labels, labels(USCA312))

head(path_labels)

tail(path_labels)

plot_path(path_ids)
```

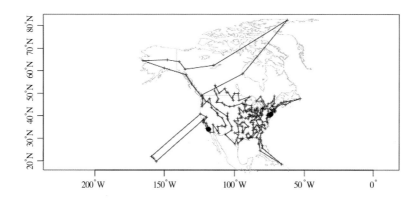

Image Processing

이미지 처리는 이미지 식별 등을 위해 이미지 데이터를 변형하고 저장하는 기능을 수행한다. 여기서는 주로 색상이나 밝기를 조정하는 내용을 다루고자 한다.

```
source("http://bioconductor.org/biocLite.R")
biocLite()
biocLite("EBImage")
install.packages("brew")
# In mac, you need to install libtiff like belows
# ruby -e "$(curl -fsSL https://raw.github.com/Homebrew/homebrew/go/install)"
# brew brew install libtiff
install.packages("tiff",type="source")
library(EBImage)

Image <- readImage('coffee_machines.JPG')
display(Image)
```

원본 jpg image를 읽고 표시하는 내용이다.

```
Image
  colormode: Color
  storage.mode: double
  dim: 1136 852 3
  nb.total.frames: 3
  nb.render.frames: 1

imageData(object)[1:5,1:6,1]:
          [,1]      [,2]      [,3]      [,4]      [,5]      [,6]
[1,] 0.8509804 0.8470588 0.8431373 0.8431373 0.8431373 0.8431373
[2,] 0.8509804 0.8509804 0.8470588 0.8431373 0.8431373 0.8470588
[3,] 0.8549020 0.8509804 0.8470588 0.8431373 0.8431373 0.8470588
[4,] 0.8549020 0.8509804 0.8470588 0.8470588 0.8470588 0.8470588
[5,] 0.8549020 0.8549020 0.8509804 0.8470588 0.8470588 0.8509804

# adjust brightness
Image1 <- Image + 0.2
Image2 <- Image - 0.2
display(Image1); display(Image2)
```

이미지 값을 조절하여 밝기를 높이거나 낮춰보았다.

```
# adjust contrast

Image3 <- Image * 0.5

Image4 <- Image * 2

display(Image3); display(Image4)
```

① 콘트라스트는 "*"로 조절한다.

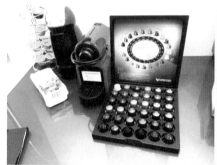 

```
# adjust gamma

Image5 <- Image ^ 2

Image6 <- Image ^ 0.7

display(Image5); display(Image6)
```

② 감마는 "^"로 조절한다.

```
# cropping
display(Image[289:500, 669:1000,])
```

③ 이미지를 부분적으로 잘라내기 위해 위치를 지정한다.

```
# spatial transformation
Imagetr <- translate(rotate(Image, 45), c(50, 0))
display(Imagetr)
```

④ 이미지를 회전하기 위해 rotate를 이용한다.

```
colorMode(Image) <- Grayscale
print(Image)
display(Image)
```

⑤ Grey로 전환하기 위해 colorMode에 "Greyscale"을 입력한다.

```
imageCluster = bwlabel(Image)
cat("Number of objects=", max(imageCluster),"\n")


##
## Number of objects= 2


colorMode(Image) <- Color
display(Image)
```

```
# filtering
fLow <- makeBrush(21, shape= 'disc', step=FALSE)^2
fLow <- fLow/sum(fLow)
Image.fLow <- filter2(Image, fLow)
```

```
display(Image.fLow)
imageCluster = bwlabel(Image.fLow)
```

⑥ 이미지 효과를 주는 내용이다.

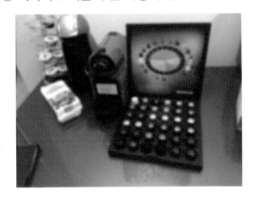

```
cat("Number of objects=", max(imageCluster),"\n")
##
## Number of objects= 1

# high pass
fHigh <- matrix(1, nc = 3, nr = 3)
fHigh[2, 2] <- -8
Image.fHigh <- filter2(Image, fHigh)
display(Image.fHigh)
```

⑦ 이미지 윤곽선을 표시하도록 한다.

```
imageCluster = bwlabel(Image.fHigh)
cat("Number of objects=", max(imageCluster),"\n")
##
## Number of objects= 1

medFltr <- medianFilter(Image, 1.1)
display(medFltr)
```

⑧ 이미지 색상의 Median 값을 이용해서 조절한다.

```
nuc = readImage(system.file("images", "nuclei.tif", package="EBImage"))
display(nuc)
```

⑨ 새로운 이미지를 불러온다.

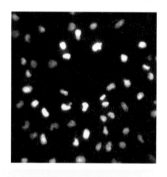

```
nucCluster = bwlabel(nuc)
cat("Number of objects=", max(nucCluster),"\n")
##
```

```
## Number of objects= 28


nuct = nuc[,,1]>0.2
nuclabel = bwlabel(nuct)
cat("Number of nuclei=", max(nuclabel),"\n")
##
## Number of objects= 74


display(nuclabel)
```

이미지를 clustering해서 분류한다. 분류된 개수가 결과로 표시할 수 있다. 이런
방식으로 원하는 특성의 물체를 counting할 수 있다.

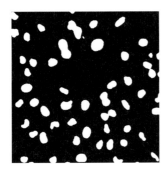

```
ei = readImage(system.file("images", "shapes.png", package="EBImage"))
ei = ei[110:512,1:130]
display(ei)
```

EBImage

```
kern = makeBrush(5, shape="diamond")
eierode = erode(ei, kern)
display(eierode)
```

⑩ 이미지를 파고들어 가면서 침식한다.

EBImage

```
eidilat = dilate(ei, kern)
display(eidilat)
```

⑪ 이미지가 부풀어 오르는 효과를 준다.

EBImage

```
eilabel = bwlabel(ei)
cat("Number of objects=", max(eilabel),"\n")
##
## Number of objects= 7
```

프로젝트 관리와 문서화

1. 프로젝트(Project) 관리

(1) 개 요

  프로젝트는 R Studio에서 제공하는 모델링별 편의 기능이다. 프로젝트가 없다면, R studio를 실행하고 setwd함수를 이용해 폴더를 지정하고 작업을 하게 되는데 반해, 프로젝트를 생성하면 더블클릭하여 working directory까지 지정되고, 이전 작업한 결과를 저장하여 가지고 있을 수 있다. 이러한 편의 기능은 여러 모델링을 하는 사람들에게는 매우 편리한 기능으로 모델링을 공유하기에도 편리하다. 프로젝트가 있는 폴더 전체를 압축하여 공유하면, 받아 보는 사람은 압축을 풀어 폴더 내의 프로젝트를 실행함으로써 전체 작업 상태를 손쉽게 공유할 수 있게 된다.

(2) 프로젝트 생성

  프로젝트를 생성하는 과정은 다음과 같다.

  ① 폴더 생성

    필자는 폴더를 먼저 생성하고 프로젝트를 생성하므로 이를 기준으로 설명하겠다. 먼저 'PRJ_RMD'라는 이름으로 폴더를 생성했다.

② R Studio 열기

아래와 같이 프로젝트가 없는 상태에서 R Studio를 열면 우측상단에 Project: (None)이라고 표시되어 있다. 이를 클릭한 후 New Project...를 클릭한다. 기존에 프로젝트가 있으면 중간에 표시되어 쉽게 열 수 있다.

③ 프로젝트 생성

이제 나타나는 팝업 화면에서 기존에 없는 폴더에 생성하고자 할 경우는 'New Directory'를 선택하여 이름을 입력하고 생성하고, 이미 폴더를 생성한 경우는 'Existing Directory'를 선택한다. 필자는 주로 폴더를 먼저 생성하고 프로젝트를 생성하므로 'Existing Directory'를 선택하였다.

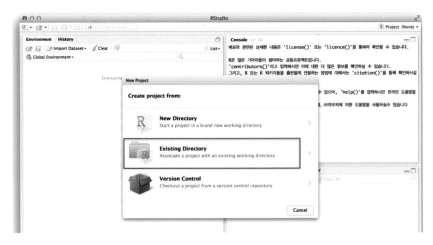

④ 폴더 선택

아래와 같은 화면이 나오고, 여기서 'Browse…'를 클릭한다.

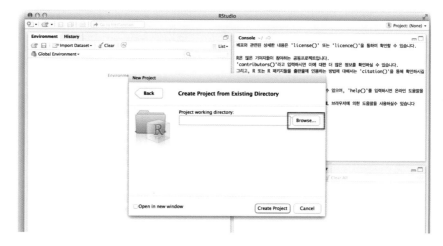

나타난 화면에서 프로젝트를 생성할 폴더를 선택하고 'Open'을 클릭한다.

이제 화면에 선택한 폴더가 표시된 것을 확인하고 'Create Project'를 클릭한다.

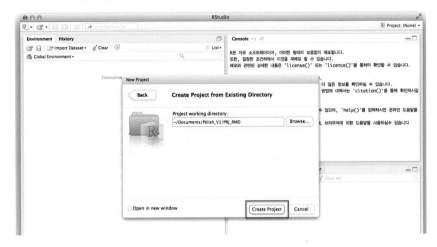

생성결과 우측상단에 폴더명과 같은 프로젝트 이름이 표시되고, 우하단 Files tab에는 폴더의 내용이 표시된다. 이 폴더가 working directory이다.

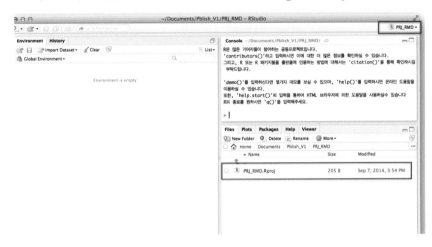

⑤ 생성된 폴더 확인

다음 그림과 같이 폴더이름
과 동일한 'PRJ_RMD.Rproj'
가 생성된 것을 확인할 수 있
다. 이제부터는 이를 더블 클
릭하면 R studio가 이 폴더
를 working directory로
setting하고 열리게 된다.

(3) 프로젝트 관리

① 모델링 단위별 하위 폴더에 성격별 분류하여 관리

다음과 같이 프로젝트는 script, data, result 그리고 figure 등으로 나눌 수
있다. 각각을 별도의 하위폴더로 만들어 관리하면 깔끔하게 하나의 모델링을
관리할 수 있다.

② working directory에서 script 열기

스크립트를 열 때도 우하단의 script 폴더를 클릭하고, 열고자 하는 script를
단 한 번의 클릭으로 쉽게 열 수 있다.

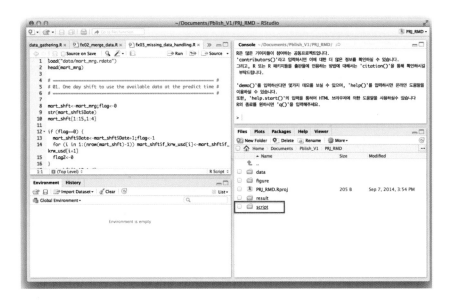

③ working directory에서 data 열기

data를 열 때도 우하단의 data 폴더를 클릭하고, 열고자 하는 data를 클릭하면 된다. 아래는 data를 로드한 결과이다. console 창에서 data가 로드되는 스크립트를 확인할 수 있다.

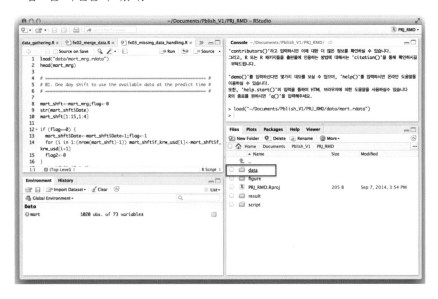

2. 마크다운(Markdown)을 이용한 문서화

(1) 개 요

마크다운은 R 사용자가 편리하게 유인물을 만들기에 유용한 도구이다. 사용방법도 매우 간단하다. 구체적으로 다음과 같은 장점이 있다.

- 작성결과를 html문서나 pdf, word 문서로 변환할 수 있다.
- R script 원본과 실행결과까지 포함하고 있다.
- 코드 중간 중간에 설명을 포함할 수 있다.
- 다단계 제목과 bullet point, 이탤릭체, 볼드체 등을 사용할 수 있다.

단, project와 함께 쓸 때 working directory를 생성하지 않아도 될 것 같지만, 전체 path를 모두 지정해주어야 한다. 따라서 rdata를 불러오거나 저장할 때는 전체 path를 모두 적어주어야 한다. getwd( )를 이용하면 쉽게 full path를 얻을 수 있으므로 편집 시 이를 이용하면 된다.

(2) R Markdown 파일 생성

① 파일 생성 화면

다음과 같이 R Studio에서 새로운 파일 생성(🗐▾)에서 R Markdown...을 선택하여 새로운 R Markdown 파일을 생성한다.

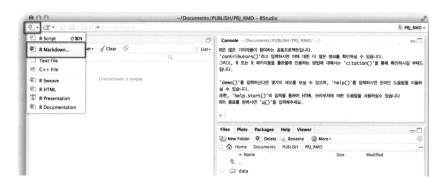

② 기본 데이터 입력

다음으로 나타나는 화면에서 Title, Author를 입력하고, Default Output Format을 HTML, PDF, Word 중에서 선택한다. 이 부분은 Default이며, 다음 화면에서 보겠지만 언제든 변경이 가능하다.

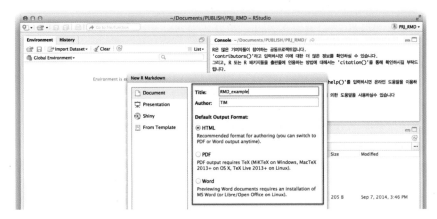

③ 예시 파일

아래와 같이 예시 파일이 나오는데, 다음을 확인할 수 있다.

- 파일의 이름이 정해지지 않았다. Untitled1으로 되어 있다.
- Default Output Format을 HTML로 했으므로 Knit HTML이 상단메뉴에 나타나며, output: html_document라는 정보가 header에 나타난다.
- 프로젝트에서 열었으므로 우측 상단에는 프로젝트명이 보이고, 하단에는 script folder가 보인다. 이 폴더에 파일을 저장해보자.

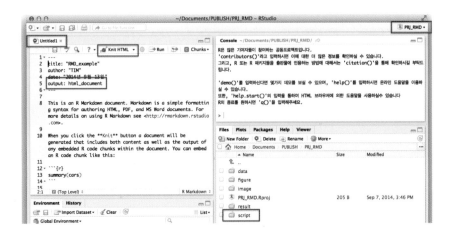

④ 파일 저장

아래와 같이 script folder에 저장하고자 한다. 다음과 같은 순서로 진행해 보자.

`1단계` script 폴더 클릭

`2단계` 상단 메뉴의 저장(⊟) 버튼 클릭

`3단계` 아래의 화면이 나타나면, 상단에 파일 이름을 입력하고, script 폴더를 확인하고, save 버튼을 클릭

⑤ 저장결과 확인

이제 아래와 같이 파일이름이 생성되고, 우하단의 script 폴더에 해당 파일이 저장되었음을 확인할 수 있다.

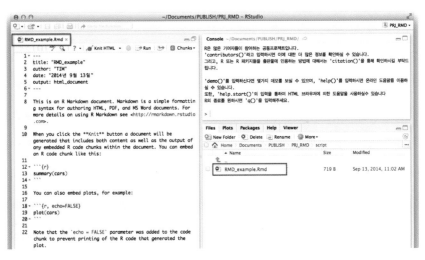

⑥ Knit HTML 실행

화면에서 Knit HTML을 클릭하거나 작은 화살표를 클릭하고 Knit HTML을 실행해보자. 여기서 Knit PDF를 선택하거나 Knit Word를 선택하면, 각각의 포맷대로 파일이 생성된다. Knit HTML을 클릭한 후 Console에서는 파일이 작성되는 과정을 확인한다. 아래 그림처럼 R Markdown이라는 tab이 하나 더 열리며 진행과정을 보여준다. 오류가 발생하면 Console에 표시되므로 완성되기까지 지켜봐야 한다.

정상적으로 파일이 생성되었다면, 바로 화면에 결과가 보이며, R Studio 우측 하단에 script 폴더에 html 파일이 생성된 것을 확인할 수 있다.

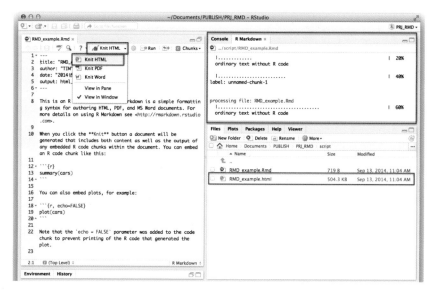

⑦ 결과 파일 확인

실행 후 다음과 같은 html 문서가 바로 나타난다. 이에서 확인하는 바와 같이 제목, 일반텍스트, 볼드체, 간단한 코드와 그림을 모두 확인할 수 있다. 여기에 독자 여러분의 글을 넣고, 코드를 넣어 Knit HTML을 실행하면 된다.

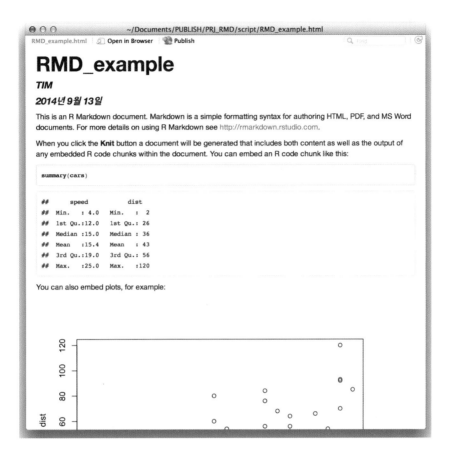

(3) 옵 션

상세한 옵션들을 확인해 보자.

① 제목과 R code

- 제목 : 아래와 같이 #의 개수에 따라 제목의 크기가 달라진다. 그리고 #이 없는 부분은 일반 text로 나타난다.
- R code는 ```{r}로 시작해 ```로 끝을 맺으면, 이 부분이 실행되고, 결과에서 보는 것처럼 code 부분은 shade가 있는 부분으로 결과는 앞에 ##이 붙어서 나타나게 된다. R code는 모두 박스로 둘러싸여 구분이 잘 된다.

[rmd script]

```r
# 1. 데이터 수집
## (1) Data 수집 script
### Quandl library load
Quandl 패키지를 이용해 데이터 수집을 하기 위해 패키지를
설치하고, 메모리로 로드시킨다. 저자는 패키지가 설치되어
있으므로 이 부분은 생략한다.

```{r}
# install.packages("sqldf")
library(Quandl)

fx_krw_usd<-Quandl("QUANDL/USDKRW", trim_start="2009-07-01",
trim_end="2014-06-30")
fx_krw_usd<-fx_krw_usd[,-c(3:4)]
names(fx_krw_usd)[2]<-"f_krw_usd"
fx_krw_usd<-fx_krw_usd[order(fx_krw_usd$Date),]
head(fx_krw_usd,3);tail(fx_krw_usd,3)
```
```

[Knit HTML 결과]

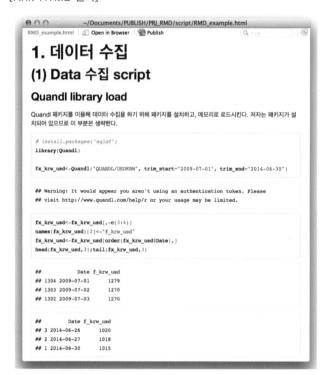

② 간단한 list와 하이퍼링크

간단한 bullet point를 가진 list를 만들어 보겠다. 여기서 주의할 것은 각 리스트 앞에 한 줄을 띄어야 한다는 것이다. 즉, 아래의 1.Quandl 앞에 한 줄 띄우고, * krx 시리즈 앞에도 한 줄 띄워야 한다.

그리고 하이퍼링크를 할 때는 주소를 입력하면 그대로 생성된다. 〈　〉로 둘러싸든 싸지 않든 같은 결과가 나타난다.

[rmd script]

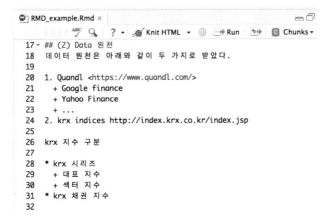

[Knit HTML 결과]

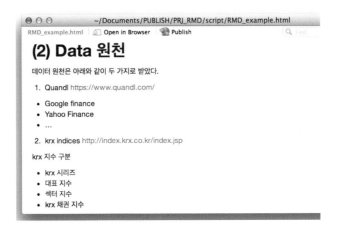

③ table 생성

이번에는 table을 생성해 보겠다. 아래와 같이 (a) 모양을 맞춰 table을 생성하든, (b) 형식(-와 |의 사용)에만 맞추어 입력하든 동일한 table이 만들어진다.

[rmd script]

[Knit HTML 결과]

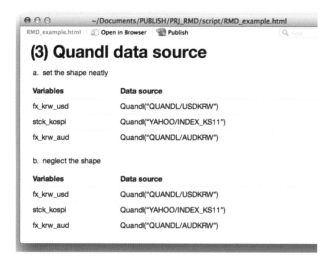

④ 유용한 tip

간단한 예약어를 사용하여 이탤릭체와 볼드체를 사용할 수 있으며 그림도 넣
을 수 있다.

- italic체 사용 : *나 __(underbar 1개)로 둘러싸기
- bold 체 사용 : **나 ____(underbar 2개)로 둘러싸기
- 그림 입력 : ![text](image source)

[rmd script]

[Knit HTML 결과]

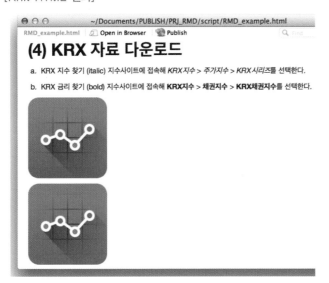

⑤ 기 타

그 외 편집 사항들은 아래의 사이트를 참조하기 바란다.

http://rmarkdown.rstudio.com/authoring_basics.html

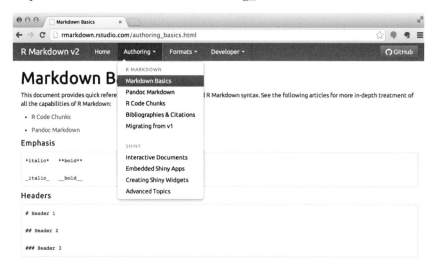

⑥ rmd script 원본

1. 데이터 수집
(1) Data 수집 script
Quandl library load

Quandl 패키지를 이용해 데이터 수집을 하기 위해 패키지를 설치하고, 메모리로 로드시킨다. 저자는 패키지가 설치되어 있으므로 이 부분은 생략한다.

```{r}
# install.packages("sqldf")
library(Quandl)

fx_krw_usd<-Quandl("QUANDL/USDKRW", trim_start="2009-07-01", trim_end="2014-06-30")
fx_krw_usd<-fx_krw_usd[,-c(3:4)]
names(fx_krw_usd)[2]<-"f_krw_usd"
fx_krw_usd<-fx_krw_usd[order(fx_krw_usd$Date),]
```

```
head(fx_krw_usd,3);tail(fx_krw_usd,3)
```

(2) Data 원천
데이터 원천은 아래와 같이 두 가지로 받았다.

1. Quandl <https://www.quandl.com/>
    + Google finance
    + Yahoo Finance
    + ...
2. krx indices http://index.krx.co.kr/index.jsp

krx 지수 구분

* krx 시리즈
    + 대표 지수
    + 섹터 지수
* krx 채권 지수

(3) Quandl data source

(a) set the shape neatly

Variables	Data source
fx_krw_usd	Quandl("QUANDL/USDKRW")
stck_kospi	Quandl("YAHOO/INDEX_KS11")
fx_krw_aud	Quandl("QUANDL/AUDKRW")

(b) neglect the shape

Variables	Data source
fx_krw_usd	Quandl("QUANDL/USDKRW")
stck_kospi	Quandl("YAHOO/INDEX_KS11")

```
fx_krw_aud | Quandl("QUANDL/AUDKRW")
```

(4) KRX 자료 다운로드

(a) KRX 지수 찾기 (italic)
지수사이트에 접속해 *KRX지수* > _주가지수_ > _KRX시리즈_를 선택한다.

(b) KRX 금리 찾기 (bold)
지수사이트에 접속해 **KRX지수** > __채권지수__ > __KRX채권지수__를 선택한다.

```
![icon1](http://index.krx.co.kr/inc/img/cm/icon_device_default.ico)
```

```
![icon2](/Users/TIM/Documents/PUBLISH/PRJ_RMD/image/icon_device_default.ico)
```

(4) 정 리

지금까지 Rmd 파일에 대해서 자세히 알아보았다. 많은 내용은 아니지만 글을 편집하기에는 충분하리라 생각된다. 이 외에도 R presentation 등 R Studio에는 유용한 편집 도구가 여러가지 있다. 이 파일들도 한번 시도해 보기 바란다.

빅데이터
정보

github 예제파일 다운로드 방법

1. 아래 사이트에 접속
   https://github.com/The-ECG/ADP_Rscript

2. ADP-script.zip 클릭

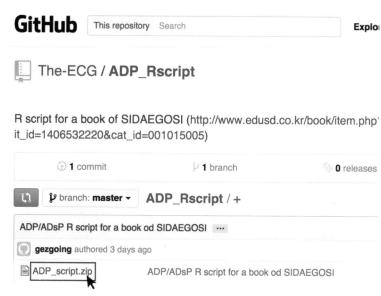

3. View Raw를 클릭하면 다운로드 폴더에 저장 완료

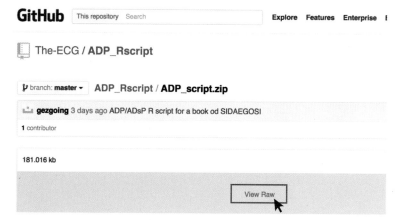

※ ADP 교재 안 예제파일을 MAC, Chrome 환경에서 다운로드 받는 예시로, 활용서 예제도
  https://github.com/The-ECG에서 꾸준히 업로드 될 예정입니다.

## 2장

Twitter Data를
활용한 기업평판 분석

Twitter Data를 활용한 기업평판 분석

빅데이터 분석 초창기에 가장 인기를 모은 분석은 감성분석(*sentiment analysis*)이다. 기업 또는 브랜드와 제품에 대해 소셜미디어에서 고객들이 어떻게 느끼고 있는지를 부정/중립/긍정으로 평가하는 방법으로 100점 만점으로 환산하기도 한다. 주로 감성단어 사전을 이용해서 부정단어와 긍정단어가 해당 문장에 얼마만큼 있는지를 통해 문장 전체를 부정/중립/긍정으로 판단하는데, 한국어에서의 어려움은 공개되어 있는 감성단어 사전이 없다는 것이다. 저자도 2년 전에 만들었지만 바쁜 탓으로 아직 공개를 하지 못했는데 이번 기회에 공개를 하겠다.

이 주제를 첫 번째로 한 것은 이후에 나올 사례들에서 텍스트 마이닝을 사용하는 데 가장 기초적인 내용들을 학습하기가 좋기 때문이다. 따라서 평판분석 과정을 통해 다양한 텍스트 마이닝 기법의 기초를 연습해 보겠다. 인증방법은 앞의 이론 및 실습에서 했기 때문에 *searchTwitter*에서부터 예제를 제시한다. 단, 주의해야 할 사항은 *Windows*에서는 *CP949*를 사용하고 있고, *twitter*에서 제공하는 데이터의 *encoding*과 *R Studio*에서의 환경설정에서의 *Encoding*이 충돌하면 가져온 데이터가 깨져 보인다는 것이다. 그래서 저자는 *Mac*에서 작업을 하였다.

아래 문장은 "삼성갤럭시"를 keyword로 해서 twitter에서 검색을 해서 저장하는 문장과 저장된 내용의 6개를 표시하는 방법이다. 주의하여야 할 사항은 인증처리가 완료된 상태의 파일인 cacert.pem이 있어야 되고, 해당 folder가 wordking directory로 지정되어 있어야 된다는 것이다.

```
galaxy_tweets<-searchTwitter("삼성갤럭시",n=500,cainfo="cacert.pem")
head(galaxy_tweets)
```

1

(1) "yeolcream1021: @tnals1116 야야 인피니트 리퀘스트 들어봐 꼭꼭 정식음원은 아니고 삼성갤럭시기어 스페셜음원이여Wn그리궁 느낀점같은거 알려줘여"

2

(1) "samsungdp: [삼성갤럭시] 올라오는 귀경길, 내려가는 귀성길! 잘 가고 계신가요? 전국 휴게소 '최고의 맛집'을 알아보아요!: 안녕하세요. 삼성디지털프라자 부평점입니다. 2014년 추석도 이렇게 지나가고... http://t.co/hjjK41V4ae"

3

(1) "K___JD: 헐 난징 삼성갤럭시 종대포커스 풀캠.. 35분짜리ㅜㅜㅜㅜ감사해여ㅜ ㅜㅜㅜㅜㅜㅜㅜㅜㅜㅜㅜㅜㅜㅜㅜㅜㅜㅜWnhttps://t.co/IxztCPm57p"

4

(1) "SamMobileCOM: 추석연휴를 즐겁게 보내시길 바랍니다. Wn방금 삼성갤럭시 노트4언팩 다녀오니 추석이라고 알려주는 친절한 갤럭시스마트폰 WxedWxa0 WxbdWxedWxb8Wx81 http://t.co/P2r6Q1yapG"

5

(1) "CHER_VOUS: RT @cheniove_0921: RT)))) 삼성갤럭시난징뮤직페스티벌에서 종대가 부른 최고의 행운 음성 나눔해요!!! RT후 이메일, 멘션주세여! http://t.co/E0sQYJj020"

6

(1) "cheniove_0921: RT)))) 삼성갤럭시난징뮤직페스티벌에서 종대가 부른 최고의 행
운 음성 나눔해요!!! RT후 이메일, 멘션주세어! http://t.co/E0sQYJj020"
http://t.co/E0sQYJj020

추출된 내용이 몇 개인지를 확인하기 위해 length를 이용해서 확인해보니, 최대 500개를 가져오라고 했으나 44개 밖에 검색이 되지 않았다. 그 원인은 가져올 수 있는 기간에 twitter에서 제한한 것도 있고, 해당 키워드에 일치하는 내용이 44개 밖에 없었기 때문이다.

```
length(galaxy_tweets)
```

1 *44*

아래 작업은 getText기능을 이용해서 본문내용만을 추출하는 작업을 galaxy_tweets에 대해 실행하도록 함수를 정의하고 list에 대해 plyr기능을 이용해서 looping을 돌리지 않고도 모든 자료에 대해 getText를 실시해서 galaxy_text에 저장하는 내용이다. 그리고 Encoding을 통해 UTF-8만을 선별해서 저장하고, 특수문자들을 gsub를 이용해서 빈 공간으로 대치하고 그래도 잘 걸러지지 않는 사항에 대해서는 간단하게 해당 row number를 이용해서 삭제한다.

```
galaxy_text<-laply(galaxy_tweets,function(t)t$getText())
galaxy_text<-galaxy_text[Encoding(galaxy_text)=="UTF-8"]
galaxy_text <- gsub('₩₩x','',galaxy_text)
galaxy_text <- galaxy_text[-4]
head(galaxy_text,4)
```

(1) "als1116 야야 인피니트 리퀘스트 들어봐 꼭꼭 정식음원은 아니고 삼성갤럭시기어
스페셜음원이여₩n그리궁 느낀점같은거 알려줘어"

(2) "삼성갤럭시 올라오는 귀경길 내려가는 귀성길 잘 가고 계신가요 전국 휴게소 최
고의 맛집을 알아보아요 안녕하세요 삼성디지털프라자 부평점입니다2014년 추석

도 이렇게 지나가고 hohjjK41V4ae"

(3) "헐 난징 삼성갤럭시 종대포커스 풀캠 35분짜리ㅜㅜㅜㅜ감사해여ㅜㅜㅜㅜㅜㅜ
ㅜㅜㅜㅜㅜㅜㅜㅜㅜㅜㅜㅜWnhsoIxzCPm57"

(4) "RT heiove0921 RT 삼성갤럭시난징뮤직페스티벌에서 종대가 부른 최고의 행운
음성 나눔해요 RT후 이메일 멘션주세여 hoE0sQYJj020"

추출된 최종 데이터를 관리하기 편하게 하기 위해 dataframe으로 변경해서 저장
하고 R Studio의 View 기능으로 데이터를 확인한다. 그리고 iPhone6에 대해서도
동일하게 자료를 추출한다.

```
galaxy_df <- as.data.frame(galaxy_text)
View(galaxy_df)


keyword=enc2utf8("iphone6")
iphone_tweets<-searchTwitter(keyword,lang='ko', n=500,cainfo="cacert.pem")
head(iphone_tweets)
```

1

(1) "pigori: RT @underkg: iPhone6 공개 이벤트!Wn라이브 블로깅 / 해설중계 페
이지 오픈!Wn▶http://t.co/2lkuPFRz4D / #underkg #iPhone6 #아이폰6
http://t.co/0Io0cumfws"

2

(1) "PaperBox0: RT @underkg: iPhone6 공개 이벤트!Wn라이브 블로깅 / 해설중
계 페이지 오픈!Wn▶http://t.co/2lkuPFRz4D / #underkg #iPhone6 #아이폰6
http://t.co/0Io0cumfws"

3

(1) "neo04140: RT @underkg: iPhone6 공개 이벤트!Wn라이브 블로깅 / 해설중계
페이지 오픈!Wn▶http://t.co/2lkuPFRz4D / #underkg #iPhone6 #아이폰6
http://t.co/0Io0cumfws"

`4`

(1) *"yunjun63: iPhone6를 기다리는 중에 iWatch라는 말이 자주 보이는데 나 같으면 iSee라고 지을꺼 같다. 그냥 그렇다고…"*

`5`

(1) *"MEDIA_IT: 10일 새벽2시(한국시간) 아이폰6 발표가 발표되지만₩n차이나모바일이 스펙이 공개했네요. 진짜 이 제품일까요?*
₩n₩nhttp://t.co/ntO6Xtp7Qi₩n₩n#iphone6 #아이폰6
http://t.co/MPLUSRkT9i"

`6`

(1) *"hentol: RT @underkg: iPhone6 공개 이벤트!₩n라이브 블로깅 / 해설중계 페이지 오픈!₩n▶http://t.co/2lkuPFRz4D / #underkg #iPhone6 #아이폰6*
http://t.co/0Io0cumfws"

```
length(iphone_tweets)
```

`1` *99*

iPhone에 대해 검색해서 가져온 자료에는 galaxy와 다른 특수문자가 있어서 이를 없애고 처리한다.

```
iphone_text<-laply(iphone_tweets,function(t)t$getText())
iphone_text <- gsub("▶","",iphone_text)
iphone_text <- iphone_text[-c(24,30)]
iphone_text<-iphone_text[Encoding(iphone_text)=="UTF-8"]
head(iphone_text,4)
iphone_df <- as.data.frame(iphone_text)
View(iphone_df)
```

(1) *"RT @underkg: iPhone6 공개 이벤트!₩n라이브 블로깅 / 해설중계 페이지 오픈!₩nhttp://t.co/2lkuPFRz4D / #underkg #iPhone6 #아이폰6*
http://t.co/0Io0cumfws"

(2) "RT @underkg: iPhone6 공개 이벤트!₩n라이브 블로깅 / 해설중계 페이지 오
픈!₩nhttp://t.co/2lkuPFRz4D / #underkg #iPhone6 #아이폰6
http://t.co/0Io0cumfws"

(3) "RT @underkg: iPhone6 공개 이벤트!₩n라이브 블로깅 / 해설중계 페이지 오
픈!₩nhttp://t.co/2lkuPFRz4D / #underkg #iPhone6 #아이폰6
http://t.co/0Io0cumfws"

(4) "iPhone6를 기다리는 중에 iWatch라는 말이 자주 보이는데 나 같으면 iSee라고
지을꺼 같다. 그냥 그렇다고..."

감성분석을 실시하기 위해 한글에 대한 긍정 및 부정단어 사전을 읽어들인다. 아
래 내용은 소스코드를 공유한 github를 통해 획득할 수 있다.

```
pos.word=scan("positive-words-ko-v2.txt",what="character",comment.char=";")
neg.word=scan("negative-words-ko-v2.txt",what="character",comment.char=";")
```

먼저 galaxy에 대해 감성분석을 실시하고 긍정문장과 부정문장의 비율을 히스토
그램으로 확인한다.

```
galaxy_scores=score.sentiment(galaxy_text,pos.word,neg.word,.progress='text')
hist(galaxy_scores$score)
```

아래 그래프를 보면 −3까지 가는 부정이 몇 건 있고 긍정의 최대는 1인 수준으로
galaxy에 대해 매우 부정적인 사례가 있을 수 있다는 것을 알 수 있다.

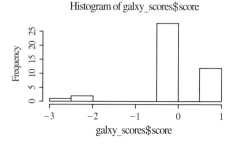

```
iphone_scores=score.sentiment(iphone_text,pos.word,neg.word,.progress='text')
hist(iphone_scores$score)
```

이에 반해 iphone6의 경우 약간의 부정과 긍정적인 의견이 더 높다. 이런 측면에서 상대적으로 iphone이 더 좋은 반응을 보이고 있음을 알 수 있다.

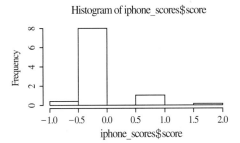

이번에는 iphone과 galaxy에 대한 데이터를 결합해서 한번에 ggplot을 이용해서 확률밀도 그래프를 그려서 긍정과 부정에 대한 내용들의 분포가 어떻게 차이가 있는지 동시에 비교해 본다. 결론적으로 iPhone에 더 긍정적인 반응을 보이고 있음을 분포 모양을 보고 확인할 수 있다.

```
a <- dim(iphone_scores)[1]
b <- dim(galaxy_scores)[1]
alls <- rbind(as.data.frame(cbind(type=rep("iphone6",a),score=iphone_scores
[,1])),as.data.frame(cbind(type=rep("galaxy",b),score=galaxy_scores[,1])))
alls$type <- factor(alls$type)
alls$score <- as.integer(alls$score)
library(ggplot2)
ggplot(alls,aes(x=score,colour=type)) + geom_density()
```

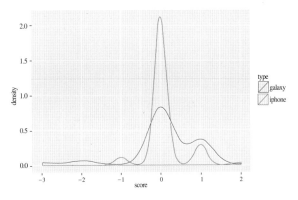

3장

텍스트 데이터를 활용한 거짓식별

텍스트 데이터를 활용한 거짓식별

Part 3-1

배 경

세월호 사건 이후 수많은 거짓정보가 유포되는 현상을 보고, 거짓정보를 식별할 수 있으면 좋겠다는 생각이 문득 들었다. 특히 소셜미디어의 발달에 따라 유통되는 정보가 너무 많아짐에 따라 지식인조차 거짓정보를 유통하는 역할을 하게 되는 웃지 못할 상황이 벌어지고 있는 것이 현실이다. 이러한 상황에서 증강현실로 웹 페이지를 보거나 사람이 말하는 내용을 듣는 순간 구글글래스에 거짓확률을 보여주면 좋겠다는 생각으로, 어떻게 하면 시작을 단계적으로 할 수 있을까 고민한 결과가 거짓말 식별모델 만들기로 이어지게 되었다.

환경의 변화	이 슈	이슈 해결방안
인터넷 및 모바일 사용의 확대		
소셜미디어 사용자 급증	거짓정보의 유통 및 확산	빅데이터 분석을 통한 정보 필터링
사회적 문제에 대한 관심 증가		

해외 동향을 살펴보니 다양한 'Lie Detection Classification'이 있었다. 74% 정도의 accuracy가 가능하다는 것을 확인하였고, 이를 한글에 적용하고자 하였다. 모델링 과정보다 문제를 정의하고 추진하는 데 많은 어려움이 있었다. 한글 거짓말 탐지를 문서를 이용해서 하는 게 가능하겠느냐부터 접근방법에 이르기까지 논란이 많았지만 결국 시작을 했고 성과는 초반부터 좋았다. 여기서 중요한 것은 시작하지도 않고 '불가능하다'고 생각하지 말라는 것이다.

다양한 논문이 존재하며 Accuracy 74%, False Detect Rate 72%, False Precision 52% 수준을 보이고 있어서 거짓의 탐지에 집중한 모델로, 범죄진술서, 입사지원서 거짓여부 판단 등 다양한 분야에 적용하고 있음

Ensemble(test data n=12)

		T	F	*Precision*
	T	61	22	
	F	20	22	52.38
Detection Rate		75.31	72.84	
Accuracy		74.07		

Source: 1.C.M. Fuller et al. / Expert Systems with Application 38(2011)

Variable Importance가 0보다 큰 31개 변수 중 대표적인 변수로 사용된 단어 자체보다 단어 유형별 개수의 중요도가 높았음

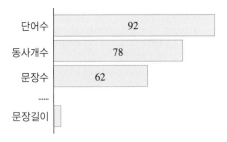

단어수 92
동사개수 78
문장수 62
......
문장길이

모델 설계

데이터 정의는 우리가 현시점에서 진실이나 거짓으로 생각하는 내용이 맞다는 기준으로 시작했는데 이는 어느 누구도 정말 진실일지, 향후 거짓으로 판명될지 모르기 때문이다. 그리고 신문기사의 거짓정보라고 추정되는 내용은 인용된 문장만이 의미가 있고 나머지 기사는 의미가 없으므로 수집에 어려움이 있어서 데이터 입수 대상의 정의에서 제외했다. 데이터 수집에 최적 샘플은 범죄관련 진술서와 법원 판결내용일 것으로 판단되었으나 이 역시 수집이 어려워 제외했으며, 타깃인 진실과 거짓의 정의는 단순히 문장의 패턴만으로 파악하고자 하였지 맥락이나 전후 사정 등의 컨텍스트를 기반으로 하지는 않았다.

거짓에 대한 정의를 "현재까지 확인된 정보를 기준으로 데이터를 제공한 사람 기준의 거짓"을 활용하여 Text Mining과 Classification Modeling을 적용함

문제정의	데이터 수집	모델링 및 검증

• 국내외 연구사례 조사
• 거짓에 대한 정의
• 데이터 획득방안 수립
• 실험 및 기존연구 바탕으로 모델 성공기준 수립
  - Accuracy 66~74%
  - Detect Rate 60% 이상
  - Precision 60% 이상
	• 5개의 다양한 집단으로부터 데이터 수집
	• 일상생활 및 경력관련 데이터 수집으로 주제 다양화
		• 데이터 수집과 병행하여 모델링
		• 데이터 증가에 따른 모델 안정성 검증
		• 최종모델 확정

데이터 입수는 온라인 조사를 실행하여 xls로 입수한 내용과 FB에 진실과 거짓말을 comments 받아서 수집하고, 50%는 온라인 서베이, FB에서 나머지 50%가 수집해 총 282건이 수집되었다. 처음에는 구체적 샘플을 제시하였으나 이로 인해 문장패턴이 일정해지는 문제를 발견하여, 구두로 설명을 하고 일상생활에서 주제를 찾아서 작성하게 했다.

우선 입수한 데이터에 대해 기초적인 내용파악을 했다. 거짓과 진실문장을 모두 읽어보면 그 내용이 큰 차이가 없어 보이지만, 그런 경우 거짓말만 전문적으로 읽고

판단하는 팀원, 진실만 읽고서 패턴을 파악하는 팀원을 분리해서 접근해보는 방법이 좋다. 그리고 Text Mining의 기초인 입수한 데이터를 parsing해서 wordcloud를 거짓과 진실에 대해서 파악함으로써 어떤 단어가 거짓에 많이 사용되었는지를 파악하고, 이것을 근거로 거짓단어 패턴에 대한 사용자 규칙, 이른바 휴리스틱을 개발한다.

기본적인 법칙으로 한글문서에서 명사를 추출해서 Document Term Matrix를 만들어 직접 classification을 시도해 성능을 평가해보며, 수집된 케이스가 작으므로 5 : 5로 해서 검증데이터가 작아서 생기는 오차를 최소화한다. 성과가 그다지 좋지 않으므로 또 다른 변수군을 만들어 보기로 했으며 앞에서 언급한 사용자 정의 규칙을 이용해서 거짓을 구분하는 heu1이라는 변수를 개발해서 투입했더니 정확도가 74%로 크게 개선됐다. 여기서 좀 더 체계적인 접근으로 데이터가 달라져도 모델의 성능이 유지되게 하기 위해 단어보다는 문장에서의 문법상의 패턴을 넣기 위해 명사, 형용사 등이 있는지 없는지를 1, 0으로 변수화하였으며, 시간적 여유가 있으면 형용사 개수를 투입할 것이었으나 다음으로 미루었다.

모델 개발을 위해 372개 Observation을 활용하여 변수를 개발하였으며, 변수구성으로는 요약변수 76개와 파생변수 4개 및 문장에서 추출한 명사 1,000개를 사용하였음

결론적으로 문장구성 특성과 파생변수만으로도 76% 수준의 accuracy가 가능했기 때문에, Document Term Matrix, 파생변수, 문법관련 품사의 존재 유무 변수를 모두 투입하여 어떤 변수가 보다 유의미한지 파악을 하였다. 여기까지의 한계는 일상생활의 내용이므로 일반적으로 적용하기 어렵고, 다양한 주제와 다양한 내용들이 들어오는 경우에도 성능이 보장되는지를 검증하기 위해 경력 관련 진실과 거짓

말을 총 100건 수집하여 추가로 투입해서 성능을 살펴본 결과 유사한 성능을 확인했고 이러한 방식으로 다른 주제들을 투입해도 무리가 없을 것으로 판단되었다. 그러나 분야별 모델링을 개발한다면 성능은 더 향상될 것이라 판단된다. 모델링을 보다 정교하게 하고, 안정화를 위해 caret의 Ensemble 모델링 방식인 random forest와 최신 알고리즘 등을 다양하게 시도해 본 결과, 알고리즘별로 아래와 같은 유사한 성능을 보였다.

Random Forest 적용 시 Accuracy를 최적화하는 방향으로 모델링 한 결과, Accuracy가 70%이고, False Detection Rate가 31%, False Precision은 92%로 해외사례에 비해 유사한 Accuracy에 Precision이 매우 높았음

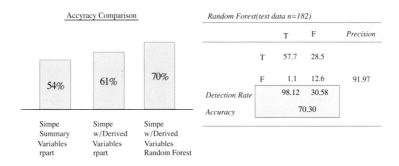

Variable Importance에서 파생변수였던 거짓/진실 단어 유무가 중요도가 가장 높았으며 형태소 개수, 단어 수 등 요약변수도 잘 활용되어 중요변수로 선택되었음

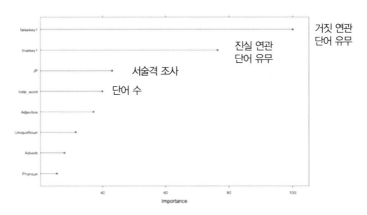

모델 구현

필요한 라이브러리를 설치하고 로딩을 하는 과정에서 사용자 환경에 따라 추가 설치되어야 할 패키지나 소프트웨어가 있을 수 있다. 저자가 작업하는 환경은 Mac 매버릭이다. Windows에서도 검증된 내용이지만 약간의 환경 차이나 Windows 환경의 민감함으로 인해 오류가 날 수 있다. 이러한 경우는 'r package name 오류 메시지'를 검색하면 해결책을 손쉽게 찾을 수 있는데 대부분 stackoverflow.com에 답이 나와 있다. 여기서 gdata는 xls파일을 읽는 용도로 사용하고, tm은 text mining, KoNLP는 한글처리, sqldf는 데이터 처리, stringr은 스트링에 대한 치환 등 정교한 작업 목적, party, rpart, caret는 분류 모델링을 위해 사용한다. partykit는 rpart 결과를 그래프로 출력한 경우 깔끔한 결과를 보기 위해 party 오브젝트로 변환하기 위해 사용한다. doMC는 Mac에서 병렬처리를 위해 사용하는 것이고 Windows에서는 doParallel을 이용하고, registerDoMC 또는 registerDoParallel에서 숫자는 사용할 thread의 개수인데, 보통 core 개수의 2배에서 1을 차감한 값을 설정해서 다른 작업을 할 수 있는 여력을 제외하고는 모든 코어를 사용하도록 한다.

```
library(gdata)
library(tm)
library(KoNLP)
library(sqldf)
library(stringr)
library(party)
library(rpart)
library(partykit)
library(caret)
library(doMC)
registerDoMC(7)
```

setwd는 사용자 환경에 적합한 위치를 지정하고, 작업위치를 설정해서 해당 위치에서 자료를 읽거나 기록을 한다. 만약 미리 실행한 결과가 있다면 처음에 load를 해서 복구시킨 다음에 작업을 진행하면 된다.

```
setwd("~/Dropbox/1. Training/2014/Training 7/lie team")
```

엑셀에 본문내용과 진실 및 거짓 여부, 기타 정보를 저장하여 읽어들인다. 엑셀이 아니라 csv, txt 모두 상관이 없다. 그리고 읽어들인 자료가 몇 건인지 dim을 이용해서 데이터수와 변수의 개수를 받아서 데이터 수만을 rows로 넘겨받는다. 나중에 문서번호를 확인하기 위해 seq 컬럼을 만들어서 별도로 추가한다.

```
mydata <- read.xls("true_or_lie.xlsx")
rows <- dim(mydata)[1]
mydata$seq <- 1:rows
```

데이터 구조를 확인하고 숫자, 문자, 명목형(factor)이 제대로 되어 있는지 확인하는데 factor type을 sql로 작업하는 경우 factor level이 처리되므로 조심해야 한다. mydata의 content가 factor로 되어 있으면 character로 변경하고 gsub 명령어로 특수문자를 지우는데 데이터가 어떤 게 들어가 있는지에 따라 추가적인 치환 명령어를 추가하면 된다.

```
str(mydata)
## 'data.frame':    285 obs. of  5 variables:
##  $ content: Factor w/ 285 levels "₩n나는 절대 화를 내지 않는다.₩n화를 내어서
나의 감정을 상대방에게 드러내지 않기 위해 최대한 조절한다.₩n상대방에게도 상처를 줄
"| __truncated__,..: 70 1 197 212 58 2 65 74 193 75 ...
##  $ class  : Factor w/ 2 levels "1REAL","2LIE": 2 2 2 2 2 2 2 2 2 2 ...
##  $ source : Factor w/ 3 levels "fb","servey",..: 3 3 3 3 3 3 3 3 3 3 ...
##  $ type   : Factor w/ 7 levels "feeling","intention",..: 7 7 7 7 7 7 7 7 7
7 ...
##  $ seq    : int  1 2 3 4 5 6 7 8 9 10 ...
mydata$content <- as.character(mydata$content)
mydata$content <- gsub("₩n","",mydata$content)
mydata$content <- gsub("'","",mydata$content)
mydata$content <- gsub("₩₩(","",mydata$content)
mydata$content <- gsub(")","",mydata$content)
```

```
mydata$content <- gsub("[₩]","",mydata$content)
mydata$content <- gsub("[']","",mydata$content)
head(mydata)
```

content

1 나는 모든 사람의 이야기를 들어줄 수 있다. 그들의 이야기를 들어주며 그들에
게 도움이 될 수 있는 방법을 찾든지 도움이 될 만한 말을 생각한다.

2 나는 절대 화를 내지 않는다. 화를 내서 나의 감정을 상대방에게 드러내지 않기
위해 최대한 조절한다. 상대방에게도 상처를 줄 수 있다.

3 수영을 사랑한다. 물 위에서 떠다니는 것이 우주에서 떠다니는 같아서 매우 신기
한 기분이 든다. 물을 헤치며 나가는 것이 자유로움을 느끼게 해줘서 너무 좋다.

4 여름이 좋다. 태양이 살을 태우는 여름! 시원한 바닷가가 기다리는 여름을 나는
좋아한다. 열심히 만든 몸을 뽐낼 수 있는 여름이 좋다.

5 나는 대범한 사람이다. 나는 타인이 나에게 잘못을 해도 호탕하게 한번 웃고 넘
기는 그런 대범한 사람이다. 나에게 나쁜 말을 해도 절대 마음속에 담아두지 않
고 오히려 그 사람을 걱정해 줄 수 있는 넓은 아량을 가진 남자 중의 남자이다.

모델을 만들기 전에 파생변수로서 거짓말에 들어갈 표현과 진실에 들어갈 표현들을
각각 변수로 만들었다. KoNLP의 extractNoun으로 분석변수를 Document Term
Matrix로 만들어도 충족되지 않는 내용들에 대해, 거짓말에 많이 들어갈 것으로 추정
되어 확인이 된 표현들을 변수화하는 것인데 coverage는 적당히 높기만 하면 된다.
목표는 20% 수준인데 초기 모델에서는 진실, 거짓 각각 15% 정도를 cover했다.

```
false_key <- as.list(c('꼭','않는다','!','1','사람','많이','매우','아니다','행복
','수가','언제나','모든','왜냐하면','말한다','무지','저는','생각합','불사','그래서
'))
flase_key <- unlist(false_key)
true_key <- as.list(c('너무','때문','다면','좋아','좋은','때문이다','단','지만','
이다','가장','생각','나는'))
true_key <- unlist(true_key)
```

우선 본문 내용을 빈칸으로 단어를 분리하고 부정단어 변수와 비교해서 해당 단어가 있는 자료의 위치를 ind에 저장한 후 '1'로 설정하게 했다.

```
ind <- unlist(lapply(false_key, function(x) grep(x,mydata$content,perl=T)))
ind

mydata$falsekey <- 0
mydata[ind,"falsekey"] <- 1
mydata$falsekey<-factor(mydata$falsekey)

ind <- unlist(lapply(true_key, function(x) grep(x,mydata$content,perl=T)))
ind

mydata$truekey <- 0
mydata[ind,"truekey"] <- 1
mydata$truekey<-factor(mydata$truekey)
```

보편적으로 Document Term Matrix를 만드는 방식으로 명사를 추출해서 matrix로 변환하고 거짓과 진실이 담겨있는 class 변수와 같이 저장하도록 했다. 모델링 처리속도가 낮아지면 sparse term에 대해 제거하는 기능을 추가할 수 있다.

```
tmp2 <- lapply(tmp1,extractNoun)
tmp3 <- Corpus(VectorSource(tmp2))
dtm <- DocumentTermMatrix(tmp3)
dtm
## <<DocumentTermMatrix (documents: 285, terms: 641)>>
## Non-/sparse entries: 801/181884
## Sparsity           : 100%
## Maximal term length: 17
## Weighting          : term frequency (tf)
# inspect(dtm[1:10,1:5])
tmp4 <- as.matrix(dtm)
dim(tmp4)
## [1] 285 641
tmp5 <- as.data.frame(cbind(tmp4,class=mydata$class))
tmp5$class <- factor(tmp5$class)
```

데이터 중에서 명사들의 matrix에서 건수를 합하여 단어개수로 total_word를 생성했다. 가설은 거짓말인 경우 단어수가 증가할 것이라는 생각이었고, 이런 변수는 데이터가 되는 문장이 매우 편차가 큰 경우에는 변별력이 없을 것이므로 짧은 문장들과 긴 문장으로 되어 있는 데이터의 경우 분리를 해서 모델링을 추진해야 한다.

```
a <- dim(tmp5)[2] - 1
tmp5$total_word <- rowSums(tmp5[,c(1:a)])
tmp5$heu1 <- mydata$heu1
```

SimplePos22를 이용해서 KAIST 품사 태그세트 정보가 들어있는 본문내용을 만들어서 품사 종류별로 해당 품사가 있는지를 19개 변수에 저장한다.

```
simplepos <- lapply(mydata$content,SimplePos22)
tmp51 <- grep("EC",simplepos)
tmp5$ec <- 0
tmp5[tmp51,"ec"] <- 1
tmp51 <- grep("EP",simplepos)
tmp5$ep <- 0
tmp5[tmp51,"ep"] <- 1
tmp51 <- grep("ET",simplepos)
tmp5$et <- 0
tmp5[tmp51,"et"] <- 1
tmp51 <- grep("JC",simplepos)
tmp5$jc <- 0
tmp5[tmp51,"jc"] <- 1
tmp51 <- grep("JP",simplepos)
tmp5$jp <- 0
tmp5[tmp51,"jp"] <- 1
tmp51 <- grep("JX",simplepos)
tmp5$jx <- 0
tmp5[tmp51,"jx"] <- 1
tmp51 <- grep("MA",simplepos)
```

```
tmp5$ma <- 0
tmp5[tmp51,"ma"] <- 1
tmp51 <- grep("MM",simplepos)
tmp5$mm <- 0
tmp5[tmp51,"mm"] <- 1
tmp51 <- grep("NB",simplepos)
tmp5$nb <- 0
tmp5[tmp51,"nb"] <- 1
tmp51 <- grep("NC",simplepos)
tmp5$nc <- 0
tmp5[tmp51,"nc"] <- 1
tmp51 <- grep("NP",simplepos)
tmp5$np <- 0
tmp5[tmp51,"np"] <- 1
tmp51 <- grep("NN",simplepos)
tmp5$nn <- 0
tmp5[tmp51,"nn"] <- 1
tmp51 <- grep("NQ",simplepos)
tmp5$nq <- 0
tmp5[tmp51,"nq"] <- 1
tmp51 <- grep("PA",simplepos)
tmp5$pa <- 0
tmp5[tmp51,"pa"] <- 1
tmp51 <- grep("PX",simplepos)
tmp5$px <- 0
tmp5[tmp51,"px"] <- 1
tmp51 <- grep("XP",simplepos)
tmp5$xp <- 0
tmp5[tmp51,"xp"] <- 1
tmp51 <- grep("XS",simplepos)
tmp5$xs <- 0
tmp5[tmp51,"xs"] <- 1
tmp51 <- grep("EF",simplepos)
tmp5$ef <- 0
tmp5[tmp51,"ef"] <- 1
```

```
tmp51 <- grep("PV",simplepos)
tmp5$pv <- 0
tmp5[tmp51,"pv"] <- 1
```

최종적으로는 각각의 품사들을 이용해서 만든 변수들의 합을 variety로 만든 후 몇 개의 품사종류가 사용되었는지를 데이터 레코드별로 만들어서 표현에 사용된 다양성이 진실/거짓과 관계가 어떠한지를 살펴볼 수 있도록 했다. a라는 변수는 새로운 데이터가 들어오는 경우 단어의 개수가 달라져서 변수 위치가 변하는 것에 대응하도록 했다. 아래 645라는 시작위치도 동적으로 변해야 한다.

```
a <- dim(tmp5)[2]
colnames(tmp5[,c(645:a)])
##  [1] "ec" "ep" "et" "jc" "jp" "jx" "ma" "mm" "nb" "nc" "np" "nn" "nq" "pa"
## [15] "px" "xp" "xs" "ef" "pv"
tmp5$variety <- rowSums(tmp5[,c(645:a)])
```

거짓말이 차지하는 비중을 확인하고 학습용과 검증용 데이터를 6 : 4로 생성하여 rpart로 모델을 개발하는데, 거짓말을 하나도 놓치지 않도록 prior를 0.3 : 0.7로 변경하여 지정하고 모델이 개선되는 정도를 complexity 0.001 기준으로 지속되도록 한다. 여기서 complexity를 0.01 수준으로 너무 rough하게 잡는 경우 모델이 상세하게 만들어지지 않으므로 충분히 낮게 잡는다.

```
prop.table(table(tmp5$class))
##
##     1     2
## 0.593 0.407
colnames(tmp5) <- gsub("[\\]","",colnames(tmp5))
colnames(tmp5) <- gsub("[//]","",colnames(tmp5))


ind <- sample(2,nrow(tmp5),replace=TRUE,prob=c(0.6,0.4))
train <- tmp5[ind==1,]
```

```
test <- tmp5[ind==2,]
rpp1 <- rpart(class~.,data=train,parms=(list(prior=c(0.3,0.7))),cp=0.001)
```

개발된 모델을 이용해서 학습된 수준의 성능과 검증용 데이터에서의 일관된 성능 여부를 confusion matrix를 이용해서 accuracy, precision, detect rate로 비교한다. 여기서 precision은 원본 데이터의 40%를 넘어야 random한 것보다는 높은 것이고, 사람이 평가를 해본 성능 54%보다도 높아야 모델의 효율성이 검증될 수 있다. 여기서 사람이 평가한 내용은 수집된 참/거짓 정보의 본문내용을 정답을 가린 상태에서 20명이 평가한 성능으로 사람의 인지력으로 14%p는 거짓을 추가 감지할 수 있었다. rpart 결과를 그래프로 보면 거짓말 패턴의 구조를 이해할 수 있는데 rpart plot의 단점은 그래프가 깔끔하지 않다는 것이다.

```
table(predict(rpp1,type="class"),train$class)
##
##      1   2
##   1 50   4
##   2 55  66
table(predict(rpp1,type="class",newdata=test),test$class)
##
##      1   2
##   1 15  11
##   2 49  35
total <- table(predict(rpp1,type="class",newdata=test),test$class)
totals <- sum(total)
sum(diag(total))/totals
## [1] 0.4545
total[2,2]/sum(total[2,])
## [1] 0.4167
plot(rpp1,uniform=TRUE)
text(rpp1,pretty=1,use.n=TRUE,cex=0.5)
```

그래서 본인은 주로 partykit을 이용해서 rpart object를 party object로 변형해 사용한다. 결과를 보면 np, nn, variety, total_word 등이 나오는 것을 알 수 있다. nb는 의존명사, ep는 선어말어미(선어말어미는 경어법을 나타내는 부류, 시제 또는 시상(時相)을 나타내는 부류, 강조·확인 등 화자의 양태·감정을 나타내는 부류로 나누어볼 수 있다)이다. 여기서 이러한 품사들이 들어가면 식별에 도움이 된다는 것을 알 수 있다.

```
rpp1.partykit <- as.party(rpp1)
plot(rpp1.partykit)
```

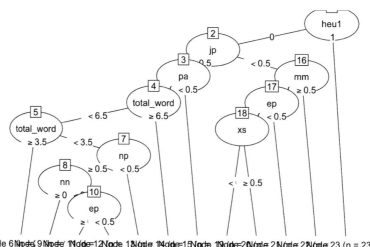

앞에서 개발한 rpp모델을 분석용 데이터에 결과로 write back한다. 그리고 이것을 다시 모델 개발용 데이터로 학습과 검증용으로 5 : 5 분리한다. 그리고 Ensemble 모델개발을 위해 random forest model을 caret 패키지를 이용하여 개발하는 데 최적화를 위하여 fitting control을 설정한다. rf는 다소 시간이 오래 걸리지만 core 사용형태를 보면 복수의 프로세스를 사용해서 많은 일들을 하고 있어서 single core를 사용하는 경우보다 더 효율적으로 작업함을 알 수 있다. 대략 1분 이상 소요되고 parameter를 변경함에 따라 더 많은 시간이 걸려 10분 이상 걸리기도 한다.

```
tmp6 <- cbind(tmp5,rpp=predict(rpp1,newdata=tmp5,type="class"))
ind <- sample(2,nrow(tmp6),replace=TRUE,prob=c(0.5,0.5))
train1 <- tmp6[ind==1,]
test1 <- tmp6[ind==2,]
fitControl <- trainControl(method = "repeatedcv",number = 10,repeats = 10)
system.time(rf <- train(class~.,data=train,method="rf"))
##    user  system elapsed
## 226.747   2.192  45.012
```

결과를 보기 위해 rf를 보거나 plot을 해보면 accuracy가 어떻게 변하는지 알 수 있다. 그리고 변수 중요도를 varImp 함수를 이용해서 파악하면 rpp, false_key, variety, total_word 등이 중요하고 특정 명사가 영향이 높다는 것을 알 수 있다. 최종적으로는 confusion matrix를 통해 precision이 매우 높고 accuracy도 74%에 가깝다는 것을 확인할 수 있는데 이 정도면 과거 해외 논문에서 나온 결과를 능가하는 결과이다. 그리고 상세한 검토를 위해 또다시 원본 데이터에 write back해서, 결과를 자세히 살펴볼 수도 있다.

```
rf
## Random Forest
##
## 175 samples
## 663 predictors
##   2 classes: '1', '2'
##
## No pre-processing
## Resampling: Bootstrapped (25 reps)
##
## Summary of sample sizes: 175, 175, 175, 175, 175, 175, ...
##
## Resampling results across tuning parameters:
##
##   mtry  Accuracy  Kappa  Accuracy SD  Kappa SD
```

```
##   2     0.6    0     0.05     0
##   40    0.7    0.3   0.05     0.09
##   700   0.7    0.3   0.05     0.1
##
## Accuracy was used to select the optimal model using  the largest value.
## The final value used for the model was mtry = 36.
plot(rf)
```

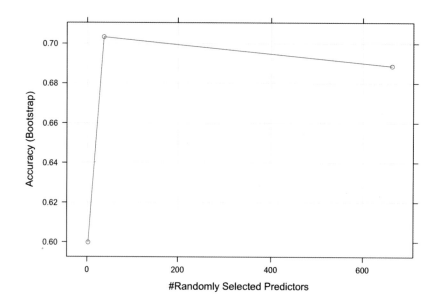

```
rfimp <- varImp(rf)
rfimp
## rf variable importance
##
##    only 20 most important variables shown (out of 663)
##
##               Overall
## heu11         100.00
## total_word     27.57
## variety        27.20
```

```
## jp            17.09
## mm            14.46
## 사람들          12.30
## ep             7.54
## xs             7.13
## pa             6.39
## 누군가           6.28
## nb             6.02
## ma             6.01
## np             5.69
## nn             5.65
## 보기만해도        5.61
## 차갑긴           4.40
## pv             4.27
## 식습관           4.13
## 한국사람          4.12
## 한국에           4.08
```

```
confusionMatrix(rf)
## Bootstrapped (25 reps) Confusion Matrix
##
## (entries are percentages of table totals)
##
##           Reference
## Prediction    1     2
##          1 55.8 25.5
##          2  4.2 14.5
```

```
table(predict(rf,newdata=test1,type="raw"),test1$class)
##
##      1  2
##   1 77 19
##   2  4 41
```

해당 자료를 Excel로 옮기고 싶으면 WriteXLS 패키지를 이용해서 파일로 직접 만들어서 살펴본다.

```
library(WriteXLS)
result <- cbind(tmp6,rf=predict(rf,newdata=tmp6,type="raw"))
WriteXLS("result",ExcelFile="result.xlsx")
save.image("image.rdata")
```

활용

　지금까지 내용을 보면 텍스트 정보에 대한 거짓식별이 쉽게 가능하다는 것을 알 수 있다. 새로운 분야의 데이터에 대해 모델링을 한다고 하여도 조금 더 노력을 해서 변수를 추가하면 여기에 제시된 방법을 하나의 큰 틀이라고 생각하고 응용하기를 바란다. 이러한 접근은 자기소개서, 이력서, 범죄 진술서, 논문의 진위성 검증, 보고서의 진위성 검증 등 다양한 응용이 가능하다. 다음 번 활용서에서는 이미지나 사운드를 이용한 거짓식별을 시도해 보려고 한다.

4장

자동차 이미지 식별

자동차 이미지 식별

자동차 이미지는 공상과학이나 스파이영화에 자주 등장하는 이미지 인식 시스템을 R에서 해보고자 하는 데 의미가 있다. Open CV 등의 오픈소스면 쉽게 될 수 있는 내용이지만 분석자 입장에서는 접근이 어려워 R에서 시도한 것이다.

명확한 사진을 이용하기 위해 데이터는 구글맵에서 가져온 미국 도시의 지도를 이용해서 도시에 주차된 자동차 사진을 활용했다. 주변에는 인도, 차도, 주택, 자동차, 호수, 주차장 등이 혼재되어 있는데, 향후 모델개발은 자동차를 먼저 식별하고 좀 더 나아가 자동차가 어떤 유형의 자동차인지를 식별하는 것이 목표이다.

우선 필요한 패키지를 설치하고 식별을 위해 병렬처리를 할 수 있도록 한다. 병렬처리를 하지 않으면 많은 시간이 소요된다. 병렬처리를 하지 않고도 빨리할 수 있는 방법은 이미지를 grey로 변경하거나 해상도를 조정하는 등 방법이 있겠으나 이번 접근방법에는 적용하지 않았다. 우선 이미지는 식별을 하기 위한 도시 사진을 읽어 들였다.

```
install.packages("rgdal");install.packages("raster")
library(rgdal);require(raster);library(doMC);registerDoMC(7)
```

```
library(caret)

city.img <- brick("usa city 2.jpg")
plotRGB(city.img)
```

학습을 위한 사진으로 자동차 관련된 사진을 수집해서 하나의 파일에 담았다. 모든 경우의 자동차에 대해 처리를 하지는 않고 대표적인 사례의 자동차들을 선택했고, 향후 이러한 자동차 이미지의 다양성이나 해상도가 미치는 효과에 대해서는 별도 연구가 필요하다.

```
training.ppl.img <- brick("car-detail.jpg")
plotRGB(training.ppl.img)
```

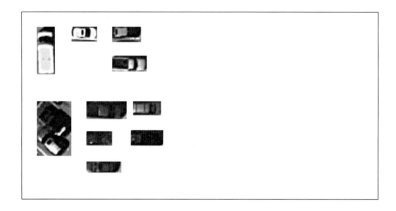

추가적으로 자동차가 아닌 물체에 대한 사진들을 수집했다. 구글맵에서 바라보면 대부분 호수, 지붕, 도로, 인도, 나무, 주차장 표시, 메시지를 표시하기 위한 내용 등으로 구성되어 있다. 지붕의 모양과 색상이 다양한 점을 약간 고려하여 몇 개를 추가적으로 넣었다. 마찬가지로 다양한 지붕모양도 향후 연구의 대상이다.

```
training.noppl.img <- brick("no-car-detail.jpg")
plotRGB(training.noppl.img)
```

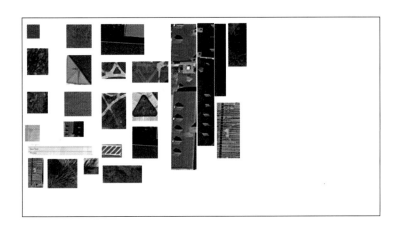

학습을 위해 이미지를 getValues를 통해 데이터프레임으로 값을 전환하고 RGB(Red, Green, Blue)값임을 변수명을 변경하여 처리했으며, 배경색상을 제외한 값으로 구성하였다. 특히 자동차 이미지에 대해서는 데이터에 추가 속성으로 pipeline을 정의해서 'C'로 값을 넣어서 자동차임을 구분하게 하였다. 자동차가 아닌 training.noppl.img에 대해서도 동일한 방법으로 작업을 하고 배경이라는 뜻으로 'B' 값을 추가하였다. 이러한 상태에서 샘플링을 해서 자동차와 배경을 데이터로 구성하고 자동차, 배경에 대해 factor로 데이터 타입을 변환하여 classification의 target으로 인식되도록 하였다. Classification은 caret으로 병렬처리가 가능하게 하고, svmRadial을 이용했으며 튜닝은 시도하지 않았다. 일단 기본적인 기능으로 어디까지 가능한지를 확인하는 것이 목적이기 때문이다.

```
training.ppl.df <- data.frame(getValues(training.ppl.img))
names(training.ppl.df) <- c("r", "g", "b")
summary(training.ppl.df)
training.ppl.df  <-  training.ppl.df[(training.ppl.df$r  <  254  &
training.ppl.df$g < 254 & training.ppl.df$b < 254),]
training.ppl.df$pipeline <- "C"

training.noppl.df <- data.frame(getValues(training.noppl.img))
names(training.noppl.df) <- c("r", "g", "b")
training.noppl.df <- training.noppl.df[(training.noppl.df$r < 254 &
training.noppl.df$g < 254 & training.noppl.df$b < 254),]
training.noppl.df$pipeline <- "B"

training.df <- rbind(training.ppl.df, training.noppl.df[sample(nrow(training.
noppl.df),40000),])
training.df$pipeline <- as.factor(training.df$pipeline)

train <- sample(nrow(training.df), round((nrow(training.df) - 1) / 2, 0))
test <- c(1:nrow(training.df))[!(c(1:nrow(training.df)) %in% train)]
trainset.df <- training.df[train,]
testset.df <- training.df[test,]

# 1303 secs
system.time(svm.fit <- train(pipeline~.,data=trainset.df,method="svmRadial"))

    user   system  elapsed
6718.734  359.424 1303.571
```

학습과 검증을 위해 데이터를 1 : 1로 구성하였으며, 2 : 1로 구성하는 경우 성능이 낮아지는 경향이 있었다. 학습용 데이터가 커지면 커질수록 속도가 느려지므로 이점을 고려했는데 학습에 보통 20분, 적용에 20분 정도 소요된다. 해당작업은 Quad Core Hyperthreading의 16GB RAM, 64bit Mac 환경에서 작업한 기준이다. 학습한 내용을 기준으로 svm.pred에 예측값과 실제값을 비교하면 Accuracy가 77%,

Precision은 75%, Detection rate는 53% 수준으로 전체에서 차지하는 비중이 작은 자동차를 잘 식별함을 알 수 있다.

```
svm.pred <- predict(svm.fit, type="raw",newdata=testset.df[,1:3])
svm.tab <- table(pred = svm.pred, true = testset.df[,4])
print(svm.tab)

     true
pred     B    C
   B 18025 5547
   C  1960 6228


city.df <- data.frame(getValues(city.img))
names(city.df) <- c("r", "g", "b")

# 21 minutes
system.time(city.pred <- predict(svm.fit, city.df))
    user   system  elapsed
1142.286  125.632 1267.585


city.class <- ifelse(city.pred == "C", 1, 0)
classified.img <- city.img[[1]]
values(classified.img) <- city.class
image(classified.img)
```

　위의 결과를 보면 인도와 건물의 외곽선들이 남아서 흔적이 많은 것이 보인다. 이런 점들은 자동차가 아닌 물체의 그림자까지 충분히 포함시키지 못한 점과 건물 지붕의 다양한 모습을 충분하게 반영하지 못한 점, 해상도가 일관되지 않았던 점 등이 원인이었을 것으로 생각한다.

　이 작업의 배경이 된 이라크 지역 오일 파이프라인에 대한 식별모델 예제는 매우 단순한 경우라 이보다는 훨씬 성능이 좋았다. 그러나 너무 복잡한 구성에서 시도를 하려 하다 보니 완벽하지는 않았다. 이와 동일한 접근을 python으로 하였는데 보다 좋은 성능과 다양한 라이브러리를 통해 손쉽게 할 수가 있었다. 참고로 이런 내용을 이용해서 우리는 넓은 해상에서 잠수함을 찾는 것이 원래 목표였으나 잠수함에 대한 구글맵에서의 이미지를 확보하지 못해 시도를 하지 못했다. 또 휴전선 비무장 지대에서의 적의 침투가 시도되는 경우 심야에 적외선 카메라 영상을 이용해서 물체가 짐승인지, 사람인지를 식별하는 등의 내용도 적용될 수 있다고 판단된다.

이미지 식별

분석에서 이미지를 다루는 분야는 이미지를 데이터화해서 유사한 패턴을 보이는 정보를 찾기 위한 방법으로, 사운드나 기타 다른 형태의 비정형 정보를 처리하는 방법과 유사하다. 사운드는 활용서 다음 시리즈에서 다룰 예정이다.

이미지 분석은 인간이 작업하는 경우 정밀도가 떨어진다. 수작업의 경우 정밀하게 살필 수는 있지만 패턴을 파악하여 반복 작업을 수행하기가 어렵기 때문이다. 그러므로 소프트웨어나 하드웨어를 알고리즘을 활용하면 단순반복적인 작업으로 처리할 수 있다.

이미지 처리는 이미지 식별 등을 위해 이미지 데이터를 변형하고 저장하는 기능을 수행한다. 본 활용서는 주로 색상이나 밝기, 기타 이미지 관련 속성을 바꾸고 이미지 위치를 회전시킨다든지 하는 내용을 다루었다. 이를 통해 이미지를 데이터화하고 정보를 식별하는데 활용해볼 것을 권한다.

이미지 데이터는 넘쳐난다. 텍스트 다음으로 많은 정보지만 아직 충분히 활용하고 있지 못하다. 많은 정보가 과거의 로그성 데이터처럼 흘려 보거나 실시간 모니터링 수준에서 그치고 백업된다. 이를 누적해서 패턴을 파악하고 응용하는 산업은 매우 제한적이며 활발하게 논의되거나 적용하려는 시도가 적다. 과거 이미지를 통한 품질 또는 규격 정보를 처리하고자 했으나 너무나 느려서 사용이 불가능하고 정확도도 낮았다.

그러나 요즘은 이동하는 자동차의 번호판을 꽤 높은 정밀도로 식별하고 자동으로 처리하고 있다. 주차장에서의 자동차 번호 식별을 통한 비용처리, 도로에서의 과속이나 법규에 대한 단속 등에 정밀하게 적용되고 있다. 위성사진 분석을 통해 우리가 파악하지 못하고 있던 건물이나 도로, 기타 변화를 자동으로 인식할 수 있다. 또한 유통분야에서는 백화점, 마트에서 결재금액과 주차장에서의 결재를 연계해서 주차비용을 차감해주는 일이 가능하며, 의료분야에서는 MRI 등 이미지 데이터를 통해 수많은 정보를 처리해서 보다 다양한 진단이 가능해질 것이다.

5장

코호트 DB를 이용한
질병예측

코호트 DB를 이용한 질병예측

개요 및 배경

질병예측에 대한 내용은 해외에서는 매우 각광받는 분야로 적극적으로 활용하고 자 하는 모습이 보인다. 그러나 국내에서는 여러 가지 우려하는 의견이 많아 데이터 공개 및 활용에 큰 진척을 보이고 있지 않으나, 2014년에 대한민국 국민을 대표하 는 100만명에 대한 건강검진 및 의료기록을 담은 코호트 DB를 단계적 공개하게 됨 에 따라 이를 활용하여 분석하는 방법을 제시하고자 한다. 아직 데이터 입수가 되지 않아 DB구조를 이용해서 분석방법에 대한 스크립트 및 예상결과를 제시하는 수준 으로 하는 것에 대해 양해를 구한다.

최초 질병예측에 대한 배경은 왜 당뇨 가능성에 대한 명확한 경고를 과학적으로 해줄 수 없는지에 대한 의문에서 시작했다. 보통 체중이 많이 나가는 사람이 흡연이 나 음주를 하고 운동을 안 하면 당뇨에 걸린다는 수준이 아닌, 과학적 근거에 의해 '내년에 당뇨에 걸릴 가능성이 80% 이상이다.' '내년에 당뇨에 걸리지 않을 가능성 이 80% 이상이다.' 라고 말해준다면 큰 도움이 될 것이라 생각했다. 예를 들어 내년 에 당뇨에 걸릴 확률은 80%이고 고혈압은 30%이고 암은 10% 라는 정보를 얻을 수 있으면 생활패턴이 달라질 것은 분명하기 때문이다. 특히 분석하는 사람 입장에서는 모든 것이 예측이 가능하다고 생각하는데, 그러한 예측에 따른 조치를 다른 질환에 대해서도 할 수 있으면 보다 합리적인 생활습관 관리와 시간활용에 대한 합리적인 의사결정이 가능하리라 생각되었다. 특히 의료비용 및 복지가 사회적 이슈로 떠오름에 따라 더욱 이러한 비용에 대한 합리적 사용도 국가차원에서 필요하다고 판단했다.

Part 5-2
필요성

특히 당뇨를 선택한 측면은 아래와 같은 필요성 때문이다.

> - 국민의 식습관이 서구화되면서 당뇨병 유병률은 증가하고 있음
> - 당뇨병은 만성질환으로서 지속적인 관리가 요구되며, 이로 인해 의료
>   비용도 동시에 증가하고 있음
> - 당뇨병 발병 인자를 가진 위험군의 조기 발굴로 당뇨병을 예방할 필
>   요가 있음

따라서 목적을 제한하여 생각한 것이, 최소 1년 뒤 당뇨병 진단을 받을 환자를 예측함으로써, 당뇨병 위험군에게 선제적 건강증진 프로그램을 적용하여 건강보험재정의 안정을 꾀하는 데 기여할 수 있으면 좋겠다는 생각을 하게 되었다. 향후 2년 뒤는 너무 먼 시점이고, 그렇다고 다음 달 상황을 예측하기에는 최근 이력 자체가 발생하지 않는 경우와 데이터 확보 등 최신성 측면이 만족되기 어려울 것이므로 예측가능성이 낮을 것으로 생각되었다. 그러나 IoT의 발달로 최신 정보를 실시간으로 획득가능하다면 충분히 가능하다고 판단된다.

분석항목

분석항목으로는 당뇨환자와 비당뇨환자의 진료내역 및 건강검진 결과 분석을 통해 아래와 같은 항목을 수행하도록 한다.

- 타깃이 되는 당뇨병 환자에 대한 정의
- 당뇨병 발병 유무를 식별할 수 있는 변수 도출
- 당뇨병 발병 예측모형 개발

위 내용을 수행하기 위한 단계별 수행업무로는 아래와 같은 일들을 수행한다.

- 당뇨병에 관한 문헌고찰
- 자격정보, 진료내역, 건강검진정보를 통합한 분석용 개인별 의료정보 분석마트 구축
- 신뢰할 수 있는 데이터를 활용한 Classification Modeling을 통한 당뇨병 발병 예측모형 개발
- 도출된 예측모형에 대한 당뇨병 전문의 자문회의
- 변수 재조정 및 모형 정교화

여기서 타깃의 정의가 큰 난관이 될 것이다. 과연 분석자가 상식적으로 알고 있는 당뇨병이란 것이 질병코드에서는 무엇으로 정의되어 있는지와 어디까지를 분석목적의 타깃으로 정의할 것인지다. 또한 해당 질병코드를 정의했어도 과거 건강검진에서 당뇨관련 진단 및 관련 약 복용 여부 정보가 시점상으로 일치하지 않는 경우 어떻게 처리할 것인지다. 따라서 2010년에 당뇨진단을 처음 받은 사람으로서 과거 10년 동안 당뇨진단 이력이 없고, 건강검진 데이터에 당뇨 관련 근거가 없는 사람을 '1'이라고 정의하여 분석을 해야 한다.

분석 대상 데이터	분석 모델링	분석 적용

두 번째로 입력변수의 설계이다. 유의미한 변수를 탐색적 분석을 통해 찾는 것은 시간이 많이 소모되므로 우선 요약변수를 최대한 많이 사용하도록 한다. 그 다음에 유의미한 변수들 중에서 중요도와 상관관계 등을 보고 판단해도 충분하다.

앞의 내용은 질병코드 분류체계이다. 대분류만 22개이고, 중분류는 각각 평균 10개로 하면 220개이고, 소분류는 각각 10개로 해도 2,200개인데 세분류까지 하면 매우 많은 분류가 된다. 그래서 각각의 질환에 대한 유무로 변수를 만드는 것은 시간적으로나 데이터 사이즈를 고려할 때 적합하지 않다고 판단되어 대분류로 변수를 만들어서 모델링을 해본 다음에 중분류까지 확대하는 것을 고려할 수 있다.

그리고 건강검진의 경우 2년에 한 번은 검진을 할 것이지만 건강검진을 주기적으로 받지 않은 경우를 고려하여 가장 나쁜 값이나 최근 값을 변수값으로 활용하고 데이터 정제가 필요한 데이터에 대해서는 단순화하여 처리하는 것이 적합하다. 대표적인 예로 흡연과 음주에 대한 내용인데 과거에 흡연한 적이 있는지가 건강검진 설문내용들 간에 일치하지 않거나 과거 내용과 최근 내용이 일치하지 않는 일이 있을 수 있다. 이러한 경우 한 번이라도 흡연경력이 있다고 했으면 흡연경력이 있는 것으로 취급한다. 그리고 흡연이나 음주량은 outlier에 대해서는 해당 환자의 정보를 제외하고 분석을 하도록 한다. 기타 설문내용들이 연도별로 변경이 되었거나 표준화해서 사용하기 힘든 것은 과감하게 포기하고 분석을 실시한 다음에 좀 더 시간적 여력이 있는 시점에 활용할 수 있도록 표준화 하는 방안을 검토한다.

Part 5-4

데이터 구성

필요 데이터 및 구성방안은 아래와 같다.

- 건강보험공단 표준코호트DB(2002-2010) 사용
- 데이터 구성 : 자격자료, 진료상세자료, 건강검진자료 분석용 데이터 마트 구축
- 2009년도 건강검진자료를 중심으로 2009년 최초로 당뇨병에 걸린 사람을 추출
- 2002년부터 2008년까지(7년도) 진료내역에서 주상병과 부상병코드의 당뇨병 진단코드를 가진 환자 추출

- 2009년 최초 당뇨발병 환자 중에서 과거 7년간(2002~2008) 당뇨병 진단코드를 가지지 않은 환자만 추출
- 비당뇨환자 중 과거 7년간(2002~2008) 당뇨병 진단코드를 가지지 않은 환자만 추출
- 추출된 환자의 과거 7년간 진단명(주상병, 부상병)에 대해 한국표준질병 사인분류코드(KCD10)기준으로 개인별 22개 대분류에 따른 요약정보 생성
- 인구학적 정보, 질환 정보, 건강검진 정보를 개인단위의 통합파일로 생성

모델링 및 예상결과

첫 번째 모델로는 유의미한 변수로는 특정 질병관련 과거경험은 나오지 않을 것이며, 체중, 키, 지역, 소득수준, 당뇨 가족력이 유의미한 변수로 나타날 것이다. 예상 Accuracy는 80% 이상일 것이고 모델이 detection rate를 높이는 경우는 90% 이상이 가능할 것이나 precision이 30% 수준으로 낮게 나올 것이다. 즉, 당뇨에 걸릴 사람을 대부분 찾아내지만 3명 중 1명만 실제 당뇨에 걸릴 것이라고 해석할 수 있다.

두 번째 모델로는 소화기 계통 등 특정질병 이력이 있는 집단으로 detection rate는 10% 수준이지만 precision이 70% 이상으로 높은 경우가 가능하다. 이들 집단은 규모가 작지만 특성이 있어서 정확도가 높다.

결론적으로 흡연과 음주는 예측에 도움이 안 되어 일반인들의 생각처럼 '음주와 흡연이 영향을 줄 것이다.' 라는 것은 의미가 없을 수 있다. 그리고 detection rate가 높은 모델과 precision이 높은 보수적인 모델이 가능할 것으로 두 가지 모델을 참조하여 활용하는 것이 적합할 것이다.

검증 및 향후과제

    모델 검증을 위해서는 해당분야 전문의를 만나 결과를 논의하고 논리적인 모순이 있는지, 기준을 잘못 선정한 것이 있는지 확인을 할 필요가 있다. 특히 반대를 위한 반대를 하는 사람들이 많기 때문에 다수의 전문의와 접촉해서 검증을 받고 국내보다는 해외에 발표를 해서 국내에서 인정받는 방법이 적합하지 않을까 한다. 그리고 전문의도 분석에 대한 경험이 많고 새로운 것을 추구하는 사람을 찾아서 조언을 받아야 하며, 의사이지만 분석기법 자체에 대해 이해도가 떨어질 수 있으므로 데이터 마이닝을 이해하는 사람을 찾는 것이 필요하다. 이것이 어렵다면 통계적 분석에 익숙하고 오픈 마인드인 사람이 필요하다. 여기서 조심해야 할 사항은 도메인 전문가들이 생각하는 해당분야 상식이 예측모델에 변수로 선택되지 않을 수 있다는 것이다. 예를 들어 과체중이 유의미한 변수라고 생각해도 과체중이 예측에 중요한 변수로 선택되지 않을 수 있다. 이점은 명확한 인과관계보다는 패턴을 찾아 접근한다는 사고가 필요하다. 인과관계가 현재는 설명이 되기 어려울 수 있으므로 모델 자체의 데이터에서의 패턴이 성능 측면에서 의미가 있다면 일단 활용하는 것이 적합하다.

    이러한 접근은 암과 같은 질환에도 적용이 가능하나 특정 암에 대한 사례가 부족할 수 있다. 따라서 이러한 코호트 DB는 전수 데이터에 접근이 가능해야지 실질적인 도움이 될 수 있다고 판단된다. 암 종류에 대해 구분 없이 예측모델을 하는 경우 가족력이 있는 경우가 가능성이 높고, 가족력이 없어도 나이가 50 이상에 흡연을 하고 있고, 음주를 과하게 매일 같이 하면서 운동을 안 하는 사람이 다음 해에 암에 걸리지 않을까 생각한다. 그리고 역시 타 질병에 걸렸던 단편적인 진단정보는 암 발생 예측에 도움이 안 될 것으로 판단된다.

    또한 데이터의 규모가 10년 이상의 100만명 규모의 데이터라면 분석용 데이터 마트를 구성하고 탐색적 분석을 하는 데 고사양의 컴퓨터가 필요할 것이다. 예를 들어 R을 사용하는 경우 1명당 64bit에 12cores, 64GB RAM, 1TB HDD 정도의 사양은 되어야 원활하게 분석할 수 있을 것이다.

6장

원/달러 환율 예측

원/달러 환율 예측

환율은 국가 간의 경쟁력을 비교하는 데 대표적인 지표이다. 국가 간에 무역수지와 자금수지에 불균형이 생기면, 이를 바로잡기라도 하려는 듯이 환율이 움직인다. 그러다 보니 이를 예측한다는 것은 두 국가 간의 경제적인 상황을 예측하는 것과 마찬가지라는 생각과 예측 가능성에 대한 의구심이 든다.

막상 예측을 하려고 한다 해도 상당히 많은 요소들이 포함될 것이라는 생각이 든다. 또한, 장기적인 예측을 할 것인지, 단기적으로 예측을 할 것인지도 결정해야 하는데, 그 이유는 투입되는 변수가 서로 다를 것이며, 집계되는 주기도 고려해야 하기 때문이다. 어디서부터 어떻게 시작하면 될까?

그리고 예측을 한다고 해도 과연 그 정확도는 어느 정도여야 의미있는 것일까?

환율 메커니즘

다행히 환율에 대해 잘 아시는 분이 환율 예측에 대한 여러 논문을 소개하고, 환율 변동 메커니즘을 제시하였다. 모든 데이터 분석의 시작은 Domain Knowledge를 획득하는 데서부터 시작한다.

1. 환율 메커니즘의 이해

환율이 변동되는 메커니즘의 일례는 아래와 같다.

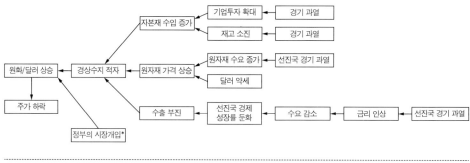

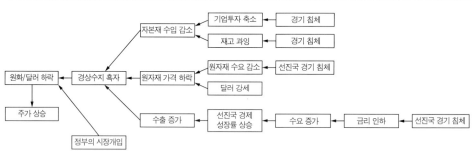

* 정부의 개입 : 환율의 변동을 결정하는 가장 중요한 변수

■ 고환율정책은 친기업 정책기조로 환율이 일정 수준으로 떨어지면, 정부가 적극적으로 달러를 매입하여 환율을 방어한다. 그 결과, 수출 위주 대기업 제품은 가격경쟁력이 높아져 최대의 수출 실적을 올리게 되지만, 한편으로는 원유 등의 수입물가가 높아져 중소기업이나 자영업자는 매우 어려운 상황에 처하게 된다. 밸류체인의 마지막 단계인 대기업들이 고환율의 과실을 독식하는 동안, 후방에 위치한 중소기업들은 수입물가 상승에 대기업의 원가 인하 압력으로 수익성 악화를 겪게된다. 최근에는 대기업들이 과실을 시장에 풀거나 재투자하지 않고, 현금 보유를 늘리거나 중국등 해외 투자에 집중하여 국내 경기가 침체되고 있다. 가뜩이나 고유가로 가처분소득이 감소한 상황에서 자영업자들의 어려움이 가중되었다. 결과적으로 고환율정책은 대기업들의 해외시장 진출의 첨병 역할을 한 반면, 국내 소득의 양극화를 가중시켰다.

앞에서 제시된 그림과 설명을 보고 이해하는 사람은 경제 분야를 전공했거나, 계속 경제 분야에 몸담고 있는 경우일 것이다. 하지만 그 외 대부분의 사람은 이해하기 힘들고 데이터 분석자들도 속속들이 이해하기는 어려울 것이다.

2. 변수의 발굴

앞에서 제시된 그림의 정확한 의미를 이해하기는 어렵지만, 데이터 마이닝을 하는 필자의 입장에서는 아래처럼 보인다.

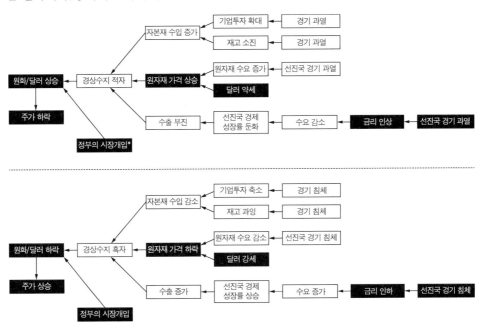

결국, 환율의 변동에 영향을 미치는 것이 무엇인지를 파악할 수 있는 것이다.

- 달러가 약세인가, 강세인가?
- 국제 원자재 가격은 상승하는가, 하락하는가?
- 선진국의 경기는 과열되었는가, 침체되었는가?
- 선진국 금리는 인상되는가, 인하되는가?
- 우리나라 정부의 시장개입은 어느 방향인가?
- 우리나라의 주가는 상승하였는가, 하락하였는가?

이러한 분석을 통해 환율 변동에 미치는 변수가 무엇인지를 파악하였고, 그 list는 아래와 같다. 추가로, 미 달러와의 환율 외에 다른 주요국의 환율도 list에 포함시켰다.

- 달러의 강/약을 나타내는 지수
- 국제 원자재 가격지수
- 선진국 주가지수
- 선진국 금리
- 국내 금리
- 국내 주가지수
- 해외 주요국 통화와의 환율

이제는 위의 list에 있는 데이터가 어디에 있는지가 관건이다.

원/달러 환율 예측 개괄

원/달러 환율예측은 Domain Knowledge와 적절한 data 획득을 통해 얼마나 좋은 모델링이 가능한지를 볼 수 있는 적절한 예이다. 특히, 경제분야에서 언급되고 있는 균형시장에 대한 얘기들이 데이터분석에서는 어떤 모델링 결과로 나타날 수 있는지 볼 수 있다.

아래와 같은 순서로 간단히 살펴보겠다.

- data의 개괄
- 모델링
- 주요변수 선택

1. data의 개괄

data는 환율 메커니즘에 근거하여 환율에 영향을 미치는 각 영역의 국제적인 data를 수집하였다. data 원천은 Quandl과 KRX Index 사이트이다.

획득한 data는 아래의 두 가지 처리를 거쳐 투입하였다.

- Date Shift : 일자별로 목표변수는 그대로 사용하였고, 그 외 변수를 1일 씩 뒤로 미루어 전 일자 data를 사용하여 목표변수를 예측하도록 하였다.
- Missing Data Handling : 목표변수 외의 변수에 data가 없는 경우는 그 전에 사용가능한 가장 가까운 과거 data를 사용하도록 처리한 후, 목 표변수에 data가 없는 일자는 해당 row를 지웠다. 이 순서대로 처리해 야 한다.

아래는 data를 모두 처리한 후의 결과만을 조회하는 script이다.

```
load("data/mart.rdata")names(mart)[c(1,2)] # 일자와 원 달러 환율(목표변수)

names(mart)[c(3:9)] # 국제 원자재 가격
names(mart)[c(10:16)] # 주요국 대미달러환율
names(mart)[c(17:47)] # 주요국 정부 장단기채권 금리
names(mart)[c(48:54)] # 주요국 주가지수
names(mart)[c(55)] # 달러지수
names(mart)[c(56:59)] # 주요국 대원화환율
names(mart)[c(60:64)] # 우리나라 채권금리 지수
names(mart)[c(65:73)] # 우리나라 산업별주가 지수
```

2. 모델링

(1) 데이터 분리

2011년~2013년 data를 train : test = 7 : 3으로 나누었다.

```
ind_mdl <- which(mart$Date >= "2011-01-01" & mart$Date <= "2013-12-31")
model_data <- mart[ind_mdl,]

set.seed(2020)
ind <- sample(2, nrow(model_data), prob=c(0.7,0.3), replace=T)
train_data <- model_data[ind==1,]
test_data <- model_data[ind==2,]
```

(2) 모델 생성 및 성능 확인

```
lm_fx <- lm(f_krw_usd~., train_data[,-1])
summary(lm_fx)
##
## Call:
## lm(formula = f_krw_usd ~ ., data = train_data[, -1])
##
## Residuals:
##     Min     1Q Median     3Q    Max
## -8.734-1.532 -0.002  1.427  9.663
##
## Coefficients:
##                 Estimate Std. Error t valuePr(>|t|)
## (Intercept)     -5.77e+02   1.25e+02  -4.60 5.4e-06 ***
## c_copper        -1.88e+00   1.88e+00  -1.00 0.31766
## c_corn           3.52e-04   1.90e-02   0.02 0.98524
[중략]
## s_krx_steels    -2.20e-03   4.10e-03  -0.54 0.59234
## s_krx_trans      9.08e-03   5.86e-03   1.55 0.12198
## ---
## Signif.codes:  0 '***' 0.001 '**' 0.01 '*' 0.05'.' 0.1 ' ' 1
##
## Residualstandard error: 2.68 on 478 degrees of freedom
## MultipleR-squared:  0.994,  Adjusted R-squared:  0.993
## F-statistic: 1.15e+03 on 71 and 478 DF, p-value: <2e-16
```

모델 생성결과 설명력이 99.3%라는 것을 확인할 수 있다. 환율 메커니즘이 얼마
나 정확한지를 확인할 수 있는 대목이다.

(3) 잔차의 확인

```
par(mfrow=c(2,2))
plot(lm_fx)
par(mfrow=c(1,1))
```

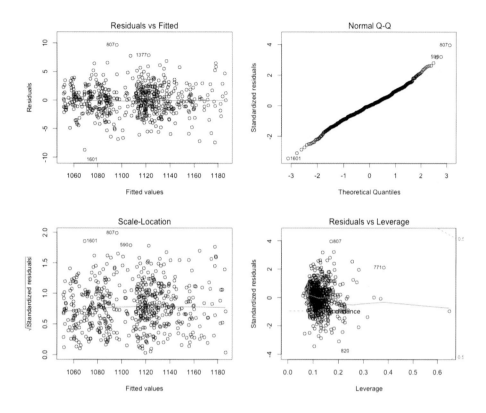

그래프를 통해 모델이 매우 안정적임을 확인할 수 있다. 그래프 해석에 대한 자세한 사항은 본문에서 확인하기 바란다.

(4) 주요변수 선택

주요변수 선택은 forward 방식, backward 방식, both 방식이 있다. 이 중 both를 적용해 보겠다.

```
lm_fx_bth <- step(lm_fx, direction="both")
[결과 생략, 자세한 해석은 본문 참조]

summary(lm_fx_bth)
##
## Call:
## lm(formula = f_krw_usd ~ c_oil_wti + c_gas + f_cad_usd + f_eur_usd +
##      f_gbp_usd + f_nzd_usd + y_ca_1m + y_ca_3m+ y_ca_6m + y_ca_3yr +
##      y_ca_10yr + y_jp_3yr + y_jp_5yr +y_jp_10yr + y_fr_6m + y_fr_1yr +
```

```
##      y_fr_10yr + y_nz_1yr + y_nz_5yr +y_uk_10yr + y_us_3m + y_us_6m +
##      s_cac40 + s_dax + s_nikkei + u_index +f_krw_aud + f_krw_cny +
##      f_krw_gbp + f_krw_eur + y_krx_b +y_krx_g_3yr + y_krx_g_5yr +
##      s_kospi + s_krx_100 + s_krx_autos +s_krx_energy + s_krx_trans +
##      y_us_5yr, data = train_data[, -1])
##
## Residuals:
##     Min    1Q Median    3Q    Max
## -9.03 -1.64   0.01   1.47 10.07
##
## Coefficients:
##                Estimate Std. Error t valuePr(>|t|)
## (Intercept) -6.96e+02   7.94e+01  -8.77  < 2e-16 ***
## c_oil_wti    1.59e-01   4.55e-02   3.49  0.00052 ***
## c_gas       -2.23e-02   9.78e-03  -2.28  0.02292 *
[중략]
## s_krx_trans  6.31e-03   4.05e-03   1.56  0.11963
## y_us_5yr    -3.72e+00   2.52e+00  -1.48  0.14033
## ---## Signif.codes:  0 '***' 0.001 '**' 0.01 '*' 0.05'.' 0.1 ' ' 1
## ## Residualstandard error: 2.63 on 510 degrees of freedom
## MultipleR-squared:  0.994,  Adjusted R-squared:  0.994
## F-statistic: 2.16e+03 on 39 and 510 DF, p-value: <2e-16
```

적용 결과, 총 71개의 변수 중에 39개의 변수가 선택되었으며, 분야별로 고르게 분포하고 있음을 확인할 수 있다. 이는 환율 메커니즘의 각 분야가 매우 중요함을 나타내는 것이다.

3. 결 론

환율은 국가 간의 경쟁력을 대변하는 것이라 할 만큼 복합적인 것으로, 많은 연구가 이루어진 분야이다. 특히 환율도 여러 국제시장이 활성화되면서 균형시장을 이루고 있으므로 예측이 가능하다고 본다.

하지만 이러한 linear modeling을 이용한 예측은 오래전부터 이루어져 왔고, 모델 성능 또한 많이 알려진 사례이기 때문에 이 정도 수준에서 모델링을 끝내면 별 의미가 없다. 앞에서 도출한 사항을 이용하여 분류분석을 실행할 수 있는데, 이 때 투입하는 변수를 중요변수 39개로 하고, 오늘 환율이 오를 것인지 내릴 것인지를 예측하는 데 사용할 수 있다. 이러한 과정을 거쳐야 의미를 도출해 투자에도 사용할 수 있게 된다.

　뒤에 이어지는 자세한 예측 모델링에서는 data 획득과 처리 방안 및 모델링 성능 평가에 대해 자세히 언급하고 있다. 실무적으로 유용하게 사용하기 바란다.

데이터 수집

　모델링 알고리즘이 상당히 많은 R을 이용할 때에는 알고리즘에 대한 고민보다 어떻게 관련 변수를 찾아내고, 어떻게 모을 것인가가 매우 중요하다. 원/달러 환율 예측이 이러한 예에 속하는데 원/달러 환율 예측을 위해서는 두 가지 데이터 원천을 사용하였다. KRX Index와 Quandl이 그것이다. 우선 결론부터 나열하고 하나씩 살펴보겠다.

1. data list

　수집한 Data List는 다음과 같다.

No	구 분	변수그룹	변수명	설 명	데이터 원천
1	국내	목표변수	fx_krw_usd	미국 달러화 환율	Quandl("QUANDL/USDKRW")
2		금리	yield_krx_b	KRX 채권 지수	KRX 채권지수 – 유형별/기간별 지수(시장가격지수 사용)
3			yield_krx_g	KRX 국고채프라임지수	국고채프라임지수 만기 물별/일별지수
4			yield_krx_t	KRX–Korea Treasury Bond Index	KRX–Korea Treasury Bond Index 일자별지수
5		KRX 섹터지수	stck_kospi	코스피지수	Quandl("YAHOO/INDEX_KS11")
6			stck_krx_100	KRX_100	KRX_100
7			stck_krx_autos	KRX Autos	KRX Autos
8			stck_krx_energy	KRX Energy & Chemicals	KRX Energy & Chemicals
9			stck_krx_it	KRX IT	KRX IT
10			stck_krx_semicon	KRX Semicon	KRX Semicon
11			stck_krx_ship_build	KRX Shipbuilding	KRX Shipbuilding
12			stck_krx_steels	KRX Steels	KRX Steels
13			stck_krx_trans	KRX Transportation	KRX Transportation

No	구 분	변수그룹	변수명	설 명	데이터 원천
14		주요국 환율	fx_krw_aud	호주 달러화 환율	Quandl("QUANDL/AUDKRW")
15			fx_krw_cny	중국 위안화 환율	Quandl("QUANDL/CNYKRW")
16			fx_krw_gbp	영국 파운드화 환율	Quandl("QUANDL/GBPKRW")
17			fx_krw_eur	유로화 환율	Quandl("QUANDL/EURKRW")
18	해외	USD지수	usd_index	US Dollar Index	Quandl("FRED/DTWEXB")
19		원자재 가격	cmd_copper	동 가격	Quandl("WSJ/COPPER")
20			cmd_com	옥수수 가격	Quandl("WSJ/CORN_FEED")
21			cmd_gold	금 가격	Quandl("LBMA/GOLD")
22			cmd_oil_brent	브렌트유 가격	Quandl("FRED/DCOILBRENTEU")
23			cmd_oil_wti	서부텍사스유 가격	Quandl("FRED/DCOILWTICO")
24			cmd_gas	천연가스 가격	Quandl("YAHOO/INDEX_XNG")
25			cmd_silver	은 가격	Quandl("LBMA/SILVER")
26		주요국 주가지수	stck_cac40	프랑스 주가지수	Quandl("YAHOO/INDEX_FCHI")
27			stck_dax	독일 주가지수	Quandl("YAHOO/INDEX_GDAXI")
28			stck_nasdaq	미국 나스닥지수	Quandl("NASDAQOMX/NDX")
29			stck_nikkei	일본 주가지수	Quandl("YAHOO/INDEX_N225")
30			stck_nyse	미국 나이스지수	Quandl("YAHOO/INDEX_NYA")
31			stck_snp500	미국 S&P 500지수	Quandl("YAHOO/INDEX_GSPC")
32			stck_ssec	중국 주가지수	Quandl("YAHOO/INDEX_SSEC")
33		금리	yield_ca	캐나다금리	Quandl("YIELDCURVE/CAN")
34			yield_jp	일본금리	Quandl("YIELDCURVE/JPN")
35			yield_fr	프랑스금리	Quandl("YIELDCURVE/FRA")
36			yield_nz	뉴질랜드금리	Quandl("YIELDCURVE/NZL")
37			yield_uk	영국금리	Quandl("YIELDCURVE/GBR")
38			yield_us	미국금리	Quandl("YIELDCURVE/USA")
39		주요국 대달러 환율	fx_aud_usd	대 미국 달러 호주 달러화 환율	Quandl("QUANDL/USDAUD")
40			fx_cad_usd	대 미국 달러 캐나다 달러화 환율	Quandl("QUANDL/USDCAD")
41			fx_cny_usd	대 미국 달러 중국 위안화 환율	Quandl("QUANDL/USDCNY")
42			fx_eur_usd	대 미국 달러 유로화 환율	Quandl("BNP/USDEUR")
43			fx_gbp_usd	대 미국 달러 영국 파운드화 환율	Quandl("QUANDL/USDGBP")
44			fx_jpy_usd	대 미국 달러 일본 엔화 환율	Quandl("QUANDL/USDJPY")
45			fx_nzd_usd	대 미국 달러 뉴질랜드 달러화 환율	Quandl("QUANDL/USDNZD")

위에서 보는 바와 같이 국내 금리와 주가지수는 KRX에서 가져오고, 환율자료와 해외 자료 대부분은 Quandl에서 가져온다. 이에 대해 자세히 설명하겠다.

2. KRX 자료 다운로드

한국거래소는 기존의 http://krx.co.kr 외에 지수사이트로 http://index.krx.co.kr 를 별도로 운영하고 있다. 이 사이트에서 KRX 지수와 금리 지수를 가져올 수 있다

(1) KRX 지수 찾기

지수사이트에 접속해 KRX지수 〉 주가지수 〉 KRX시리즈를 선택한다.

이제 아래의 화면 중 대표 지수와 섹터 지수를 가져오면 되는데, KRX 100을
선택한다.

(2) 변수 선택 판단

KRX 100을 클릭하고 들어가면, 개요 탭이 나온다. 여기서 산업별 비중과 구
성족목 지수시가총액 상위 10사를 보고 환율에 영향을 미칠 것인지 생각해본
다. KRX가 대표주이므로 시가총액 1위인 삼성전자부터 등장한다.

◉ 산업별 비중

산업구분	지수시가총액(백만원)	비중(%)
(유)전기전자	236,383,283	25.21
(유)금융업	141,605,485	15.10
(유)운수장비	127,966,651	13.65
(유)서비스업	118,492,268	12.64
(유)화학	67,719,284	7.22
(유)철강금속	47,223,044	5.04
(유)유통업	42,482,881	4.53
(유)통신업	37,751,391	4.03
(유)전기가스업	32,296,915	3.44
기타	85,718,866	9.14

◉ 구성종목 지수시가총액 상위 10사

회사명	비중(%)	지수시가총액(백만원)
삼성전자	18.87%	176,906,504
현대차	5.11%	47,910,134
SK하이닉스	3.33%	31,233,811
POSCO	3.25%	30,428,205
한국전력	2.90%	27,155,080
현대모비스	2.85%	26,720,890
신한지주	2.68%	25,132,578
NAVER	2.55%	23,897,942
기아차	2.53%	23,754,292
SK텔레콤	2.47%	23,133,646

(3) 데이터 가져오기

데이터 탭을 클릭하여 들어가 보면, 그래프와 함께 테이블이 나오고, 그 사이에 일자를 선택하고 조회, 엑셀 다운로드를 할 수 있도록 하였다. 이를 통해 자료를 내려받으면 된다. 다만, 최대 1년치 자료에 대한 엑셀 다운로드만 가능하므로 1년 단위로 가져온다. 필자는 '2013.7.1~2014.6.30'까지의 자료를 다운로드 받아 "krx_100_2014.xls"에 저장하였다.

KRX 100 외에도 다른 KRX섹터 지수에 들어가, 포함된 종목이 환율에 민감한 종목인지를 판단하여 선별적으로 데이터를 가져오면 된다. 물론 모든 데이터를 가져와도 무방하다. 또한, KRX시리즈가 아닌 KOSPI시리즈나 KOSDAQ시리즈를 가져올 수도 있다.

(4) 금리 데이터 가져오기

위의 KRX 섹터지수를 가져온 것과 같이 금리지수도 KRX Index 사이트에 있다. 구체적으로 가져온 자료의 위치는 위 '(1) data list' 를 참조하기 바란다.

3. Quandl 사용법

이번에는 Quandl에 대해 알아보자. Quandl은 R 패키지를 제공하고 있으며, 아래와 같이 설치하면 된다.

(1) R script

```
install.packages("Quandl")
library(Quandl)
Quandl.auth("yourauthenticationtoken")
Quandl("QUANDL/USDKRW", trim_start="2009-07-01", trim_end="2014-06-30")
```

세번째 줄, Quandle.auth("yourauthenticationtoken")에서 괄호 안은 Quandl.com에서 간단히 회원가입을 하면 받게 되는 인증문자열이다. 이 인증이 없을 경우는 하루 50개까지의 데이터 다운로드가 가능하지만, 인증이 있으면 무제한으로 다운로드가 가능하다.

(2) Quandle.com에서 데이터 찾기

다음과 같이 Quandl.com에 접속하면 기본적으로 main 화면에 주요 data를 보여준다. 이 중에 선택해도 필요한 것은 대부분 찾을 수 있다.

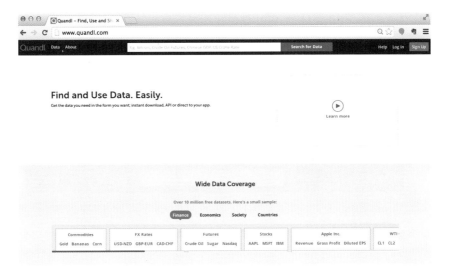

(3) Quandle.com에서 R script 가져오기

위의 화면에서 왼쪽 하단에 Gold를 클릭하면 아래와 같이 나온다. 여기서 우측의 EXPORT DATA 패널에서 R을 클릭하면 자료를 받을 수 있는 script가 나오고, 하단의 SHOW DATA TABLE을 클릭하면 데이터 테이블이 등장하는데 우상단의 Download를 클릭하면 여러 형태로 데이터를 받을 수 있다. 본 책에서는 우측의 R을 클릭해 얻은 script를 사용하였다.

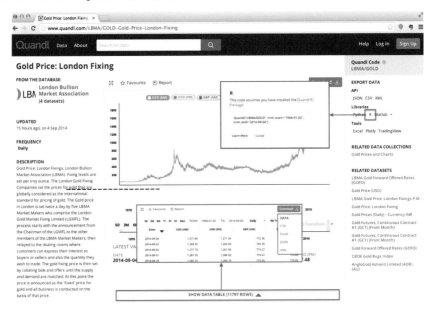

(4) Quandle.com에서 그 외의 데이터 찾기

Quandl.com에서 키워드로 다른 자료를 찾을 수 있다. 아래는 KOSPI를 입력해 찾은 결과이다. 검색결과에서 데이터의 원천/주기/범위를 확인하고, 적합한 것을 클릭하여 들어가면 (3)에서 본 화면이 나온다.

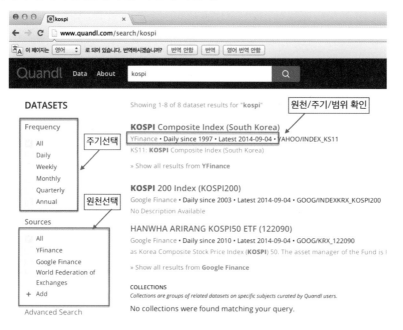

(5) Data 수집 script

데이터 수집을 위한 script는 아래와 같다. script가 길어 각 그룹의 맨 앞 한 개만 담았다. 나머지도 같은 방식으로 수집하면 된다.

```
library(Quandl)
library(xlsx)

Quandl.auth("                    ") # input your authentication token

# ================= #
# 01. krw_usd: target #
# ================= #
```

```
fx_krw_usd<-Quandl("QUANDL/USDKRW", trim_start="2009-07-01", trim_end= "2014-
06-30")
str(fx_krw_usd)
fx_krw_usd<-fx_krw_usd[,-c(3:4)]
names(fx_krw_usd)[2]<-"f_krw_usd"
fx_krw_usd<-fx_krw_usd[order(fx_krw_usd$Date),] # 일자순으로 정리
head(fx_krw_usd,3);tail(fx_krw_usd,3) # 일자순 정리 확인


# ============================== #
# 11. Interst Rate (Domestic: KRX) #
# ============================== #


# yield_krx_b
yield_krx_b_2010<-read.xlsx("krx/krx_bond_index_2010.xls",1,colIndex=c(1:2),
header=T)
yield_krx_b_2011<-read.xlsx("krx/krx_bond_index_2011.xls",1,colIndex=c(1:2),
header=T)
yield_krx_b_2012<-read.xlsx("krx/krx_bond_index_2012.xls",1,colIndex=c(1:2),
header=T)
yield_krx_b_2013<-read.xlsx("krx/krx_bond_index_2013.xls",1,colIndex=c(1:2),
header=T)
yield_krx_b_2014<-read.xlsx("krx/krx_bond_index_2014.xls",1,colIndex=c(1:2),
header=T)
yield_krx_b<-rbind(yield_krx_b_2010,yield_krx_b_2011,yield_krx_b_2012,yield_
krx_b_2013,yield_krx_b_2014)
names(yield_krx_b)<-c("Date","y_krx_b")
yield_krx_b$Date<-as.Date(yield_krx_b$Date)
yield_krx_b<-yield_krx_b[order(yield_krx_b$Date),]
head(yield_krx_b,3);tail(yield_krx_b,3)


# yield_krx_g : 위와 유사함(이하 동일)
# yield_krx_t
# ============================================= #
# 12. Stock Market Industrial Index (Domestic: KRX) #
```

```
# ======================================================= #

# stck_kospi
stck_kospi<-Quandl("YAHOO/INDEX_KS11",          trim_start="2009-07-01",
trim_end="2014-06-30")
str(stck_kospi)
stck_kospi<-stck_kospi[,c(1,5)]
names(stck_kospi)[2]<-"s_kospi"
stck_kospi<-stck_kospi[order(stck_kospi$Date),]
head(stck_kospi,3);tail(stck_kospi,3)


# stck_krx_100
stck_krx_100_2010<-read.xlsx("krx/krx_100_2010.xls",1,colIndex=c(1:2),header=T)
stck_krx_100_2011<-read.xlsx("krx/krx_100_2011.xls",1,colIndex=c(1:2),header=T)
stck_krx_100_2012<-read.xlsx("krx/krx_100_2012.xls",1,colIndex=c(1:2),header=T)
stck_krx_100_2013<-read.xlsx("krx/krx_100_2013.xls",1,colIndex=c(1:2),header=T)
stck_krx_100_2014<-read.xlsx("krx/krx_100_2014.xls",1,colIndex=c(1:2),header=T)
stck_krx_100<-rbind(stck_krx_100_2010,stck_krx_100_2011,
stck_krx_100_2012,stck_krx_100_2013,stck_krx_100_2014)
names(stck_krx_100)<-c("Date","s_krx_100")
stck_krx_100$Date<-as.Date(stck_krx_100$Date)
stck_krx_100<-stck_krx_100[order(stck_krx_100$Date),]
head(stck_krx_100,3);tail(stck_krx_100,3)


# stck_krx_autos
# stck_krx_energy
# stck_krx_it
# stck_krx_semicon
# stck_krx_ship_build
# stck_krx_steels
# stck_krx_trans


# ==================== #
# 13. Forex (Domestic) #
```

```
# ==================== #

# fx_krw_aud
fx_krw_aud<-Quandl("QUANDL/AUDKRW", trim_start="2009-07-01", trim_end="2014-06
-30")
fx_krw_aud<-fx_krw_aud[,c(1,2)]
names(fx_krw_aud)[2]<-"f_krw_aud"
fx_krw_aud<-fx_krw_aud[order(fx_krw_aud$Date),]
head(fx_krw_aud,3);tail(fx_krw_aud,3)

# fx_krw_cny
# fx_krw_gbp
# fx_krw_eur

# ====================================== #
# 21. Trade Weighted US Dollar Index: Broad #
# ====================================== #

usd_index<-Quandl("FRED/DTWEXB", trim_start="2009-07-01", trim_end="2014-06-30")
names(usd_index)[2]<-"u_index"
usd_index<-usd_index[order(usd_index$Date),]
head(usd_index,3);tail(usd_index,3)

# ================================= #
# 22. Commodity Index (International) #
# ================================= #

# cmd_copper
cmd_copper<-Quandl("WSJ/COPPER", trim_start="2009-07-01", trim_end="2014-06-30")
names(cmd_copper)[2]<-"c_copper"
cmd_copper<-cmd_copper[order(cmd_copper$Date),]
head(cmd_copper,3);tail(cmd_copper,3)

# cmd_corn
```

```
# cmd_gold
# cmd_oil_brent
# cmd_oil_wti
# cmd_gas
# cmd_silver


# ================================== #
# 23. Stock Market Index (International) #
# ================================== #


# stck_cac40
stck_cac40<-Quandl("YAHOO/INDEX_FCHI", trim_start="2009-07-01",trim_end="2014-06-
30")
stck_cac40<-stck_cac40[,c(1,5)]
names(stck_cac40)[2]<-"s_cac40"
stck_cac40<-stck_cac40[order(stck_cac40$Date),]
head(stck_cac40,3);tail(stck_cac40,3)


# stck_dax
# stck_nasdaq
# stck_nikkei
# stck_nyse
# stck_snp500
# stck_ssec


# ============================== #
# 24. Interest Rate (International) #
# ============================== #


# yield_ca
yield_ca<-Quandl("YIELDCURVE/CAN", trim_start="2009-07-01", trim_end="2014-06-30")
yield_ca<-yield_ca[,c(1:5,7,8,10)]
names(yield_ca)[2:8]<-c("y_ca_1m","y_ca_3m","y_ca_6m","y_ca_1yr","y_ca_3yr","y
_ca_5yr", "y_ca_10yr")
```

```
yield_ca<-yield_ca[order(yield_ca$Date),]
head(yield_ca,3);tail(yield_ca,3)


# yield_jp
# yield_fr
# yield_nz
# yield_uk
# yield_us


# ========================= #
# 25. Forex (International) #
# ========================= #


# fx_aud_usd
fx_aud_usd<-Quandl("QUANDL/USDAUD", trim_start="2009-07-01", trim_end="2014-06-30")
fx_aud_usd<-fx_aud_usd[,-c(3,4)]
names(fx_aud_usd)[2]<-"f_aud_usd"
fx_aud_usd<-fx_aud_usd[order(fx_aud_usd$Date),]
head(fx_aud_usd,3);tail(fx_aud_usd,3)


# fx_cad_usd
# fx_cny_usd
# fx_eur_usd
# fx_gbp_usd
# fx_jpy_usd
# fx_nzd_usd


# =============== #
# 99. Data Backup #
# =============== #


save(fx_krw_usd,yield_krx_b,yield_krx_g,yield_krx_t,stck_kospi,stck_krx_100,st
ck_krx_autos,stck_krx_energy,stck_krx_it,stck_krx_semicon,stck_krx_ship_build,
stck_krx_steels,stck_krx_trans,fx_krw_aud,fx_krw_cny,fx_krw_gbp,fx_krw_eur,usd
```

```
_index,cmd_copper,cmd_corn,cmd_gold,cmd_oil_brent,cmd_oil_wti,cmd_gas,cmd_silv
er,stck_cac40,stck_dax,stck_nasdaq,stck_nikkei,stck_nyse,stck_snp500,stck_ssec
,yield_ca,yield_jp,yield_fr,yield_nz,yield_uk,yield_us,fx_aud_usd,fx_cad_usd,f
x_cny_usd,fx_eur_usd,fx_gbp_usd,fx_jpy_usd,fx_nzd_usd,file="data/mart_raw.rdat
a")
```

Mart 만들기

2009년 7월 1일부터 2014년 6월 30일까지의 data를 merge하는 과정이다. 이 과정에는 sqldf, cbind, merge 등 여러 가지를 사용할 수 있는데, 이를 각각 사용해 보겠다.

1. Merge Data(sqldf, cbind, merge 활용)

(1) sqldf 사용

sql의 left outer join을 이용하여 Date를 기준으로 자료를 나란히 붙인다. 해당 날짜에 없는 data는 NA로 세팅된다.

[R script] 패키지 로드와 Date 생성

```
install.packages("sqldf")
library(sqldf)


# ========== #
# Create Date #
# ========== #
Date<-rep(as.Date("2009-07-01"),as.Date("2014-06-30")-as.Date("2009-07-
01")+1);flag<-0
n<-0:(as.Date("2014-06-30")-as.Date("2009-07-01"))
```

```
if (flag==0) Date<-Date+n;flag<-1 # 중복실행을 막기 위해 flag 설정
Date<-as.data.frame(Date)
```

2009-07-01 ~ 2014-06-30까지의 일자를 휴일 구분없이 전일을 모두 채워 생성하였다.

[R script] Date 확인

```
head(Date,3);tail(Date,3)
##           Date
## 1 2009-07-01
## 2 2009-07-02
## 3 2009-07-03
##           Date
## 1824 2014-06-28
## 1825 2014-06-29
## 1826 2014-06-30
```

2009-07-01 ~ 2014-06-30까지의 일자가 적절히 만들어졌는지 눈으로 확인한다.

[R script] sqldf를 이용한 data 병합

```
# ========================== #
# 00. Merge Date with krw/usd #
# ========================== #
# merge Date with target variable fx_krw_usd using sqldf
names(fx_krw_usd)
## [1] "Date"        "f_krw_usd"

mart_tmp_01<-sqldf("select a.Date,b.f_krw_usd from Date a left outer join
fx_krw_usd b on a.Date=b.Date")
str(mart_tmp_01)
## 'data.frame':    1826 obs. of  2 variables:
##  $ Date     : Date, format: "2009-07-01" "2009-07-02" ...
##  $ f_krw_usd: num  1279 1270 1270 NA NA ...
```

sqldf를 이용해 Date와 fx_krw_usd를 통합하였다. str함수를 통해 dimension과 variable의 각 class 를 확인할 수 있다.

[R script] 병합결과 확인

```
# verification (last date - first date + 1 == length(date))
mart_tmp_01$Date[length(mart_tmp_01$Date)]-mart_tmp_01$Date[1]+1==length
(mart_tmp_01$Date)
## [1] TRUE


# eye check
head(fx_krw_usd,3);head(mart_tmp_01,3)
##              Date f_krw_usd
## 1304 2009-07-01       1279
## 1303 2009-07-02       1270
## 1302 2009-07-03       1270
##           Date f_krw_usd
## 1 2009-07-01       1279
## 2 2009-07-02       1270
## 3 2009-07-03       1270


tail(fx_krw_usd,3);tail(mart_tmp_01,3)
##           Date f_krw_usd
## 3 2014-06-26       1020
## 2 2014-06-27       1018
## 1 2014-06-30       1015
##              Date f_krw_usd
## 1824 2014-06-28         NA
## 1825 2014-06-29         NA
## 1826 2014-06-30       1015
```

위에서 확인할 것은 2009-07-01 ~ 03일까지의 data 정합성과 2014-06-28 ~ 29일에 NA가 설정된 것이다. sqldf의 left outer join을 이용하게 되면 첫 번째 table을 기준으로 병합하며, 두 번째 table에 없는 값은 NA로 세팅하게 된다. 여기서는 fx_krw_usd에는 2014-06-28 ~ 29일에 해당하는 값이 없어 NA로 세팅한 것이다.

(2) cbind 사용

cbind는 순서를 그대로 유지하고 연결할 때 사용한다. 수집한 data 중 KRX의 금리 지수가 모든 일자를 포함하고 있어 cbind를 사용할 수 있다. 사용 전에 두 data frame의 Date가 순서가 맞는지를 table 함수를 이용해 확인하였다.

[R script] 두 data frame의 Date 순서 확인

```
# ========================= #
# 01. Merge Korean bond yield #
# ========================= #
# using cbind
names(yield_krx_b)
## [1] "Date"      "y_krx_b"

table(mart_tmp_01$Date==yield_krx_b$Date); nrow(yield_krx_b)
##
## TRUE
## 1826
## [1] 1826
```

Date와 yield_krx_b$Date가 완전히 일치함을 확인하였다.

[R script] cbind 결합

```
mart_tmp_02<-cbind(mart_tmp_01,yield_krx_b$y_krx_b)
mart_tmp_02$Date[length(mart_tmp_02$Date)]-mart_tmp_02$Date[1]+1==length
(mart_tmp_02$Date)
## [1] TRUE
```

cbind로 결합하고 결합 후 끝 날과 첫 날의 차이가 날짜의 개수가 같은지 확인하여 적절히 만들어졌는지 확인하였다.

[R script] column명 변경

```
mart_tmp_02[1:3,]
##          Date f_krw_usd yield_krx_b$y_krx_b
## 1 2009-07-01      1279                120.8
## 2 2009-07-02      1270                120.9
## 3 2009-07-03      1270                120.9


names(mart_tmp_02)[3]<-"y_krx_b"
```

cbind를 사용할 때 $ 기호를 사용하여 column을 연결하면 data frame명까지 붙어서 column명이 설정된다. 따라서, column명을 바꾸어 주었다.

[R script] yield_krx_g, yield_krx_t에 대해 cbind 결합을 위한 누락 Date 값에 NA 채우기

```
names(yield_krx_g)
## [1] "Date"          "y_krx_g_3yr"  "y_krx_g_5yr"  "y_krx_g_10yr"


yield_krx_g_tmp<-sqldf("select a.Date,b.y_krx_g_3yr,b.y_krx_g_5yr,b.y_krx_g_
10yr from Date a left outer join yield_krx_g b on a.Date=b.Date")
head(yield_krx_g_tmp,3);tail(yield_krx_g_tmp,3)
##          Date y_krx_g_3yr y_krx_g_5yr y_krx_g_10yr
## 1 2009-07-01       120.0       120.5        119.6
## 2 2009-07-02       120.1       120.7        119.9
## 3 2009-07-03       120.3       120.8        120.3
##            Date y_krx_g_3yr y_krx_g_5yr y_krx_g_10yr
## 1824 2014-06-28          NA          NA           NA
## 1825 2014-06-29          NA          NA           NA
## 1826 2014-06-30       146.5       156.2        169.8


names(yield_krx_t)
## [1] "Date"     "y_krx_t"


yield_krx_t_tmp<-sqldf("select a.Date,b.y_krx_t from Date a left outer join
```

```
yield_krx_t b on a.Date=b.Date")
head(yield_krx_t_tmp,3);tail(yield_krx_t_tmp,3)
##          Date y_krx_t
## 1 2009-07-01    9839
## 2 2009-07-02    9846
## 3 2009-07-03    9855
##            Date y_krx_t
## 1824 2014-06-28      NA
## 1825 2014-06-29      NA
## 1826 2014-06-30   10322
```

각 data frame에 Date가 비어 있는 row가 있으므로 sqldf의 left outer join을 사용해 값을 NA로 채운 data frame을 만들었다.

[R script] Date column의 일치 여부 확인

```
# verify the order of data
table(mart_tmp_02$Date==yield_krx_g_tmp$Date);nrow(yield_krx_g_tmp)
##
## TRUE
## 1826
## [1] 1826


table(mart_tmp_02$Date==yield_krx_t_tmp$Date);nrow(yield_krx_t_tmp)
##
## TRUE
## 1826
## [1] 1826
```

위와 같이 세 개의 data frame의 일자 순서와 개수가 정확히 일치함을 확인할 수 있다.

[R script] cbind를 이용한 결합

```
# merge using cbind
names(yield_krx_g_tmp);names(yield_krx_t_tmp)
## [1] "Date"          "y_krx_g_3yr"  "y_krx_g_5yr"  "y_krx_g_10yr"
## [1] "Date"      "y_krx_t"


mart_tmp_03<-cbind(mart_tmp_02,yield_krx_g_tmp[,c(2:4)],y_krx_t=yield_krx_t_
tmp$y_krx_t)
```

위와 같이 column index를 사용하거나, 변수명을 할당해주면 data frame명이 붙지 않는 column명을
얻을 수 있다.

[R script] eye check

```
# verify the number of days == length(Date)
mart_tmp_03$Date[length(mart_tmp_03$Date)]-mart_tmp_03$Date[1]+1==length(mart_
tmp_03$Date)
## [1] TRUE


# eye check
mart_tmp_03[1:3,c(1,4:7)];yield_krx_g_tmp[1:3,];yield_krx_t_tmp[1:3,]
##          Date y_krx_g_3yr y_krx_g_5yr y_krx_g_10yr y_krx_t
## 1 2009-07-01       120.0       120.5        119.6    9839
## 2 2009-07-02       120.1       120.7        119.9    9846
## 3 2009-07-03       120.3       120.8        120.3    9855
##          Date y_krx_g_3yr y_krx_g_5yr y_krx_g_10yr
## 1 2009-07-01       120.0       120.5        119.6
## 2 2009-07-02       120.1       120.7        119.9
## 3 2009-07-03       120.3       120.8        120.3
##          Date y_krx_t
## 1 2009-07-01    9839
## 2 2009-07-02    9846
## 3 2009-07-03    9855
```

```
n<-nrow(mart_tmp_03)
mart_tmp_03[(n-2):n,c(1,4:7)];yield_krx_g_tmp[(n-2):n,];yield_krx_t_tmp[(n-2):n,]
##             Date y_krx_g_3yr y_krx_g_5yr y_krx_g_10yr y_krx_t
## 1824 2014-06-28          NA          NA           NA      NA
## 1825 2014-06-29          NA          NA           NA      NA
## 1826 2014-06-30       146.5       156.2        169.8   10322
##             Date y_krx_g_3yr y_krx_g_5yr y_krx_g_10yr
## 1824 2014-06-28          NA          NA           NA
## 1825 2014-06-29          NA          NA           NA
## 1826 2014-06-30       146.5       156.2        169.8
##             Date y_krx_t
## 1824 2014-06-28      NA
## 1825 2014-06-29      NA
## 1826 2014-06-30   10322
```

위에서 보는 바와 같이 일자별로 잘 만들어졌으며, 결합 전 자료와 결합 후 자료가 일치함을 확인할 수 있다. 그리고 column명도 원하는 대로 만들어진 것을 확인할 수 있다.

(3) merge 사용

merge는 공통 변수가 있는 경우 이를 기준으로 데이터를 나란히 연결한다. 여기서는 Date를 이용하여 연결하였다.

[R script]

```
# ========================================= #
# 10. merge mart_tmp_04 with Korean stock index #
# ========================================= #
# using merge
names(stck_kospi)
## [1] "Date"      "s_kospi"

mart_tmp_11<-merge(mart_tmp_03,stck_kospi,by.x="Date",by.y="Date",all.x=T)
mart_tmp_11$Date[length(mart_tmp_11$Date)]-mart_tmp_11$Date[1]+1==length
```

```
(mart_tmp_11$Date)
## [1] TRUE


mart_tmp_11[1:3,c(1,((ncol(mart_tmp_11)-ncol(stck_kospi)):ncol(mart_tmp_11)))]
##          Date y_krx_g_10yr y_krx_t s_kospi
## 1 2009-07-01          119.6    9839    1412
## 2 2009-07-02          119.9    9846    1411
## 3 2009-07-03          120.3    9855    1420
```

merge(대상1, 대상2, by.x="대상1의 공통변수명", by.y="대상2의 공통변수명", all.x=T)의 방식으로 사용된다. 여기서 all.x=T라고 하면, 위 sqldf에서 left outer join과 같이 대상1을 기준으로 통합하게 된다. 여기서는 mart_tmp_03의 Date가 휴일을 포함하고 있으므로 이를 기준으로 통합하였다. 통합 후 data frame의 일부를 눈으로 확인할 수 있도록 하였다.

아래는 merge를 이용해 나머지 데이터를 통합한 script이다.

[R script] 나머지 변수 merge

```
# stck_krx_100
names(stck_krx_100)
mart_tmp_12<-merge(mart_tmp_11,stck_krx_100,by.x="Date",by.y="Date",all.x=T)
mart_tmp_12$Date[length(mart_tmp_12$Date)]-mart_tmp_12$Date[1]+1==length
(mart_tmp_12$Date)
mart_tmp_12[1:3,c(1,((ncol(mart_tmp_12)-ncol(stck_krx_100)):ncol
(mart_tmp_12)))]

# stck_krx_autos: 위와 동일 방식으로 병합(이하 동일)
# stck_krx_energy
# stck_krx_it
# stck_krx_semicon
# stck_krx_ship_build
# stck_krx_steels
# stck_krx_trans (mart_tmp_19로 통합)
```

```
# ======================================= #
# 20. merge mart_tmp_14 with forex variables #
# ======================================= #
# fx_krw_aud
names(fx_krw_aud)
mart_tmp_21<-merge(mart_tmp_19,fx_krw_aud,by.x="Date",by.y="Date",all.x=T)
mart_tmp_21$Date[length(mart_tmp_21$Date)]-mart_tmp_21$Date[1]+1==length
(mart_tmp_21$Date)
mart_tmp_21[1:3,c(1,((ncol(mart_tmp_21)-ncol(fx_krw_aud)):ncol(mart_tmp_21)))]


# fx_krw_cny
# fx_krw_gbp
# fx_krw_eur (mart_tmp_24로 통합)


# =========================================== #
# 30. merge mart_tmp_24 with US Dollar index variables #
# =========================================== #
names(usd_index)
mart_tmp_31<-merge(mart_tmp_24,usd_index,by.x="Date",by.y="Date",all.x=T)
mart_tmp_31$Date[length(mart_tmp_31$Date)]-mart_tmp_31$Date[1]+1==length
(mart_tmp_31$Date)
mart_tmp_31[1:3,c(1,((ncol(mart_tmp_31)-ncol(usd_index)):ncol(mart_tmp_31)))]


# =========================================== #
# 40. merge mart_tmp_31 with commodity price variables #
# =========================================== #
# cmd_copper
names(cmd_copper)
mart_tmp_41<-merge(mart_tmp_31,cmd_copper,by.x="Date",by.y="Date",all.x=T)
mart_tmp_41$Date[length(mart_tmp_41$Date)]-mart_tmp_41$Date[1]+1==length
(mart_tmp_41$Date)
head(mart_tmp_41,3)


# cmd_corn
```

```
# cmd_gold
# cmd_oil_brent
# cmd_oil_wti
# cmd_gas
# cmd_silver (mart_tmp_47로 통합)


# ========================================================= #
# 50. merge mart_tmp_47 with Foreign stock index variables #
# ========================================================= #
# stck_cac40
names(stck_cac40)
mart_tmp_51<-merge(mart_tmp_47,stck_cac40,by.x="Date",by.y="Date",all.x=T)
mart_tmp_51$Date[length(mart_tmp_51$Date)]-mart_tmp_51$Date[1]+1==length
(mart_tmp_51$Date)
mart_tmp_51[1:3,c(1,((ncol(mart_tmp_51)-ncol(stck_cac40)):ncol(mart_tmp_51)))]


# stck_dax
# stck_nasdaq
# stck_nikkei
# stck_nyse
# stck_snp500
# stck_ssec (mart_tmp_57로 통합)


# ======================================================= #
# 60. merge mart_tmp_57 with interest rate variables #
# ======================================================= #
# yield_ca
names(yield_ca)
mart_tmp_61<-merge(mart_tmp_57,yield_ca,by.x="Date",by.y="Date",all.x=T)
mart_tmp_61$Date[length(mart_tmp_61$Date)]-mart_tmp_61$Date[1]+1==length
(mart_tmp_61$Date)
mart_tmp_61[1:3,c(1,((ncol(mart_tmp_61)-ncol(yield_ca)):ncol(mart_tmp_61)))]


# yield_jp
```

```
# yield_fr
# yield_nz
# yield_uk
# yield_us (mart_tmp_66로 통합)


# ====================================== #
# 70. merge mart_tmp_66 with forex variables #
# ====================================== #
names(fx_aud_usd)
mart_tmp_71<-merge(mart_tmp_66,fx_aud_usd,by.x="Date",by.y="Date",all.x=T)
mart_tmp_71$Date[length(mart_tmp_71$Date)]-mart_tmp_71$Date[1]+1==length
(mart_tmp_71$Date)
mart_tmp_71[1:3,c(1,((ncol(mart_tmp_71)-2):ncol(mart_tmp_71)))]


# fx_cad_usd
# fx_cny_usd
# fx_eur_usd
# fx_gbp_usd
# fx_jpy_usd
# fx_nzd_usd # mart_tmp_77로 통합
```

[R script] 통합 결과 변수 확인과 Data Backup

```
names(mart_tmp_77)
mart_mrg<-mart_tmp_77
save(mart_mrg,file="data/mart_mrg.rdata")
```

지금까지 Data를 모두 확보하여 Mart를 만들었다. 다음에는 Data 후처리가 필요하다.

2. Missing Data Handling, Date Shift

◆ **Missing Data Handling** : 대부분의 변수가 휴일에는 게시가 되지 않은 시장에서의 거래가이므로 토요일과 일요일은 물론, 각국의 국경일의 자료가 비어 있다. 이러한 자료의 처리 문제를 말한다.

◆ **Date Shift** : 국가별 시차에 따라 원/달러 환율을 예측하기 위해 며칠자 자료를 쓸 것인가에 대한 문제이다. 일단, 우리나라가 제일 빠르다고 할 수 있으므로 다른 나라에서 나온 자료는 1일씩 미루어야 한다. 즉, 오늘 나온 데이터라 하더라도 내일이나 쓸 수 있다는 얘기이다.

그럼, Missing Data Handling과 Date Shift 중 어느 것을 먼저 해야 할까? 순서는 중요하지 않다. 다만, target variable의 missing data는 그대로 놔둬야 한다. 이는 맨 마지막에 na.omit을 이용해 row 자체를 제거해 표본에서 제외시켜야 한다. 이 부분을 채우고 남겨 두면 모델링에 올바르지 못한 관찰치를 투입하는 것이다. 매우 간단한 사항이지만 혼란스럽고, 자칫 실수하기도 쉬운 처리이다. 이해의 편의를 위해 Date Shift, Missing Data Handling의 순서대로 설명하겠다.

(1) Date Shift

해외 지표가 대부분 유럽과 미주의 정보이고 중국의 정보도 포함되어 있다. 시차를 생각하면 우리나라가 가장 빠르다. 다행히 미국 서부와도 저녁 6시가 우리나라는 익일 오전 10시가 된다. 1시간 정도의 아쉬움은 있다. 즉, 6시에 미 서부에서 업무가 끝나고 1시간 정도 지나, 우리나라에서 업무가 시작된다면 예측에 모든 변수를 사용할 수 있을 것이다. 본서에서는 이러한 1시간의 차이는 무시하고, 1일씩 이동시켰다.

[R script] Date Shift

```
# ============================================================ #
# 01. One day shift to use the available data at the predicting Date #
```

```
# ============================================================ #
mart_shft<-mart_mrg;flag<-0

str(mart_shft$Date)

##   Date[1:1826], format: "2009-07-01" "2009-07-02" "2009-07-03" "2009-07-04"

...


mart_shft[1:15,1:4]

##          Date f_krw_usd y_krx_b y_krx_g_3yr
## 1  2009-07-01      1279   120.8       120.0
## 2  2009-07-02      1270   120.9       120.1
## 3  2009-07-03      1270   120.9       120.3
## 4  2009-07-04        NA   120.9          NA
## 5  2009-07-05        NA   121.0          NA
## 6  2009-07-06      1268   120.9       120.1
## 7  2009-07-07      1268   120.7       120.0
## 8  2009-07-08      1272   120.9       120.2
## 9  2009-07-09      1276   121.2       120.5
## 10 2009-07-10      1277   121.4       120.7
## 11 2009-07-11        NA   121.4          NA
## 12 2009-07-12        NA   121.4          NA
## 13 2009-07-13      1284   121.3       120.7
## 14 2009-07-14      1301   121.3       120.6
## 15 2009-07-15      1302   121.2       120.5


if (flag==0) {
  mart_shft$Date<-mart_shft$Date+1;flag<-1
  for (i in 1:(nrow(mart_shft)-1)) mart_shft$f_krw_usd[i]<-mart_shft$f_krw_usd
[i+1] # Forex Shift
  flag2<-0
} # Date Shift : 중복 실행을 회피하기 위해 flag를 설정함
mart_shft[1:15,1:4]
##          Date f_krw_usd y_krx_b y_krx_g_3yr
## 1  2009-07-02      1270   120.8       120.0
## 2  2009-07-03      1270   120.9       120.1
```

## 3	2009-07-04	NA	120.9	120.3
## 4	2009-07-05	NA	120.9	NA
## 5	2009-07-06	1268	121.0	NA
## 6	2009-07-07	1268	120.9	120.1
## 7	2009-07-08	1272	120.7	120.0
## 8	2009-07-09	1276	120.9	120.2
## 9	2009-07-10	1277	121.2	120.5
## 10	2009-07-11	NA	121.4	120.7
## 11	2009-07-12	NA	121.4	NA
## 12	2009-07-13	1284	121.4	NA
## 13	2009-07-14	1301	121.3	120.7
## 14	2009-07-15	1302	121.3	120.6
## 15	2009-07-16	1285	121.2	120.5

위에서 보는 바와 같이, 일자와 krw/usd 환율을 제외하고, 나머지 data가 1일씩 미루어졌다. 스크립트는 일자와 krw/usd를 하루씩 당겨 row를 채운 것이다. 이는 아래의 확인 script 실행결과를 보면 2014-07-01일자의 data가 있는 것을 보면 확인할 수 있다. 원본 data에는 없는 날짜의 data이다.

[R script] Shift 결과 확인

```
(m<-nrow(mart_shft))
## [1] 1826
```

```
mart_shft[1:7,1:4];mart_shft[(m-6):m,1:4]
```

##	Date	f_krw_usd	y_krx_b	y_krx_g_3yr
## 1	2009-07-02	1270	120.8	120.0
## 2	2009-07-03	1270	120.9	120.1
## 3	2009-07-04	NA	120.9	120.3
## 4	2009-07-05	NA	120.9	NA
## 5	2009-07-06	1268	121.0	NA
## 6	2009-07-07	1268	120.9	120.1
## 7	2009-07-08	1272	120.7	120.0
##	Date	f_krw_usd	y_krx_b	y_krx_g_3yr
## 1820	2014-06-25	1019	155.2	146.3
## 1821	2014-06-26	1020	155.2	146.3

```
## 1822 2014-06-27      1018    155.2       146.3
## 1823 2014-06-28       NA     155.3       146.4
## 1824 2014-06-29       NA     155.3        NA
## 1825 2014-06-30      1015    155.3        NA
## 1826 2014-07-01      1015    155.4       146.5
```

[R script] 마지막 row 제거하고, Shift 결과 확인

```
if(mart_shft$Date[m]==mart_mrg$Date[m]+1 & flag2==0) {mart_shft<-mart_shft[-
m,];flag2<-1}
mart_shft[1:7,1:4];mart_shft[(m-6):m,1:4]
##         Date f_krw_usd y_krx_b y_krx_g_3yr
## 1 2009-07-02     1270    120.8      120.0
## 2 2009-07-03     1270    120.9      120.1
## 3 2009-07-04      NA     120.9      120.3
## 4 2009-07-05      NA     120.9       NA
## 5 2009-07-06     1268    121.0       NA
## 6 2009-07-07     1268    120.9      120.1
## 7 2009-07-08     1272    120.7      120.0
##           Date f_krw_usd y_krx_b y_krx_g_3yr
## 1820 2014-06-25     1019    155.2      146.3
## 1821 2014-06-26     1020    155.2      146.3
## 1822 2014-06-27     1018    155.2      146.3
## 1823 2014-06-28      NA     155.3      146.4
## 1824 2014-06-29      NA     155.3       NA
## 1825 2014-06-30     1015    155.3       NA
## NA         <NA>      NA      NA        NA
```

```
m;nrow(mart_shft)
## [1] 1826
## [1] 1825
```

(2) Missing Data Handling

Missing Data는 전일의 수치를 이용했다. 이때 주의할 점은 앞에서도 얘기했듯이 목표변수도 전일 data로 채워서는 안 된다는 것이다. 나머지 변수만 채우고, 목표변수의 NA는 na.omit으로 제거해야 한다. 이때 순서를 주의해야 하는데 채우고 제거해야지, 제거하고 채우면 다른 값들이 들어오게 된다. 차분히 생각해보기 바란다.

[R script] column별 최초로 NA가 아닌 값이 나타나는 date 확인

```
# ======================================== #
# 02. Fill the missing with the previous value #
# ======================================== #


ind<-rep("",ncol(mart_shft)-2)
col_nm<-rep("",ncol(mart_shft)-2)
st_dt<-rep("",ncol(mart_shft)-2)
ind_first<-data.frame(ind,col_nm,st_dt)
for (i in 1:3) ind_first[,i]<-as.character(ind_first[,i])


for (i in 3:ncol(mart_mrg)){
  ind<-which(!is.na(mart_mrg[,i]))
  ind_first[i-2,1]<-i
  ind_first[i-2,2]<-names(mart_mrg)[i]
  ind_first[i-2,3]<-as.character(mart_mrg[ind[1],1])
}


ind_first
##    ind      col_nm     st_dt
## 1    3      y_krx_b 2009-07-01
...
## 48  50      y_fr_1yr 2009-07-01
## 49  51      y_fr_5yr 2013-01-01
## 50  52      y_fr_10yr 2009-07-01
```

```
## 51 53          y_nz_1m 2009-07-01
## 52 54          y_nz_3m 2009-07-01
## 53 55          y_nz_6m 2009-07-01
## 54 56         y_nz_1yr 2010-08-02
## 55 57         y_nz_5yr 2009-07-01
...
## 72 74         f_nzd_usd 2009-07-01
```

위에서 보는 바와 같이 51번째 변수와 56번째 변수가 시작일이 다른 변수와 다르다. 이를 반영하기 위해 51번째 변수는 제거하고, 56번째 변수를 포함하되 모델링을 2011-01-01 ~ 2014-06-30로 하면 사용이 가능해진다. 모델링 시 이를 반영하고자 한다.

[R script] head로 위의 사실을 eye check

```
head(mart_shft,2)
##         Date f_krw_usd y_krx_b y_krx_g_3yr y_krx_g_5yr y_krx_g_10yr
## 1 2009-07-02     1270   120.8       120.0        120.5        119.6
## 2 2009-07-03     1270   120.9       120.1        120.7        119.9
##   y_krx_t s_kospi s_krx_100 s_krx_autos s_krx_energy s_krx_it
## 1    9839    1412      2934       729.5         1317    956.7
## 2    9846    1411      2931       723.7         1324    965.5
##   s_krx_semicon s_krx_ship_build s_krx_steels s_krx_trans f_krw_aud
## 1          1112             1592         1391       996.2      1033
## 2          1122             1588         1391       979.7      1026
##   f_krw_cny f_krw_gbp f_krw_eur u_index c_copper c_corn c_gold c_oil_brent
## 1     187.1      2116      1799   104.6    2.315  73.11  938.2       68.52
## 2     185.9      2097      1789   105.3    2.290  73.11  929.5       65.74
##   c_oil_wti c_gas c_silver s_cac40 s_dax s_nasdaq s_nikkei s_nyse s_snp500
## 1     69.32 413.0    13.65    3217  4905     1481     9940   5954    923.3
## 2     66.68 395.6    13.41    3116  4718     1446     9876   5775    896.4
##   s_ssec y_ca_1m y_ca_3m y_ca_6m y_ca_1yr y_ca_3yr y_ca_5yr y_ca_10yr
## 1   3008      NA      NA      NA       NA       NA       NA        NA
## 2   3060    0.19    0.22    0.31      0.5     1.81     2.42      3.35
##   y_jp_1yr y_jp_3yr y_jp_5yr y_jp_10yr y_fr_1m y_fr_3m y_fr_6m y_fr_1yr
```

```
## 1    0.178    0.413    0.707    1.352    0.48    0.63    0.73    0.88
## 2    0.172    0.396    0.698    1.362    0.48    0.63    0.73    0.88
##    y_fr_5yr y_fr_10yr y_nz_1m y_nz_3m y_nz_6m y_nz_1yr y_nz_5yr y_nz_10yr
## 1        NA     3.771    2.79    2.81    2.81       NA     4.77      5.93
## 2        NA     3.705    2.79    2.80    2.82       NA     4.74      5.91
##    y_uk_5yr y_uk_10yr y_us_1m y_us_3m y_us_6m y_us_1yr y_us_3yr y_us_5yr
## 1      3.04      3.73    0.13    0.17    0.33     0.54     1.57     2.51
## 2      2.99      3.73    0.15    0.17    0.32     0.49     1.52     2.43
##    y_us_10yr f_aud_usd f_cad_usd f_cny_usd f_eur_usd f_gbp_usd f_jpy_usd
## 1      3.55     1.238     1.157     6.832    0.7100    0.6044     95.85
## 2      3.51     1.238     1.156     6.832    0.7101    0.6062     96.41
##    f_nzd_usd
## 1     1.541
## 2     1.548
```

위의 결과를 확인해 보면 첫 2일이 모두 NA인 것은 두 개의 변수로 앞에서 확인한 대로이다.

[R script] 51번째 변수 제거

```
mart_na<-mart_shft
mart_na$y_fr_5yr<-NULL

head(mart_na,2)
##        Date f_krw_usd y_krx_b y_krx_g_3yr y_krx_g_5yr y_krx_g_10yr
## 1 2009-07-02     1270   120.8       120.0       120.5        119.6
## 2 2009-07-03     1270   120.9       120.1       120.7        119.9
##   y_krx_t s_kospi s_krx_100 s_krx_autos s_krx_energy s_krx_it
## 1    9839    1412      2934       729.5         1317    956.7
## 2    9846    1411      2931       723.7         1324    965.5
##   s_krx_semicon s_krx_ship_build s_krx_steels s_krx_trans f_krw_aud
## 1          1112             1592         1391       996.2      1033
## 2          1122             1588         1391       979.7      1026
##   f_krw_cny f_krw_gbp f_krw_eur u_index c_copper c_corn c_gold c_oil_brent
## 1     187.1      2116      1799   104.6    2.315  73.11  938.2       68.52
```

```
## 2      185.9       2097      1789   105.3    2.290  73.11  929.5        65.74
##    c_oil_wti c_gas c_silver s_cac40 s_dax s_nasdaq s_nikkei s_nyse s_snp500
## 1     69.32 413.0    13.65    3217  4905     1481     9940   5954    923.3
## 2     66.68 395.6    13.41    3116  4718     1446     9876   5775    896.4
##   s_ssec y_ca_1m y_ca_3m y_ca_6m y_ca_1yr y_ca_3yr y_ca_5yr y_ca_10yr
## 1   3008      NA      NA      NA       NA       NA       NA        NA
## 2   3060    0.19    0.22    0.31      0.5     1.81     2.42      3.35
##   y_jp_1yr y_jp_3yr y_jp_5yr y_jp_10yr y_fr_1m y_fr_3m y_fr_6m y_fr_1yr
## 1    0.178    0.413    0.707     1.352    0.48    0.63    0.73     0.88
## 2    0.172    0.396    0.698     1.362    0.48    0.63    0.73     0.88
##   y_fr_10yr y_nz_1m y_nz_3m y_nz_6m y_nz_1yr y_nz_5yr y_nz_10yr y_uk_5yr
## 1     3.771    2.79    2.81    2.81       NA     4.77      5.93     3.04
## 2     3.705    2.79    2.80    2.82       NA     4.74      5.91     2.99
##   y_uk_10yr y_us_1m y_us_3m y_us_6m y_us_1yr y_us_3yr y_us_5yr y_us_10yr
## 1      3.73    0.13    0.17    0.33     0.54     1.57     2.51      3.55
## 2      3.73    0.15    0.17    0.32     0.49     1.52     2.43      3.51
##   f_aud_usd f_cad_usd f_cny_usd f_eur_usd f_gbp_usd f_jpy_usd f_nzd_usd
## 1     1.238     1.157     6.832    0.7100    0.6044     95.85     1.541
## 2     1.238     1.156     6.832    0.7101    0.6062     96.41     1.548
```

51번째 변수 제거 후 확인 결과 첫 2일이 NA인 것은 하나의 변수만이 존재함을 확인할 수 있다.

[R script] NA 채우기 전 data 확인과 채운 후 data 확인

```
mart_na[1:15,1:4]
##          Date f_krw_usd y_krx_b y_krx_g_3yr
## 1  2009-07-02      1270   120.8       120.0
## 2  2009-07-03      1270   120.9       120.1
## 3  2009-07-04        NA   120.9       120.3
## 4  2009-07-05        NA   120.9          NA
## 5  2009-07-06      1268   121.0          NA
## 6  2009-07-07      1268   120.9       120.1
## 7  2009-07-08      1272   120.7       120.0
## 8  2009-07-09      1276   120.9       120.2
```

```
## 9  2009-07-10      1277    121.2        120.5
## 10 2009-07-11        NA    121.4        120.7
## 11 2009-07-12        NA    121.4          NA
## 12 2009-07-13      1284    121.4          NA
## 13 2009-07-14      1301    121.3        120.7
## 14 2009-07-15      1302    121.3        120.6
## 15 2009-07-16      1285    121.2        120.5
```

```
for (i in 3:ncol(mart_na)){
  ind<-which(is.na(mart_na[,i]))
  if(length(ind)>0){
    if(ind[1]==1) ind<-ind[-1]
    for (j in 1:length(ind)){
      mart_na[ind[j],i]<-mart_na[ind[j]-1,i]
    }
  }
}
```

```
mart_na[1:15,1:4]
##          Date f_krw_usd y_krx_b y_krx_g_3yr
## 1  2009-07-02      1270   120.8        120.0
## 2  2009-07-03      1270   120.9        120.1
## 3  2009-07-04        NA   120.9        120.3
## 4  2009-07-05        NA   120.9        120.3
## 5  2009-07-06      1268   121.0        120.3
## 6  2009-07-07      1268   120.9        120.1
## 7  2009-07-08      1272   120.7        120.0
## 8  2009-07-09      1276   120.9        120.2
## 9  2009-07-10      1277   121.2        120.5
## 10 2009-07-11        NA   121.4        120.7
## 11 2009-07-12        NA   121.4        120.7
## 12 2009-07-13      1284   121.4        120.7
## 13 2009-07-14      1301   121.3        120.7
## 14 2009-07-15      1302   121.3        120.6
## 15 2009-07-16      1285   121.2        120.5
```

두 번째 변수를 제외하고는 모두 NA가 채워졌음을 눈으로 확인할 수 있다. 위에서 NA를 채우기 위해 for문을 썼는데, plyr 패키지의 colwise를 사용하면 script도 간단해지고, multicore를 사용할 수도 있다.

[R script] summary를 이용해 NA 개수 확인

```
summary(mart_na)
##       Date              f_krw_usd         y_krx_b         y_krx_g_3yr
## Min.   :2009-07-02   Min.   :1015    Min.   :120    Min.   :119
## 1st Qu.:2010-10-01   1st Qu.:1083    1st Qu.:131    1st Qu.:128
## Median :2011-12-31   Median :1123    Median :139    Median :134
## Mean   :2011-12-31   Mean   :1123    Mean   :139    Mean   :134
## 3rd Qu.:2013-03-31   3rd Qu.:1153    3rd Qu.:149    3rd Qu.:141
## Max.   :2014-06-30   Max.   :1302    Max.   :155    Max.   :146
##                      NA's   :522
```

[Na가 없는 변수 항목 생략]

```
##     s_snp500          s_ssec          y_ca_1m          y_ca_3m
## Min.   : 879     Min.   :1950    Min.   :0.080    Min.   :0.160
## 1st Qu.:1166     1st Qu.:2160    1st Qu.:0.740    1st Qu.:0.810
## Median :1330     Median :2395    Median :0.880    Median :0.910
## Mean   :1376     Mean   :2498    Mean   :0.734    Mean   :0.787
## 3rd Qu.:1557     3rd Qu.:2841    3rd Qu.:0.920    3rd Qu.:0.960
## Max.   :1963     Max.   :3471    Max.   :1.020    Max.   :1.060
##                                  NA's   :1        NA's   :1
##     y_ca_6m          y_ca_1yr        y_ca_3yr         y_ca_5yr
## Min.   :0.23     Min.   :0.45    Min.   :0.89    Min.   :1.06
## 1st Qu.:0.88     1st Qu.:0.95    1st Qu.:1.17    1st Qu.:1.43
## Median :0.96     Median :1.04    Median :1.31    Median :1.77
## Mean   :0.87     Mean   :1.02    Mean   :1.48    Mean   :1.93
## 3rd Qu.:1.02     3rd Qu.:1.14    3rd Qu.:1.82    3rd Qu.:2.49
## Max.   :1.16     Max.   :1.45    Max.   :2.58    Max.   :3.20
## NA's   :1        NA's   :1       NA's   :1       NA's   :1
##     y_ca_10yr        y_jp_1yr        y_jp_3yr         y_jp_5yr
## Min.   :1.58     Min.   :0.041   Min.   :0.044   Min.   :0.101
```

```
## 1st Qu.:2.02   1st Qu.:0.100   1st Qu.:0.109   1st Qu.:0.209
## Median :2.52   Median :0.113   Median :0.165   Median :0.331
## Mean   :2.61   Mean   :0.117   Mean   :0.182   Mean   :0.347
## 3rd Qu.:3.23   3rd Qu.:0.135   3rd Qu.:0.233   3rd Qu.:0.467
## Max.   :3.72   Max.   :0.198   Max.   :0.416   Max.   :0.763
## NA's   :1
```

[Na가 없는 변수 항목 생략]

```
##    y_nz_6m      y_nz_1yr      y_nz_5yr      y_nz_10yr     y_uk_5yr
## Min.   :2.48   Min.   :2.2   Min.   :2.63   Min.   :3.15   Min.   :0.53
## 1st Qu.:2.65   1st Qu.:2.5   1st Qu.:3.34   1st Qu.:3.88   1st Qu.:1.08
## Median :2.74   Median :2.6   Median :4.11   Median :4.61   Median :1.79
## Mean   :2.82   Mean   :2.8   Mean   :4.02   Mean   :4.70   Mean   :1.77
## 3rd Qu.:2.91   3rd Qu.:3.2   3rd Qu.:4.65   3rd Qu.:5.56   3rd Qu.:2.39
## Max.   :3.62   Max.   :3.8   Max.   :5.56   Max.   :6.13   Max.   :3.22
##               NA's   :397
```

[Na가 없는 변수 항목 생략]

summary 확인결과 NA는 목표변수와 2010-08-02일부터 가용한 y_nz_1yr 변수를 제외하고는 첫날에 포함된 NA 1개 밖에 없음을 확인할 수 있다. 첫날의 NA는 이전 정보를 가져오지 않았으므로 채우지 못한 것이다. 모델링을 2011-01-01부터 적용할 것이므로 모두 문제가 되지 않는다.

[R script] na.omit 적용하여 목표변수가 NA인 항목 제거

```
mart<-na.omit(mart_na)
summary(mart)
##      Date            f_krw_usd       y_krx_b        y_krx_g_3yr
## Min.   :2010-08-03   Min.   :1015   Min.   :128   Min.   :126
## 1st Qu.:2011-07-25   1st Qu.:1075   1st Qu.:136   1st Qu.:130
## Median :2012-07-16   Median :1114   Median :145   Median :137
## Mean   :2012-07-15   Mean   :1106   Mean   :143   Mean   :137
## 3rd Qu.:2013-07-08   3rd Qu.:1133   3rd Qu.:150   3rd Qu.:142
## Max.   :2014-06-30   Max.   :1197   Max.   :155   Max.   :146
```

[중략]

```
##      f_eur_usd        f_gbp_usd        f_jpy_usd        f_nzd_usd
##  Min.    :0.674    Min.    :0.588    Min.    : 75.8    Min.    :1.14
##  1st Qu.:0.727    1st Qu.:0.617    1st Qu.: 79.5    1st Qu.:1.20
##  Median :0.748    Median :0.628    Median : 82.9    Median :1.23
##  Mean    :0.748    Mean    :0.628    Mean    : 87.6    Mean    :1.24
##  3rd Qu.:0.767    3rd Qu.:0.641    3rd Qu.: 98.3    3rd Qu.:1.28
##  Max.    :0.827    Max.    :0.671    Max.    :105.2    Max.    :1.43
```

na.omit을 적용한 결과 Date의 범위가 2010-08-03 ~ 2014-06-30이며, 모든 변수에 NA가 없어졌음을 확인하였다.

[R script] 최종 mart와 fx_krw_usd의 일치 여부 확인

```
fx_krw_usd_tmp<-fx_krw_usd[fx_krw_usd$Date>="2010-08-03",]
table(fx_krw_usd_tmp$Date==mart$Date)
##
## TRUE
## 1020


head(fx_krw_usd_tmp,3);head(mart[,c("Date","f_krw_usd")],3)
##              Date f_krw_usd
## 1020 2010-08-03      1178
## 1019 2010-08-04      1173
## 1018 2010-08-05      1170
##            Date f_krw_usd
## 398 2010-08-03      1178
## 399 2010-08-04      1173
## 400 2010-08-05      1170


tail(fx_krw_usd_tmp,3);tail(mart[,c("Date","f_krw_usd")],3)
##            Date f_krw_usd
## 3 2014-06-26      1020
## 2 2014-06-27      1018
## 1 2014-06-30      1015
```

```
##            Date f_krw_usd
## 1821 2014-06-26      1020
## 1822 2014-06-27      1018
## 1825 2014-06-30      1015
```

위에서 보는 바와 같이 최초로 수집한 원/달러 환율과 최종 mart의 해당 값이 일치하고 개수도 같음을 눈으로 확인할 수 있다.

이제 data 후처리도 완료했으므로 모델링에 들어가자.

모델링(Modeling)

1. data 분리

모델링을 위해서는 data를 다음과 같은 세트로 나누어야 한다.

- train data set : 모델링을 위해 투입하는 data set으로 해당기간 내 data를 test set과 7 : 3 정도의 비율로 나눈다.
- test data set : train data set과 동일 기간의 모델 검증용 data set이다.
- validation data set : 모델링 대상 기간과 다른 기간의 data로서 기간이 달라졌을 때 모델이 안정적인지 검증하기 위한 data set이다.

그리고 data 생성 중에 diff라는 변수를 만들텐데, 이는 전일과 당일의 환율 차이다. 이는 환율변동이 적으므로 전일 환율을 그대로 쓰면 안 되겠는가에 대한 설명을 하기 위해 생성한 것으로 모델링 후반 모델 성능 평가 시 사용할 것이다.

[R script] mart의 일자 확인

```
summary(mart$Date)
##         Min.      1st Qu.       Median         Mean      3rd Qu.
## "2010-08-03" "2011-07-25" "2012-07-16" "2012-07-15" "2013-07-08"
```

```
##          Max.
## "2014-06-30"
```

mart의 일자가 2010년 8월부터 2014년 6월까지 존재함을 확인. 이 중 2011-01-01 ~ 2013-12-31까지는 모델링을 위한 train data set과 test data set으로 사용하고, 2014-01-01 ~ 2014-06-30까지는 validation data set으로 사용하고자 한다.

[R script] diff : 전일 환율과의 차이

```
diff<-rep(0,nrow(mart))
for (i in 2:nrow(mart)) diff[i]<-mart$f_krw_usd[i]-mart$f_krw_usd[i-1]
```

전일 환율과의 차이를 diff로 생성하였다.

[R script] data set 분할

```
ind_mdl<-which(mart$Date>="2011-01-01" & mart$Date<="2013-12-31")
model_data<-mart[ind_mdl,]
model_diff<-diff[ind_mdl]
summary(model_data$Date)
##          Min.      1st Qu.      Median        Mean      3rd Qu.
## "2011-01-03" "2011-10-03" "2012-07-02" "2012-07-01" "2013-04-01"
##          Max.
## "2013-12-31"
```

```
ind_val<-which(mart$Date>="2014-01-01")
val_data<-mart[ind_val,]
val_diff<-diff[ind_val]
summary(val_data$Date)
##          Min.      1st Qu.      Median        Mean      3rd Qu.
## "2014-01-01" "2014-02-14" "2014-04-01" "2014-03-31" "2014-05-15"
##          Max.
## "2014-06-30"
```

```
set.seed(2020)
ind<-sample(2,nrow(model_data),prob=c(0.7,0.3),replace=T)
```

```
train_data<-model_data[ind==1,]
train_diff<-model_diff[ind==1]
test_data<-model_data[ind==2,]
test_diff<-model_diff[ind==2]
```

data set을 모델링을 위한 data set과 validation data set으로 나누고, 모델링 data set을 다시 train data set과 test data set으로 나누었다. 이하 같은 실행 결과를 얻을 수 있도록 random효과를 제거하기 위해 set.seed를 사용하였다. 이는 시스템이 가지고 있는 난수표를 이용하므로 같은 실행결과를 얻을 수 있도록 해준다. 실제 모델링에서는 이러한 random 효과에도 안정적인 모델을 얻어야 하므로 set.seed를 설정하지 않는 것이 바람직하다.

참고로, random효과는 어느 정도 통계나 데이터분석을 아는 사람이라면 크게 의미를 부여하지 않는다. 그러나 이에 익숙하지 않은 사람들에게 이러한 모습을 보여주면 안정적이지 못하다는 얘기를 들을 수 있으므로 set.seed를 사용하는 것이 좋다. 불필요한 잡음은 사전에 제거하고 핵심 논의에 집중할 수 있도록 하는 것이 중요하다.

[R script] train data set 확인

```
summary(train_data)
##       Date            f_krw_usd        c_copper         c_corn
##  Min.   :2011-01-03  Min.   :1050   Min.   :3.05   Min.   :115
##  1st Qu.:2011-09-30  1st Qu.:1082   1st Qu.:3.33   1st Qu.:141
##  Median :2012-06-28  Median :1115   Median :3.54   Median :155
##  Mean   :2012-07-01  Mean   :1109   Mean   :3.66   Mean   :166
##  3rd Qu.:2013-04-05  3rd Qu.:1130   3rd Qu.:3.90   3rd Qu.:180
##  Max.   :2013-12-31  Max.   :1186   Max.   :4.62   Max.   :258
[중략]
##  s_krx_ship_build  s_krx_steels    s_krx_trans
##  Min.   :1245     Min.   :1656   Min.   : 678
##  1st Qu.:1537     1st Qu.:2000   1st Qu.: 859
##  Median :1687     Median :2163   Median :1058
##  Mean   :1856     Mean   :2230   Mean   :1063
##  3rd Qu.:1997     3rd Qu.:2408   3rd Qu.:1202
##  Max.   :3052     Max.   :3057   Max.   :1599
```

2. 모델 생성

이제 train data set을 이용해 모델을 생성하겠다.

[R script] 모델링

```
lm_fx<-lm(f_krw_usd~.,train_data[,-1])
summary(lm_fx)
##
## Call:
## lm(formula = f_krw_usd ~ ., data = train_data[, -1])
##
## Residuals:
##     Min     1Q Median     3Q    Max
## -8.734 -1.532 -0.002  1.427  9.663
##
## Coefficients:
##                Estimate Std. Error t value Pr(>|t|)
## (Intercept)   -5.77e+02   1.25e+02   -4.60 5.4e-06 ***
## c_copper      -1.88e+00   1.88e+00   -1.00 0.31766
## c_corn         3.52e-04   1.90e-02    0.02 0.98524
## c_gold         1.46e-04   5.87e-03    0.02 0.98020
## c_oil_brent   -4.32e-02   6.41e-02   -0.67 0.50109
## c_oil_wti      2.29e-01   8.11e-02    2.83 0.00487 **
## c_gas         -1.85e-02   1.46e-02   -1.27 0.20522
## c_silver       1.54e-01   1.28e-01    1.20 0.23067
## f_aud_usd     -1.43e+02   1.05e+02   -1.36 0.17380
## f_cad_usd     -1.63e+02   3.35e+01   -4.86 1.6e-06 ***
## f_cny_usd      3.50e+01   4.24e+01    0.83 0.40956
## f_eur_usd      1.13e+02   4.24e+01    2.66 0.00819 **
## f_gbp_usd      1.14e+03   3.82e+02    2.99 0.00292 **
## f_jpy_usd      1.12e-01   1.81e-01    0.62 0.53728
## f_nzd_usd     -4.01e+01   1.83e+01   -2.20 0.02842 *
## y_ca_lm       -2.33e+01   7.84e+00   -2.97 0.00311 **
```

```
## y_ca_3m          1.61e+01    1.16e+01     1.39   0.16440
## y_ca_6m         -2.65e+01    1.30e+01    -2.04   0.04169 *
## y_ca_1yr         4.25e+00    8.37e+00     0.51   0.61168
## y_ca_3yr         1.35e+01    6.08e+00     2.22   0.02663 *
## y_ca_5yr        -8.65e+00    7.97e+00    -1.09   0.27791
## y_ca_10yr        1.52e+01    6.91e+00     2.19   0.02870 *
## y_jp_1yr        -2.99e+01    2.63e+01    -1.14   0.25629
## y_jp_3yr        -1.78e+01    2.05e+01    -0.87   0.38563
## y_jp_5yr         4.33e+01    1.54e+01     2.81   0.00520 **
## y_jp_10yr       -2.79e+01    7.41e+00    -3.76   0.00019 ***
## y_fr_1m         -1.95e+00    2.53e+00    -0.77   0.44015
## y_fr_3m         -5.63e-01    3.58e+00    -0.16   0.87529
## y_fr_6m         -7.55e+00    4.92e+00    -1.54   0.12510
## y_fr_1yr         1.12e+01    3.52e+00     3.17   0.00161 **
## y_fr_10yr       -2.20e+00    1.71e+00    -1.29   0.19903
## y_nz_1m         -2.80e+00    6.27e+00    -0.45   0.65517
## y_nz_3m          4.40e+00    8.74e+00     0.50   0.61528
## y_nz_6m         -2.70e+00    5.47e+00    -0.49   0.62109
## y_nz_1yr         2.95e+00    2.61e+00     1.13   0.25894
## y_nz_5yr        -3.36e+00    2.31e+00    -1.46   0.14600
## y_nz_10yr        5.53e-01    2.63e+00     0.21   0.83326
## y_uk_5yr        -1.38e+00    4.90e+00    -0.28   0.77845
## y_uk_10yr       -7.62e+00    5.21e+00    -1.46   0.14426
## y_us_1m         -5.55e+00    6.17e+00    -0.90   0.36878
## y_us_3m          2.87e+01    1.38e+01     2.08   0.03767 *
## y_us_6m         -2.32e+01    1.48e+01    -1.57   0.11653
## y_us_1yr         1.23e+01    1.45e+01     0.85   0.39683
## y_us_3yr        -5.73e+00    9.55e+00    -0.60   0.54871
## y_us_5yr         2.37e+00    9.99e+00     0.24   0.81270
## y_us_10yr       -5.83e+00    6.11e+00    -0.95   0.34091
## s_cac40         -9.96e-03    4.06e-03    -2.45   0.01447 *
## s_dax            9.59e-03    1.92e-03     5.00   8.2e-07 ***
## s_nasdaq        -2.98e-03    6.79e-03    -0.44   0.66121
## s_nikkei        -7.09e-04    6.05e-04    -1.17   0.24170
```

```
## s_nyse             -1.27e-02   7.26e-03   -1.76  0.07963 .
## s_snp500            7.35e-02   4.48e-02    1.64  0.10145
## s_ssec              1.16e-04   2.81e-03    0.04  0.96713
## u_index             4.57e+00   4.76e-01    9.60  < 2e-16 ***
## f_krw_aud          -1.58e-01   9.34e-02   -1.69  0.09109 .
## f_krw_cny           1.73e+00   1.49e+00    1.16  0.24518
## f_krw_gbp           3.73e-01   1.39e-01    2.67  0.00778 **
## f_krw_eur           1.54e-01   2.21e-02    6.95  1.2e-11 ***
## y_krx_b            -2.07e+00   1.44e+00   -1.44  0.14992
## y_krx_g_3yr        -2.56e+00   1.68e+00   -1.52  0.12877
## y_krx_g_5yr         1.76e+00   1.30e+00    1.36  0.17557
## y_krx_g_10yr        4.61e-02   5.49e-01    0.08  0.93314
## y_krx_t             1.05e-03   6.73e-03    0.16  0.87642
## s_kospi            -4.28e-02   2.34e-02   -1.83  0.06787 .
## s_krx_100           1.19e-02   1.01e-02    1.18  0.23828
## s_krx_autos        -1.08e-02   3.08e-03   -3.50  0.00051 ***
## s_krx_energy        4.62e-03   2.73e-03    1.69  0.09166 .
## s_krx_it            2.34e-03   1.26e-02    0.19  0.85256
## s_krx_semicon      -5.72e-03   7.68e-03   -0.74  0.45692
## s_krx_ship_build   -1.77e-03   2.32e-03   -0.76  0.44595
## s_krx_steels       -2.20e-03   4.10e-03   -0.54  0.59234
## s_krx_trans         9.08e-03   5.86e-03    1.55  0.12198
## ---
## Signif. codes:  0 '***' 0.001 '**' 0.01 '*' 0.05 '.' 0.1 ' ' 1
##
## Residual standard error: 2.68 on 478 degrees of freedom
## Multiple R-squared:  0.994,  Adjusted R-squared:  0.993
## F-statistic: 1.15e+03 on 71 and 478 DF,  p-value: <2e-16
```

모델링은 linear modeling을 사용하였고, mart의 첫 번째 열은 Date이므로 제외하고 투입하였다. 결과는 summary를 사용하여 확인할 수 있는데, 변수 전체가 나열되고, 오른쪽에 "."과 "*"를 이용해 변수의 유의성을 표현하고 있다. "Pr(>|t|)" 값이 p-value로서 크기에 따라 Signif. codes로 표시되어 있다. 해석은 아래와 같다.

0 〈 '***' 〈 0.001 〈 '**' 〈 0.01 〈 '*' 〈 0.05 〈 '.' 〈 0.1 〈 ' ' 〈 1

이는 Signif. codes로 아래쪽에 보여주고 있다.

위의 결과를 함수로 나타내면 아래와 같다. Estimate가 각 변수의 계수가 된다.

```
f_krw_usd = -577 -1.88*c_copper + 0.000352*c_corn + ... + 0.00908*s_krx_trans
```

이 함수가 모델이 생성한 대달러 미국 환율에 대한 함수이다. 이로 인해 생성된 일자별 USD환율이 fit value이다.

Adjusted R-squared 값을 보면 무려 0.993이며, p-value도 2e-16으로 0에 가깝다. 설명력도 높고, 매우 유의적인 모델이다. 이로써 처음 환율 메커니즘에서 설명한 것이 상당히 정확하다는 것을 알 수 있다. 게다가 변수 유의성을 보아도 변수 그룹별로 골고루 유의한 변수들이 선택되었음을 알 수 있다.

3. 모델 검증

생성된 모델을 test data set과 validation data set을 이용해 검증해 보자.

[R script] 잔차 검증 시각화

```
par(mfrow=c(2,2))
plot(lm_fx)
par(mfrow=c(1,1))
```

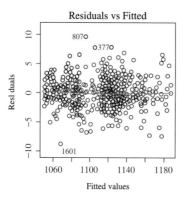
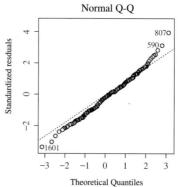

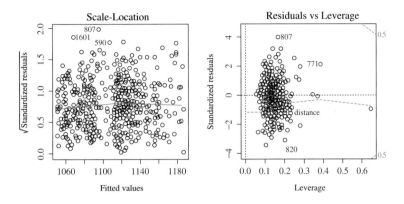

위의 시각화는 잔차에 대한 검증을 위한 것이다. 결과가 매우 잘 나온 경우에 해당된다.

- Residuals vs Fitted : Fitted Values의 범위에 따라 Residual이 0을 기준(중간의 빨간색 점선)으로 위 아래로 고르게 분포하고 있어야 한다. 이상치는 해당관측치의 순번이 label로 붙는다.
- Normal Q-Q : train data set을 이용한 예측 결과의 Residual(Standardized Residuals)이 정규분포를 이루는지를 이론적인 분포와 비교하는 것이다. Theoretical Quantiles와 비슷하게(45도 기준 점선) 모여 있어야 하고, 0에 많이 모여 있고 외곽에는 적게 분포하여야 한다.
- Scale-Location : Spread-Location이라고도 하며, Fitted values의 범위별 표준화된 잔차(scaled or standardized)의 변형 값(skewness 제거를 위해 절댓값에 제곱근을 함)이 어느 범위에 있는지를 보여주는 시각화이다.
- Residual vs Leverage : 표준화된 잔차가 Cook's distance에 의한 0.5 선과 1.0 선(Cook's Contour)을 넘지 않으면 좋은 모델이다. 결과는 넘는 것이 없고, 매우 안정적임을 알 수 있다.

[R script] 이해하기 쉬운 시각화

```
train_pred<-predict(lm_fx,train_data)

train_res<-train_pred-train_data$f_krw_usd

summary(train_res)

##    Min.  1st Qu.  Median    Mean 3rd Qu.    Max.
## -9.660   -1.430   0.002   0.000   1.530   8.730


summary(train_diff)

##    Min.  1st Qu.  Median    Mean 3rd Qu.    Max.
## -10.300  -2.160  -0.190  -0.053   1.930  17.700


par(mfrow=c(2,2))

plot(train_res,ylim=c(-20,20))
```

```
plot(train_diff,ylim=c(-20,20))
brks<-seq(from=-20,to=20,by=2.5)
hist(train_res,breaks=brks,ylim=c(0,200))
hist(train_diff,breaks=brks,ylim=c(0,200))
par(mfrow=c(1,1))
```

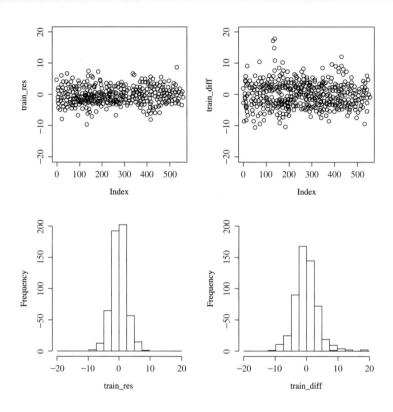

위의 두 그래프는 residual과 전일과의 환율차를 나란히 나타낸 것이다. residual이 0에 좀 더 가깝게 분포하고 있음을 알 수 있다. 아래 두 그래프에서도 residual이 전일과의 환율차보다 0에 가깝게 분포하고 있음을 확인할 수 있다.

전일 환율과의 차이를 비교한 이유는 '변동 폭이 적으니, 그냥 전일 환율을 써도 되지 않겠는가' 하는 의구심이 생겨서이다. 즉, '매일매일 환율변동이 적으니 굳이 예측을 쓰지 말고, 전일 환율을 가져다 쓰는 것이 더 낫지 않겠느냐'는 생각 때문이다. 이 모델링 전체에서 이러한 의구심에 대해 어떻게 제기되었고, 어떻게 풀었는지 잘 살펴보기 바란다.

```
test_pred<-predict(lm_fx,test_data)

test_res<-test_pred-test_data$f_krw_usd

summary(test_res)

##    Min. 1st Qu.  Median    Mean 3rd Qu.    Max.

## -9.230  -1.510   0.193   0.110   1.990   8.380


summary(test_diff)

##    Min. 1st Qu.  Median    Mean 3rd Qu.    Max.

## -13.400  -2.480  -0.245  -0.219   1.560  13.100


par(mfrow=c(2,2))

plot(test_res,ylim=c(-15,15))

plot(test_diff,ylim=c(-15,15))

brks<-seq(from=-20,to=20,by=2.5)

hist(test_res,breaks=brks,ylim=c(0,100))

hist(test_diff,breaks=brks,ylim=c(0,100))

par(mfrow=c(1,1))
```

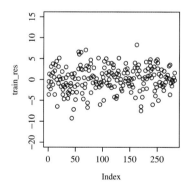 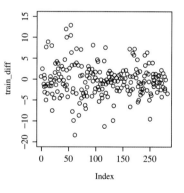

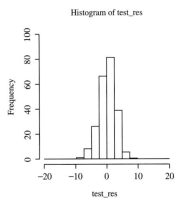

Histogram of test_res

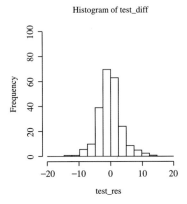

Histogram of test_diff

[R script] validation data set에서 예측결과 시각화

```
val_pred<-predict(lm_fx,val_data)
val_res<-val_pred-val_data$f_krw_usd
summary(val_res)
##    Min. 1st Qu.  Median    Mean 3rd Qu.    Max.
## -10.100  -4.960  -2.380  -2.250   0.955   6.490


summary(val_diff)
##    Min. 1st Qu.  Median    Mean 3rd Qu.    Max.
##  -6.680  -1.640  -0.330  -0.317   1.060   6.820


par(mfrow=c(2,2))
plot(val_res,ylim=c(-15,15))
plot(val_diff,ylim=c(-15,15))
hist(val_res,breaks=brks,ylim=c(0,60))
hist(val_diff,breaks=brks,ylim=c(0,60))
par(mfrow=c(1,1))
```

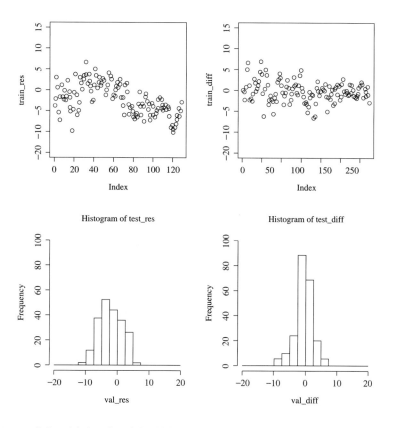

validation에서는 결과가 좋지 못하다. 내용을 들여다보면 지난 3년간은 미 달러화의 전일 대비 변동 범위가 10원 이상인 경우가 많았으나, 최근 6개월간은 모두 10원 이내이다. 이는 우리나라의 경제가 보다 안정적이라는 것을 보여준다. 즉, 해외의 여러 지표가 변동되는 것에 비해 원/달러 환율이 거의 변동이 없음을 이야기해준다. 즉, 그 사이에 트렌드 변화가 있다는 것이라고 얘기하기도 한다.

4. 주요 변수만을 이용한 모델링

이번에는 위의 모델에서 주요 변수 8개만을 추출해 모델링을 해보자. 위의 모델링 결과 Signif.codes가 0.001 이하('***')인 변수 8개만을 사용했다.

[R script] 변수 선별 투입

```
names(train_data)
##  [1] "Date"          "f_krw_usd"     "c_copper"
##  [4] "c_corn"        "c_gold"        "c_oil_brent"
```

```
##  [7] "c_oil_wti"        "c_gas"             "c_silver"
## [10] "f_aud_usd"        "f_cad_usd"         "f_cny_usd"
## [13] "f_eur_usd"        "f_gbp_usd"         "f_jpy_usd"
## [16] "f_nzd_usd"        "y_ca_1m"           "y_ca_3m"
## [19] "y_ca_6m"          "y_ca_1yr"          "y_ca_3yr"
## [22] "y_ca_5yr"         "y_ca_10yr"         "y_jp_1yr"
## [25] "y_jp_3yr"         "y_jp_5yr"          "y_jp_10yr"
## [28] "y_fr_1m"          "y_fr_3m"           "y_fr_6m"
## [31] "y_fr_1yr"         "y_fr_10yr"         "y_nz_1m"
## [34] "y_nz_3m"          "y_nz_6m"           "y_nz_1yr"
## [37] "y_nz_5yr"         "y_nz_10yr"         "y_uk_5yr"
## [40] "y_uk_10yr"        "y_us_1m"           "y_us_3m"
## [43] "y_us_6m"          "y_us_1yr"          "y_us_3yr"
## [46] "y_us_5yr"         "y_us_10yr"         "s_cac40"
## [49] "s_dax"            "s_nasdaq"          "s_nikkei"
## [52] "s_nyse"           "s_snp500"          "s_ssec"
## [55] "u_index"          "f_krw_aud"         "f_krw_cny"
## [58] "f_krw_gbp"        "f_krw_eur"         "y_krx_b"
## [61] "y_krx_g_3yr"      "y_krx_g_5yr"       "y_krx_g_10yr"
## [64] "y_krx_t"          "s_kospi"           "s_krx_100"
## [67] "s_krx_autos"      "s_krx_energy"      "s_krx_it"
## [70] "s_krx_semicon"    "s_krx_ship_build"  "s_krx_steels"
## [73] "s_krx_trans"
```

```
tr_data<-train_data[,c("f_krw_usd","f_cad_usd","f_gbp_usd","y_jp_10yr",
"s_dax","u_index","f_krw_gbp","f_krw_eur","s_krx_autos")]
```

names함수로 변수명를 확인하고 필요한 변수만 tr_data에 모았다.

[R script] 선택된 변수를 이용한 모델링

```
lm_fx_selVar<-lm(f_krw_usd~.,tr_data)
summary(lm_fx_selVar)
##
```

```
## Call:
## lm(formula = f_krw_usd ~ ., data = tr_data)
##
## Residuals:
##    Min     1Q Median    3Q    Max
## -9.930 -1.751 -0.106  1.857 13.973
##
## Coefficients:
##                Estimate Std. Error t value Pr(>|t|)
## (Intercept) -1.08e+03   1.38e+01  -78.12  < 2e-16 ***
## f_cad_usd   -1.45e+02   1.54e+01   -9.40  < 2e-16 ***
## f_gbp_usd    1.57e+03   1.75e+01   89.69  < 2e-16 ***
## y_jp_10yr   -6.83e-01   1.50e+00   -0.46     0.65
## s_dax       -2.64e-03   2.53e-04  -10.43  < 2e-16 ***
## u_index      3.08e+00   2.52e-01   12.23  < 2e-16 ***
## f_krw_gbp    5.60e-01   6.67e-03   84.00  < 2e-16 ***
## f_krw_eur    4.96e-02   5.94e-03    8.35  5.8e-16 ***
## s_krx_autos -1.15e-03   8.53e-04   -1.34     0.18
## ---
## Signif. codes:  0 '***' 0.001 '**' 0.01 '*' 0.05 '.' 0.1 ' ' 1
##
## Residual standard error: 3.28 on 541 degrees of freedom
## Multiple R-squared:  0.99,   Adjusted R-squared:  0.99
## F-statistic: 6.77e+03 on 8 and 541 DF,  p-value: <2e-16
```

모델링 결과, 적은 변수로도 설명력에 손실이 거의 없음을 알 수 있다. 내용을 보면, 전일의 대미 주요국 달러 환율, 미국 단기 금리, 독일 주가지수, USD 지수, 대 주요국 원화환율이 영향을 미침을 그대로 볼 수 있다. 역시 단기적으로는 USD지수와 주요국과의 환율이 중요함을 알 수 있다.

다음은 모델링 결과 시각화를 순서대로 나열하였다. 해석은 각자 해보기 바란다.

```
par(mfrow=c(2,2))
plot(lm_fx_selVar)
par(mfrow=c(1,1))
```

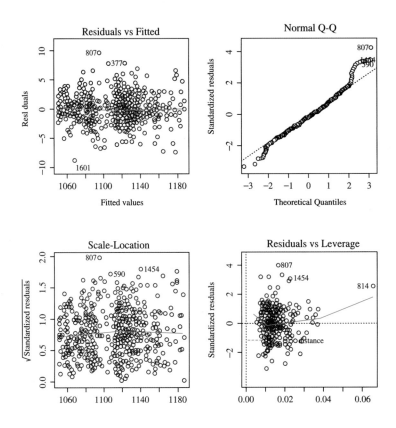

[R script] train data set에서의 시각화

```
train_pred_selVar<-predict(lm_fx_selVar,train_data)
train_res_selVar<-train_pred_selVar-train_data$f_krw_usd
summary(train_res_selVar)
summary(train_diff)
par(mfrow=c(2,2))
plot(train_res_selVar,ylim=c(-20,20))
plot(train_diff,ylim=c(-20,20))
```

```
brks<-seq(from=-20,to=20,by=2.5)
hist(train_res_selVar,breaks=brks,ylim=c(0,200))
hist(train_diff,breaks=brks,ylim=c(0,200))
par(mfrow=c(1,1))
```

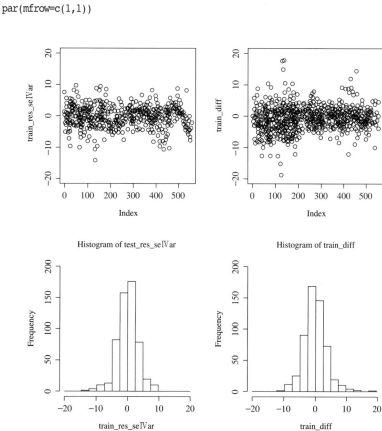

[R script] test data set에서의 시각화

```
test_pred_selVar<-predict(lm_fx_selVar,test_data)
test_res_selVar<-test_pred_selVar-test_data$f_krw_usd
summary(test_res)
summary(test_diff)
par(mfrow=c(2,2))
plot(test_res_selVar,ylim=c(-15,15))
plot(test_diff,ylim=c(-15,15))
brks<-seq(from=-20,to=20,by=2.5)
```

```
hist(test_res_selVar,breaks=brks,ylim=c(0,80))

hist(test_diff,breaks=brks,ylim=c(0,80))

par(mfrow=c(1,1))
```

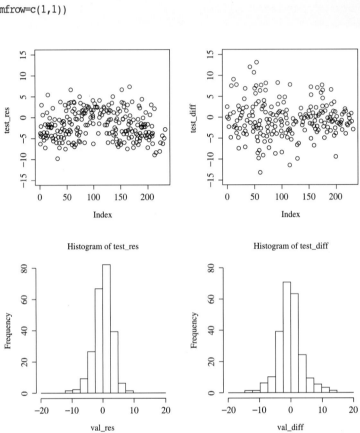

[R script] validation data set에서의 시각화

```
val_pred_selVar<-predict(lm_fx_selVar,val_data)

val_res_selVar<-val_pred_selVar-val_data$f_krw_usd

summary(val_res_selVar)

summary(val_diff)

par(mfrow=c(2,2))

plot(val_res_selVar,ylim=c(-15,10))

plot(val_diff,ylim=c(-15,10))

hist(val_res_selVar,breaks=brks,ylim=c(0,80))
```

```
hist(val_diff,breaks=brks,ylim=c(0,80))

par(mfrow=c(1,1))
```

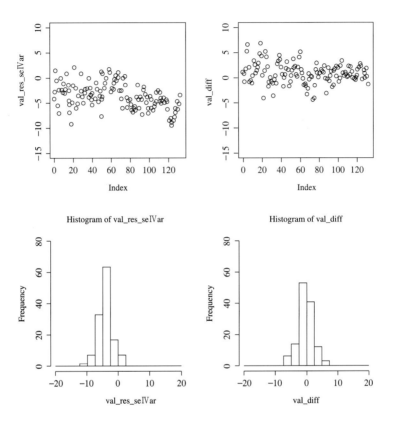

5. 모델 검증 – 전일 환율 변수 투입

지금까지 residual과 전일 대 달러 환율과의 차이를 비교하였다. 매우 비슷한 차이를 보이고 있어서 전일 환율이 유의적인 변수인 것처럼 보인다. 이러한 직관이 맞을지 검증하기 위해 변수로 투입하였다. 결과부터 얘기하면 유의적인 변수로 도출되지 않는다.

[R script] mart에 전일 원/달러 환율 변수(f_krw_usd_prv) 투입

```
diff<-rep(0,nrow(mart));flag<-0
if(flag==0)  for  (i  in  2:nrow(mart))  diff[i]<-mart$f_krw_usd[i]-
mart$f_krw_usd[i-1];flag<-1
if(flag==1) for (i in 2:nrow(mart)) mart$f_krw_usd_prv[i]<-mart$f_krw_usd[i-
1];flag<-2


names(mart)
## [1] "Date"          "f_krw_usd"          "c_copper"
[중략]
## [73] "s_krx_trans"     "f_krw_usd_prv"


ind_mdl<-which(mart$Date>="2011-01-01" & mart$Date<="2013-12-31")
model_data<-mart[ind_mdl,]
model_diff<-diff[ind_mdl]


ind_val<-which(mart$Date>="2014-01-01")
val_data<-mart[ind_val,]
val_diff<-diff[ind_val]


set.seed(2020)
ind<-sample(2,nrow(model_data),prob=c(0.7,0.3),replace=T)
train_data<-model_data[ind==1,]
train_diff<-model_diff[ind==1]
test_data<-model_data[ind==2,]
test_diff<-model_diff[ind==2]
```


[R script] 모델링 결과

```
lm_fx_prv<-lm(f_krw_usd~.,train_data[,-1])
summary(lm_fx_prv)
##
```

```
## Call:
## lm(formula = f_krw_usd ~ ., data = train_data[, -1])
##
## Residuals:
##     Min      1Q  Median      3Q     Max
## -8.665  -1.489  -0.004   1.427   9.794
##
## Coefficients:
##                Estimate Std. Error t value Pr(>|t|)
## (Intercept)    3.25e+02   6.67e+02    0.49  0.62628
## c_copper      -1.56e+00   1.90e+00   -0.82  0.41117
## c_corn        -3.03e-03   1.91e-02   -0.16  0.87428
## c_gold         4.36e-04   5.87e-03    0.07  0.94080
## c_oil_brent   -3.53e-02   6.43e-02   -0.55  0.58307
## c_oil_wti      2.21e-01   8.13e-02    2.72  0.00668 **
## c_gas         -1.71e-02   1.46e-02   -1.17  0.24382
## c_silver       1.61e-01   1.28e-01    1.26  0.20963
## f_aud_usd     -1.51e+02   1.05e+02   -1.43  0.15285
## f_cad_usd     -1.65e+02   3.35e+01   -4.93  1.2e-06 ***
## f_cny_usd     -9.30e+01   1.02e+02   -0.91  0.36317
## f_eur_usd      1.21e+02   4.28e+01    2.83  0.00490 **
## f_gbp_usd      9.85e+02   3.98e+02    2.47  0.01371 *
## f_jpy_usd      1.12e-01   1.80e-01    0.62  0.53643
## f_nzd_usd     -3.93e+01   1.83e+01   -2.15  0.03167 *
## y_ca_1m       -2.17e+01   7.92e+00   -2.74  0.00637 **
## y_ca_3m        1.70e+01   1.16e+01    1.47  0.14146
## y_ca_6m       -2.66e+01   1.30e+01   -2.05  0.04113 *
## y_ca_1yr       5.73e+00   8.43e+00    0.68  0.49655
## y_ca_3yr       1.17e+01   6.21e+00    1.89  0.05952 .
## y_ca_5yr      -8.44e+00   7.96e+00   -1.06  0.28937
## y_ca_10yr      1.49e+01   6.91e+00    2.16  0.03104 *
## y_jp_1yr      -3.04e+01   2.63e+01   -1.16  0.24835
## y_jp_3yr      -2.00e+01   2.05e+01   -0.97  0.33137
## y_jp_5yr       4.64e+01   1.56e+01    2.98  0.00304 **
```

```
## y_jp_10yr      -2.84e+01   7.41e+00   -3.83   0.00015  ***
## y_fr_1m        -2.00e+00   2.52e+00   -0.79   0.42861
## y_fr_3m        -2.01e-01   3.59e+00   -0.06   0.95535
## y_fr_6m        -7.82e+00   4.91e+00   -1.59   0.11226
## y_fr_1yr        1.14e+01   3.52e+00    3.23   0.00131  **
## y_fr_10yr      -2.07e+00   1.71e+00   -1.21   0.22805
## y_nz_1m        -3.30e+00   6.28e+00   -0.53   0.59982
## y_nz_3m         6.40e+00   8.86e+00    0.72   0.47026
## y_nz_6m        -2.89e+00   5.46e+00   -0.53   0.59659
## y_nz_1yr        2.72e+00   2.61e+00    1.04   0.29847
## y_nz_5yr       -3.55e+00   2.31e+00   -1.54   0.12451
## y_nz_10yr       6.79e-01   2.62e+00    0.26   0.79597
## y_uk_5yr       -4.80e-01   4.94e+00   -0.10   0.92262
## y_uk_10yr      -8.44e+00   5.24e+00   -1.61   0.10784
## y_us_1m        -5.45e+00   6.17e+00   -0.88   0.37728
## y_us_3m         2.87e+01   1.38e+01    2.08   0.03777  *
## y_us_6m        -2.44e+01   1.48e+01   -1.65   0.10001
## y_us_1yr        1.21e+01   1.45e+01    0.83   0.40479
## y_us_3yr       -4.72e+00   9.57e+00   -0.49   0.62244
## y_us_5yr        1.77e+00   9.99e+00    0.18   0.85915
## y_us_10yr      -4.71e+00   6.16e+00   -0.76   0.44480
## s_cac40        -1.03e-02   4.06e-03   -2.54   0.01141  *
## s_dax           9.69e-03   1.92e-03    5.05   6.4e-07  ***
## s_nasdaq       -5.38e-03   7.00e-03   -0.77   0.44253
## s_nikkei       -6.69e-04   6.05e-04   -1.11   0.26920
## s_nyse         -1.42e-02   7.33e-03   -1.94   0.05259  .
## s_snp500        8.50e-02   4.55e-02    1.87   0.06257  .
## s_ssec         -3.04e-04   2.83e-03   -0.11   0.91455
## u_index         4.47e+00   4.81e-01    9.29   < 2e-16  ***
## f_krw_aud      -1.63e-01   9.34e-02   -1.75   0.08073  .
## f_krw_cny      -2.96e+00   3.71e+00   -0.80   0.42612
## f_krw_gbp       3.14e-01   1.46e-01    2.16   0.03133  *
## f_krw_eur       1.57e-01   2.22e-02    7.07   5.7e-12  ***
## y_krx_b        -1.82e+00   1.45e+00   -1.26   0.20888
```

```
## y_krx_g_3yr        -2.59e+00   1.68e+00   -1.54  0.12386
## y_krx_g_5yr         1.66e+00   1.30e+00    1.28  0.20285
## y_krx_g_10yr        2.70e-02   5.49e-01    0.05  0.96072
## y_krx_t             1.39e-03   6.73e-03    0.21  0.83641
## s_kospi            -4.65e-02   2.35e-02   -1.98  0.04848 *
## s_krx_100           1.23e-02   1.01e-02    1.22  0.22283
## s_krx_autos        -1.02e-02   3.10e-03   -3.30  0.00105 **
## s_krx_energy        5.07e-03   2.75e-03    1.84  0.06599 .
## s_krx_it            4.02e-04   1.27e-02    0.03  0.97469
## s_krx_semicon      -3.30e-03   7.88e-03   -0.42  0.67538
## s_krx_ship_build   -1.36e-03   2.33e-03   -0.58  0.56163
## s_krx_steels       -2.46e-03   4.10e-03   -0.60  0.54837
## s_krx_trans         9.55e-03   5.87e-03    1.63  0.10427
## f_krw_usd_prv       8.33e-01   6.05e-01    1.38  0.16923
## ---
## Signif. codes:  0 '***' 0.001 '**' 0.01 '*' 0.05 '.' 0.1 ' ' 1
##
## Residual standard error: 2.68 on 477 degrees of freedom
## Multiple R-squared:  0.994,  Adjusted R-squared:  0.993
## F-statistic: 1.13e+03 on 72 and 477 DF,  p-value: <2e-16
```

Part 6-6

step을 이용한 변수 선택

위의 모델링에서 보았듯이 모든 변수를 투입한다고 해서 최선의 결과를 얻을 수 있는 것 같지는 않다. 이러한 경우를 위해 변수를 선택하는 step함수에 대해 알아보자.

step함수는 R의 기본패키지인 'stat'이 제공하는 기능으로 3가지 'direction' 옵션이 방법으로 제공되고 있다. 적은 수의 변수로부터 늘려나가는 'forward', 많은 변수에서 하나씩 제거해 나가는 'backward', 마지막으로 변수를 하나씩 더하고 빼는 것을 함께 고려하는 'both' 옵션이다. 이를 순서대로 설명하겠다.

1. 전진 선택법(Forward selection)

[R script] 입력 script

```
l_lm<-lm(f_krw_usd~1,train_data[,-1])

lm_fx_fwd<-step(l_lm,direction="forward",scope=(upper=f_krw_usd~1 + c_copper +
c_corn + c_gold + c_oil_brent + c_oil_wti + c_gas + c_silver + f_aud_usd +
f_cad_usd + f_cny_usd + f_eur_usd + f_gbp_usd + f_jpy_usd + f_nzd_usd +
y_ca_1m + y_ca_3m + y_ca_6m + y_ca_1yr + y_ca_3yr + y_ca_5yr + y_ca_10yr +
y_jp_1yr + y_jp_3yr + y_jp_5yr + y_jp_10yr + y_fr_1m + y_fr_3m + y_fr_6m +
y_fr_1yr + y_fr_10yr + y_nz_1m + y_nz_3m + y_nz_6m + y_nz_1yr + y_nz_5yr +
y_nz_10yr + y_uk_5yr + y_uk_10yr + y_us_1m + y_us_3m + y_us_6m + y_us_1yr +
y_us_3yr + y_us_5yr + y_us_10yr + s_cac40 + s_dax + s_nasdaq + s_nikkei +
s_nyse + s_snp500 + s_ssec + u_index + f_krw_aud + f_krw_cny + f_krw_gbp +
f_krw_eur + y_krx_b + y_krx_g_3yr + y_krx_g_5yr + y_krx_g_10yr + y_krx_t +
s_kospi + s_krx_100 + s_krx_autos + s_krx_energy + s_krx_it + s_krx_semicon +
s_krx_ship_build + s_krx_steels + s_krx_trans))
```

상수만을 가진 선형모델을 l_lm으로 도출하고, 이를 시작으로 변수를 추가해 나가도록 하여 step함수를 사용하고 결과를 lm_fx_fwd에 저장하도록 했다. 우선 step을 적용한 결과를 보자. 참고로, AIC는 Akaike's An Information Criterion의 약자로, lm의 적합도를 나타내는 지표로서 낮을수록 좋은 것이다.

[R script] step 적용 결과(1st)

```
## Start:  AIC=3838
## f_krw_usd ~ 1
##
##                     Df Sum of Sq    RSS  AIC
## + f_krw_cny          1    381045 206693 3265
## + f_krw_gbp          1    245213 342524 3543
## + s_cac40            1    218135 369602 3585
## + s_kospi            1    212316 375422 3593
## + f_nzd_usd          1    208430 379307 3599
## + s_dax              1    181840 405898 3636
## + s_krx_100          1    178975 408763 3640
```

```
## + f_gbp_usd          1     169904 417834 3652
## + f_eur_usd          1     167349 420389 3655
## + s_nyse             1     152356 435382 3675
## + c_gas              1     129044 458694 3703
## + f_krw_aud          1     111335 476402 3724
## + s_nikkei           1      85005 502733 3754
## + u_index            1      84793 502945 3754
## + s_snp500           1      78507 509231 3761
## + y_us_10yr          1      78348 509390 3761
## + y_uk_10yr          1      74083 513655 3766
## + s_krx_it           1      67512 520225 3773
## + y_nz_1yr           1      66841 520897 3773
## + y_ca_10yr          1      66377 521361 3774
## + y_uk_5yr           1      65918 521820 3774
## + f_jpy_usd          1      65813 521925 3774
## + y_ca_5yr           1      63956 523782 3776
## + s_krx_semicon      1      55940 531798 3785
## + y_nz_10yr          1      54811 532927 3786
## + s_nasdaq           1      50690 537048 3790
## + y_us_5yr           1      49298 538440 3792
## + y_nz_5yr           1      48633 539105 3792
## + s_krx_ship_build   1      47266 540472 3794
## + y_ca_3yr           1      46193 541545 3795
## + s_krx_energy       1      46031 541707 3795
## + c_copper           1      42999 544739 3798
## + y_fr_3m            1      40701 547037 3800
## + c_oil_brent        1      38563 549175 3802
## + f_cad_usd          1      37262 550475 3804
## + s_krx_steels       1      33546 554192 3807
## + y_fr_1m            1      28954 558784 3812
## + y_fr_6m            1      28673 559064 3812
## + y_ca_1yr           1      27840 559898 3813
## + y_us_3yr           1      26600 561138 3814
## + y_ca_1m            1      24665 563072 3816
```

```
## + y_fr_1yr         1    20197 567541 3821
## + f_krw_eur        1    18603 569134 3822
## + y_krx_g_3yr      1    17609 570129 3823
## + c_gold           1    17350 570388 3823
## + y_ca_6m          1    17294 570444 3823
## + y_krx_b          1    13555 574183 3827
## + y_ca_3m          1    13329 574409 3827
## + s_ssec           1    12925 574813 3828
## + c_oil_wti        1    12562 575176 3828
## + y_krx_g_5yr      1    11369 576369 3829
## + y_jp_1yr         1     9735 578002 3831
## + y_jp_10yr        1     9509 578228 3831
## + c_corn           1     8650 579088 3832
## + c_silver         1     8494 579243 3832
## + y_nz_1m          1     7446 580291 3833
## + f_cny_usd        1     7004 580733 3833
## + y_jp_5yr         1     6431 581307 3834
## + y_krx_g_10yr     1     6289 581449 3834
## + y_nz_3m          1     3886 583851 3836
## + s_krx_autos      1     3514 584224 3836
## + y_us_6m          1     3224 584514 3837
## + y_krx_t          1     3161 584576 3837
## + f_aud_usd        1     2897 584841 3837
## + y_fr_10yr        1     2381 585357 3838
## + y_us_3m          1     2310 585427 3838
## <none>                       587738 3838
## + y_jp_3yr         1     1248 586490 3839
## + y_us_1m          1      375 587363 3839
## + y_us_1yr         1      360 587378 3839
## + s_krx_trans      1       28 587710 3840
## + y_nz_6m          1       10 587728 3840
##
```

첫 번째 적용결과에서는 상수만을 이용한 lm에서 출발해 하나의 변수를 추가할 경우의 lm의 AIC값을 오름차순으로 나열하였다. 상수만을 이용할 경우 AIC값은 3838이며, 하나의 변수 f_krw_cny를 추가할 경우가 가장 낮은 AIC값인 3265가 도출되었다. 따라서 다음 step에서는 상수와 이 변수를 포함한 모델부터 시작한다. 아래 두 번째 결과를 보자.

[R script] step 적용 결과(2nd)

```
## Step:  AIC=3265
## f_krw_usd ~ f_krw_cny
##
##                      Df Sum of Sq    RSS  AIC
## + f_cny_usd           1    198728   7965 1476
## + y_krx_g_3yr         1    168365  38328 2340
[중략]
## + y_nz_1yr            1        29 206664 3267
##
```

두 번째 적용에서는 AIC=3265로 시작해 하나의 변수 f_cny_usd를 추가하면 AIC=1476까지 낮아진다. 이렇게 여러 step을 거쳐 최종 step의 결과를 보자.

[R script] step 적용 결과(최종 step)

```
## Step:  AIC=1112
## f_krw_usd ~ f_krw_cny + f_cny_usd + s_cac40 + u_index + f_krw_eur +
##     f_cad_usd + f_aud_usd + y_nz_1m + y_ca_1m + y_nz_5yr + y_fr_1yr +
##     f_eur_usd + s_nikkei + y_us_3m + s_kospi + y_uk_5yr + c_oil_brent +
##     c_gas + y_nz_1yr + f_gbp_usd + f_krw_gbp + y_krx_g_3yr +
##     s_dax + y_krx_g_5yr + y_fr_6m + y_krx_b + f_nzd_usd + s_krx_autos +
##     y_ca_3m + s_nasdaq + y_us_6m + y_ca_3yr + y_ca_6m + y_fr_10yr +
##     c_oil_wti + f_krw_aud + y_jp_10yr + y_jp_5yr + y_jp_3yr
##
##                      Df Sum of Sq  RSS  AIC
## <none>                            3592 1112
## + s_krx_trans         1     12.26 3580 1112
## + s_krx_energy        1      9.12 3583 1113
## + s_krx_semicon       1      7.41 3585 1113
```

```
## + c_copper           1    6.90 3585 1113
## + y_uk_10yr          1    5.57 3586 1113
## + s_krx_100          1    4.92 3587 1113
## + y_us_1m            1    4.45 3587 1113
## + y_nz_6m            1    3.57 3588 1114
## + c_gold             1    3.40 3589 1114
## + y_ca_10yr          1    3.12 3589 1114
## + y_us_10yr          1    2.98 3589 1114
## + s_nyse             1    2.96 3589 1114
## + y_fr_3m            1    2.36 3590 1114
## + s_krx_it           1    2.32 3590 1114
## + c_silver           1    2.19 3590 1114
## + y_jp_1yr           1    2.15 3590 1114
## + s_ssec             1    1.88 3590 1114
## + y_fr_1m            1    1.74 3590 1114
## + c_corn             1    1.70 3590 1114
## + f_jpy_usd          1    1.58 3590 1114
## + y_us_5yr           1    1.39 3591 1114
## + y_krx_g_10yr       1    1.24 3591 1114
## + y_nz_3m            1    0.87 3591 1114
## + y_us_3yr           1    0.71 3591 1114
## + y_krx_t            1    0.58 3591 1114
## + s_krx_steels       1    0.42 3592 1114
## + y_ca_1yr           1    0.41 3592 1114
## + y_nz_10yr          1    0.39 3592 1114
## + s_snp500           1    0.37 3592 1114
## + s_krx_ship_build   1    0.35 3592 1114
## + y_us_1yr           1    0.32 3592 1114
## + y_ca_5yr           1    0.17 3592 1114
```

마지막 step을 보면 더 이상 변수를 추가해도 AIC값이 낮아지지 않는다. 따라서 여기서 변수를 추가하는 모델 개발을 종료하고, 결과를 lm_fx_fwd에 돌려주고 완료한다.

```
summary(lm_fx_fwd)
##
## Call:
## lm(formula = f_krw_usd ~ f_krw_cny + f_cny_usd + s_cac40 + u_index +
##       f_krw_eur + f_cad_usd + f_aud_usd + y_nz_1m + y_ca_1m + y_nz_5yr +
##       y_fr_1yr + f_eur_usd + s_nikkei + y_us_3m + s_kospi + y_uk_5yr +
##       c_oil_brent + c_gas + y_nz_1yr + f_gbp_usd + f_krw_gbp +
##       y_krx_g_3yr + s_dax + y_krx_g_5yr + y_fr_6m + y_krx_b + f_nzd_usd +
##       s_krx_autos + y_ca_3m + s_nasdaq + y_us_6m + y_ca_3yr + y_ca_6m +
##       y_fr_10yr + c_oil_wti + f_krw_aud + y_jp_10yr + y_jp_5yr +
##       y_jp_3yr, data = train_data[, -1])
##
## Residuals:
##     Min     1Q Median     3Q    Max
## -9.533 -1.550  0.031  1.509  9.739
##
## Coefficients:
##              Estimate Std. Error t value Pr(>|t|)
## (Intercept) -7.22e+02   8.09e+01   -8.92  < 2e-16 ***
## f_krw_cny    1.77e+00   1.26e+00    1.41  0.16011
## f_cny_usd    4.32e+01   3.73e+01    1.16  0.24840
## s_cac40     -1.11e-02   2.85e-03   -3.90  0.00011 ***
## u_index      4.76e+00   3.51e-01   13.54  < 2e-16 ***
## f_krw_eur    1.46e-01   1.99e-02    7.32  9.9e-13 ***
## f_cad_usd   -1.78e+02   2.43e+01   -7.31  1.1e-12 ***
## f_aud_usd   -8.48e+01   8.13e+01   -1.04  0.29753
## y_nz_1m     -2.23e+00   3.08e+00   -0.73  0.46878
## y_ca_1m     -2.61e+01   6.99e+00   -3.74  0.00021 ***
## y_nz_5yr    -2.60e+00   1.01e+00   -2.57  0.01039 *
## y_fr_1yr     1.18e+01   3.08e+00    3.83  0.00015 ***
## f_eur_usd    1.11e+02   3.90e+01    2.86  0.00444 **
## s_nikkei    -1.24e-03   3.55e-04   -3.50  0.00050 ***
```

```
## y_us_3m       2.29e+01   1.12e+01    2.04  0.04233 *
## s_kospi      -1.98e-02   4.83e-03   -4.11  4.7e-05 ***
## y_uk_5yr     -6.58e+00   1.71e+00   -3.85  0.00014 ***
## c_oil_brent  -2.88e-02   4.90e-02   -0.59  0.55655
## c_gas        -2.46e-02   9.24e-03   -2.67  0.00794 **
## y_nz_1yr      3.69e+00   1.82e+00    2.03  0.04287 *
## f_gbp_usd     1.07e+03   3.28e+02    3.25  0.00124 **
## f_krw_gbp     3.48e-01   1.21e-01    2.88  0.00410 **
## y_krx_g_3yr  -1.54e+00   1.19e+00   -1.29  0.19603
## s_dax         8.58e-03   1.51e-03    5.67  2.5e-08 ***
## y_krx_g_5yr   1.91e+00   7.69e-01    2.49  0.01325 *
## y_fr_6m      -7.52e+00   3.34e+00   -2.25  0.02484 *
## y_krx_b      -2.56e+00   1.01e+00   -2.53  0.01169 *
## f_nzd_usd    -4.46e+01   1.32e+01   -3.38  0.00077 ***
## s_krx_autos  -7.18e-03   2.00e-03   -3.59  0.00037 ***
## y_ca_3m       2.57e+01   9.35e+00    2.75  0.00620 **
## s_nasdaq      5.77e-03   3.15e-03    1.83  0.06758 .
## y_us_6m      -1.98e+01   1.15e+01   -1.72  0.08571 .
## y_ca_3yr      8.72e+00   2.93e+00    2.98  0.00301 **
## y_ca_6m      -2.26e+01   8.54e+00   -2.64  0.00844 **
## y_fr_10yr    -3.14e+00   1.28e+00   -2.44  0.01488 *
## c_oil_wti     1.59e-01   6.14e-02    2.59  0.00988 **
## f_krw_aud    -1.01e-01   7.29e-02   -1.38  0.16836
## y_jp_10yr    -1.90e+01   5.40e+00   -3.53  0.00046 ***
## y_jp_5yr      3.89e+01   1.24e+01    3.14  0.00182 **
## y_jp_3yr     -2.99e+01   1.38e+01   -2.16  0.03107 *
## ---
## Signif. codes:  0 '***' 0.001 '**' 0.01 '*' 0.05 '.' 0.1 ' ' 1
##
## Residual standard error: 2.65 on 510 degrees of freedom
## Multiple R-squared:  0.994,  Adjusted R-squared:  0.993
## F-statistic: 2.13e+03 on 39 and 510 DF,  p-value: <2e-16
```

위 최종 모델의 공식을 보면, step의 forward 옵션을 적용한 결과의 마지막 모델에 투입된 변수가 순서를 유지한 채 표현되어 있음을 알 수 있다. 또한 Adjusted R-squared값도 0.993으로 원본 모델 lm_fx

와 같다는 것을 확인할 수 있다. 이렇듯 변수 선택을 하면, 모델의 적합도를 희생하지 않고도 간략한 모델을 얻을 수 있다. 여기서는 총 68개의 변수 중 39개의 변수가 최종적으로 선택되었다.

2. 후진 제거법(Backward elimination)

[R script] 입력 script

```
lm_fx_bwd<-step(lm_fx,direction="backward")
```

forward와 달리 backward는 간단하다. 이유는 최대변수를 투입한 모델에서부터 시작해 하나씩 변수를 제거해 나가기 때문이다.

[R script] step 적용 결과(1st step)

```
## Start:  AIC=1151
## f_krw_usd ~ c_copper + c_corn + c_gold + c_oil_brent + c_oil_wti +
##      c_gas + c_silver + f_aud_usd + f_cad_usd + f_cny_usd + f_eur_usd +
##      f_gbp_usd + f_jpy_usd + f_nzd_usd + y_ca_1m + y_ca_3m + y_ca_6m +
##      y_ca_1yr + y_ca_3yr + y_ca_5yr + y_ca_10yr + y_jp_1yr + y_jp_3yr +
##      y_jp_5yr + y_jp_10yr + y_fr_1m + y_fr_3m + y_fr_6m + y_fr_1yr +
##      y_fr_10yr + y_nz_1m + y_nz_3m + y_nz_6m + y_nz_1yr + y_nz_5yr +
##      y_nz_10yr + y_uk_5yr + y_uk_10yr + y_us_1m + y_us_3m + y_us_6m +
##      y_us_1yr + y_us_3yr + y_us_5yr + y_us_10yr + s_cac40 + s_dax +
##      s_nasdaq + s_nikkei + s_nyse + s_snp500 + s_ssec + u_index +
##      f_krw_aud + f_krw_cny + f_krw_gbp + f_krw_eur + y_krx_b +
##      y_krx_g_3yr + y_krx_g_5yr + y_krx_g_10yr + y_krx_t + s_kospi +
##      s_krx_100 + s_krx_autos + s_krx_energy + s_krx_it + s_krx_semicon +
##      s_krx_ship_build + s_krx_steels + s_krx_trans
##
##              Df Sum of Sq  RSS  AIC
## - c_corn      1         0 3434 1149
## - c_gold      1         0 3434 1149
## - s_ssec      1         0 3434 1149
```

```
## - y_krx_g_10yr        1          0 3434 1149
## - y_krx_t             1          0 3434 1149
## - y_fr_3m             1          0 3434 1149
## - s_krx_it            1          0 3434 1149
## - y_nz_10yr           1          0 3435 1149
## - y_us_5yr            1          0 3435 1149
## - y_uk_5yr            1          1 3435 1149
## - s_nasdaq            1          1 3436 1150
## - y_nz_1m             1          1 3436 1150
## - y_nz_6m             1          2 3436 1150
## - y_nz_3m             1          2 3436 1150
## - y_ca_1yr            1          2 3436 1150
## - s_krx_steels        1          2 3436 1150
## - y_us_3yr            1          3 3437 1150
## - f_jpy_usd           1          3 3437 1150
## - c_oil_brent         1          3 3437 1150
## - s_krx_semicon       1          4 3438 1150
## - s_krx_ship_build    1          4 3438 1150
## - y_fr_1m             1          4 3438 1150
## - f_cny_usd           1          5 3439 1150
## - y_us_1yr            1          5 3439 1150
## - y_jp_3yr            1          5 3440 1150
## - y_us_1m             1          6 3440 1150
## - y_us_10yr           1          7 3441 1150
## - c_copper            1          7 3441 1151
## - y_ca_5yr            1          8 3443 1151
## - y_nz_1yr            1          9 3443 1151
## - y_jp_1yr            1          9 3443 1151
## - f_krw_cny           1         10 3444 1151
## - s_nikkei            1         10 3444 1151
## - s_krx_100           1         10 3444 1151
## - c_silver            1         10 3445 1151
## - c_gas               1         12 3446 1151
## - y_fr_10yr           1         12 3446 1151
```

```
## <none>                            3434 1151
## - y_krx_g_5yr       1       13 3447 1152
## - f_aud_usd         1       13 3448 1152
## - y_ca_3m           1       14 3448 1152
## - y_krx_b           1       15 3449 1152
## - y_nz_5yr          1       15 3449 1152
## - y_uk_10yr         1       15 3450 1152
## - y_krx_g_3yr       1       17 3451 1152
## - y_fr_6m           1       17 3451 1152
## - s_krx_trans       1       17 3451 1152
## - y_us_6m           1       18 3452 1152
## - s_snp500          1       19 3454 1152
## - s_krx_energy      1       21 3455 1153
## - f_krw_aud         1       21 3455 1153
## - s_nyse            1       22 3456 1153
## - s_kospi           1       24 3458 1153
## - y_ca_6m           1       30 3464 1154
## - y_us_3m           1       31 3465 1154
## - y_ca_10yr         1       35 3469 1155
## - f_nzd_usd         1       35 3469 1155
## - y_ca_3yr          1       36 3470 1155
## - s_cac40           1       43 3477 1156
## - f_eur_usd         1       51 3485 1157
## - f_krw_gbp         1       51 3486 1158
## - y_jp_5yr          1       57 3491 1158
## - c_oil_wti         1       57 3492 1159
## - y_ca_1m           1       63 3498 1159
## - f_gbp_usd         1       64 3498 1160
## - y_fr_1yr          1       72 3507 1161
## - s_krx_autos       1       88 3522 1163
## - y_jp_10yr         1      102 3536 1165
## - f_cad_usd         1      170 3604 1176
## - s_dax             1      179 3613 1177
## - f_krw_eur         1      347 3782 1202
```

```
## - u_index          1      663 4097 1246
##
```

변수를 하나씩 빼고 모델링한 결과 c_corn을 제거했을 경우의 AIC값이 1149로 모든 변수를 사용했을 때의 AIC값 1151보다 작다.

[R script] step 적용 결과(2nd step)

```
## Step:  AIC=1149
## f_krw_usd ~ c_copper + c_gold + c_oil_brent + c_oil_wti + c_gas +
##     c_silver + f_aud_usd + f_cad_usd + f_cny_usd + f_eur_usd +
##     f_gbp_usd + f_jpy_usd + f_nzd_usd + y_ca_1m + y_ca_3m + y_ca_6m +
##     y_ca_1yr + y_ca_3yr + y_ca_5yr + y_ca_10yr + y_jp_1yr + y_jp_3yr +
##     y_jp_5yr + y_jp_10yr + y_fr_1m + y_fr_3m + y_fr_6m + y_fr_1yr +
##     y_fr_10yr + y_nz_1m + y_nz_3m + y_nz_6m + y_nz_1yr + y_nz_5yr +
##     y_nz_10yr + y_uk_5yr + y_uk_10yr + y_us_1m + y_us_3m + y_us_6m +
##     y_us_1yr + y_us_3yr + y_us_5yr + y_us_10yr + s_cac40 + s_dax +
##     s_nasdaq + s_nikkei + s_nyse + s_snp500 + s_ssec + u_index +
##     f_krw_aud + f_krw_cny + f_krw_gbp + f_krw_eur + y_krx_b +
##     y_krx_g_3yr + y_krx_g_5yr + y_krx_g_10yr + y_krx_t + s_kospi +
##     s_krx_100 + s_krx_autos + s_krx_energy + s_krx_it + s_krx_semicon +
##     s_krx_ship_build + s_krx_steels + s_krx_trans
##
##                  Df Sum of Sq  RSS  AIC
## - c_gold          1         0 3434 1147
## - s_ssec          1         0 3434 1147
[중략]
## - u_index         1       665 4099 1245
##
```

두 번째 단계에서는 c_gold가 제거된다.

[R script] step 적용 결과(last step)

```
## Step:  AIC=1104
## f_krw_usd ~ c_oil_wti + c_gas + f_cad_usd + f_eur_usd + f_gbp_usd +
##     f_nzd_usd + y_ca_1m + y_ca_3m + y_ca_6m + y_ca_3yr + y_ca_10yr +
##     y_jp_3yr + y_jp_5yr + y_jp_10yr + y_fr_6m + y_fr_1yr + y_fr_10yr +
##     y_nz_1yr + y_nz_5yr + y_uk_10yr + y_us_3m + y_us_6m + s_cac40 +
##     s_dax + s_nikkei + u_index + f_krw_aud + f_krw_cny + f_krw_gbp +
##     f_krw_eur + y_krx_b + y_krx_g_3yr + y_krx_g_5yr + s_kospi +
##     s_krx_100 + s_krx_autos + s_krx_energy + s_krx_trans
##
##                 Df Sum of Sq  RSS  AIC
## <none>                       3554 1104
## - s_krx_trans    1       16  3570 1105
[중략]
## - f_gbp_usd      1     1946  5500 1342
```

마지막 단계에서는 아무 것도 빼지 않는 것이 가장 낮다는 결론이 도출된다. 이를 lm_fx_bwd에 돌려주고 step함수를 종료한다.

[R script] 최종결과 확인

```
summary(lm_fx_bwd)
##
## Call:
## lm(formula = f_krw_usd ~ c_oil_wti + c_gas + f_cad_usd + f_eur_usd +
##     f_gbp_usd + f_nzd_usd + y_ca_1m + y_ca_3m + y_ca_6m + y_ca_3yr +
##     y_ca_10yr + y_jp_3yr + y_jp_5yr + y_jp_10yr + y_fr_6m + y_fr_1yr +
##     y_fr_10yr + y_nz_1yr + y_nz_5yr + y_uk_10yr + y_us_3m + y_us_6m +
##     s_cac40 + s_dax + s_nikkei + u_index + f_krw_aud + f_krw_cny +
##     f_krw_gbp + f_krw_eur + y_krx_b + y_krx_g_3yr + y_krx_g_5yr +
##     s_kospi + s_krx_100 + s_krx_autos + s_krx_energy + s_krx_trans,
##     data = train_data[, -1])
##
```

```
## Residuals:
##    Min     1Q Median    3Q    Max
##  -8.94  -1.56   0.02   1.51   9.96
##
## Coefficients:
##                Estimate Std. Error t value Pr(>|t|)
## (Intercept)  -6.64e+02   7.64e+01   -8.69  < 2e-16 ***
## c_oil_wti     1.46e-01   4.47e-02    3.27  0.00116 **
## c_gas        -2.43e-02   9.70e-03   -2.50  0.01267 *
## f_cad_usd    -1.84e+02   2.49e+01   -7.39  6.0e-13 ***
## f_eur_usd     1.11e+02   3.93e+01    2.83  0.00486 **
## f_gbp_usd     1.31e+03   7.83e+01   16.73  < 2e-16 ***
## f_nzd_usd    -3.77e+01   1.29e+01   -2.92  0.00361 **
## y_ca_1m      -2.37e+01   6.76e+00   -3.51  0.00049 ***
## y_ca_3m       1.91e+01   8.95e+00    2.13  0.03371 *
## y_ca_6m      -2.15e+01   8.48e+00   -2.53  0.01162 *
## y_ca_3yr      6.90e+00   2.98e+00    2.31  0.02119 *
## y_ca_10yr     6.57e+00   3.23e+00    2.03  0.04237 *
## y_jp_3yr     -3.83e+01   1.36e+01   -2.81  0.00512 **
## y_jp_5yr      5.00e+01   1.26e+01    3.96  8.4e-05 ***
## y_jp_10yr    -2.64e+01   5.81e+00   -4.54  7.1e-06 ***
## y_fr_6m      -9.24e+00   3.31e+00   -2.79  0.00546 **
## y_fr_1yr      1.14e+01   3.12e+00    3.67  0.00027 ***
## y_fr_10yr    -1.88e+00   1.21e+00   -1.55  0.12174
## y_nz_1yr      4.49e+00   1.48e+00    3.04  0.00247 **
## y_nz_5yr     -3.17e+00   9.83e-01   -3.22  0.00136 **
## y_uk_10yr    -1.04e+01   2.13e+00   -4.88  1.4e-06 ***
## y_us_3m       2.05e+01   1.10e+01    1.87  0.06214 .
## y_us_6m      -1.88e+01   1.09e+01   -1.73  0.08341 .
## s_cac40      -1.35e-02   2.85e-03   -4.74  2.7e-06 ***
## s_dax         9.84e-03   1.46e-03    6.73  4.7e-11 ***
## s_nikkei     -5.65e-04   3.60e-04   -1.57  0.11739
## u_index       4.55e+00   3.49e-01   13.07  < 2e-16 ***
## f_krw_aud    -2.68e-02   1.19e-02   -2.26  0.02425 *
```

```
## f_krw_cny      4.69e-01   2.53e-01    1.86  0.06398 .
## f_krw_gbp      4.21e-01   3.06e-02   13.76  < 2e-16 ***
## f_krw_eur      1.58e-01   1.97e-02    8.02  7.3e-15 ***
## y_krx_b       -1.48e+00   9.82e-01   -1.51  0.13259
## y_krx_g_3yr   -2.35e+00   1.16e+00   -2.03  0.04294 *
## y_krx_g_5yr    1.62e+00   7.67e-01    2.12  0.03450 *
## s_kospi       -5.88e-02   1.73e-02   -3.41  0.00070 ***
## s_krx_100      1.50e-02   7.47e-03    2.00  0.04551 *
## s_krx_autos   -6.92e-03   2.11e-03   -3.29  0.00108 **
## s_krx_energy   2.92e-03   1.87e-03    1.56  0.11946
## s_krx_trans    6.08e-03   4.05e-03    1.50  0.13376
## ---
## Signif. codes:  0 '***' 0.001 '**' 0.01 '*' 0.05 '.' 0.1 ' ' 1
##
## Residual standard error: 2.64 on 511 degrees of freedom
## Multiple R-squared:  0.994,  Adjusted R-squared:  0.994
## F-statistic: 2.21e+03 on 38 and 511 DF,  p-value: <2e-16
```

이번에도 최종결과의 공식이 step의 최종단계와 같음을 확인할 수 있다. Adjusted R-squared값은 0.994로 원본 모델보다 0.001 좋아졌다. 이는 변수 간의 교호작용이 있어 모든 변수를 투입하면 좋지 않다는 것을 보여준다. 하지만 그 수치는 미미하다. 최종적으로 38개의 변수가 선택되었다.

3. 단계적 방법(Stepwise method)

[R script] 입력 script

```
lm_fx_bth<-step(lm_fx,direction="both")
```

역시 both 옵션도 스크립트가 간단하다.

[R script] step 적용 결과(1st step)

```
## Start:  AIC=1151
## f_krw_usd ~ c_copper + c_corn + c_gold + c_oil_brent + c_oil_wti +
```

```
##     c_gas + c_silver + f_aud_usd + f_cad_usd + f_cny_usd + f_eur_usd +
##     f_gbp_usd + f_jpy_usd + f_nzd_usd + y_ca_1m + y_ca_3m + y_ca_6m +
##     y_ca_1yr + y_ca_3yr + y_ca_5yr + y_ca_10yr + y_jp_1yr + y_jp_3yr +
##     y_jp_5yr + y_jp_10yr + y_fr_1m + y_fr_3m + y_fr_6m + y_fr_1yr +
##     y_fr_10yr + y_nz_1m + y_nz_3m + y_nz_6m + y_nz_1yr + y_nz_5yr +
##     y_nz_10yr + y_uk_5yr + y_uk_10yr + y_us_1m + y_us_3m + y_us_6m +
##     y_us_1yr + y_us_3yr + y_us_5yr + y_us_10yr + s_cac40 + s_dax +
##     s_nasdaq + s_nikkei + s_nyse + s_snp500 + s_ssec + u_index +
##     f_krw_aud + f_krw_cny + f_krw_gbp + f_krw_eur + y_krx_b +
##     y_krx_g_3yr + y_krx_g_5yr + y_krx_g_10yr + y_krx_t + s_kospi +
##     s_krx_100 + s_krx_autos + s_krx_energy + s_krx_it + s_krx_semicon +
##     s_krx_ship_build + s_krx_steels + s_krx_trans
##
##                    Df Sum of Sq  RSS  AIC
## - c_corn            1         0  3434  1149
## - c_gold            1         0  3434  1149
## - s_ssec            1         0  3434  1149
## - y_krx_g_10yr      1         0  3434  1149
## - y_krx_t           1         0  3434  1149
## - y_fr_3m           1         0  3434  1149
## - s_krx_it          1         0  3434  1149
## - y_nz_10yr         1         0  3435  1149
## - y_us_5yr          1         0  3435  1149
## - y_uk_5yr          1         1  3435  1149
## - s_nasdaq          1         1  3436  1150
## - y_nz_1m           1         1  3436  1150
## - y_nz_6m           1         2  3436  1150
## - y_nz_3m           1         2  3436  1150
## - y_ca_1yr          1         2  3436  1150
## - s_krx_steels      1         2  3436  1150
## - y_us_3yr          1         3  3437  1150
## - f_jpy_usd         1         3  3437  1150
## - c_oil_brent       1         3  3437  1150
## - s_krx_semicon     1         4  3438  1150
```

```
## - s_krx_ship_build   1        4 3438 1150
## - y_fr_1m             1        4 3438 1150
## - f_cny_usd           1        5 3439 1150
## - y_us_1yr            1        5 3439 1150
## - y_jp_3yr            1        5 3440 1150
## - y_us_1m             1        6 3440 1150
## - y_us_10yr           1        7 3441 1150
## - c_copper            1        7 3441 1151
## - y_ca_5yr            1        8 3443 1151
## - y_nz_1yr            1        9 3443 1151
## - y_jp_1yr            1        9 3443 1151
## - f_krw_cny           1       10 3444 1151
## - s_nikkei            1       10 3444 1151
## - s_krx_100           1       10 3444 1151
## - c_silver            1       10 3445 1151
## - c_gas               1       12 3446 1151
## - y_fr_10yr           1       12 3446 1151
## <none>                        3434 1151
## - y_krx_g_5yr         1       13 3447 1152
## - f_aud_usd           1       13 3448 1152
## - y_ca_3m             1       14 3448 1152
## - y_krx_b             1       15 3449 1152
## - y_nz_5yr            1       15 3449 1152
## - y_uk_10yr           1       15 3450 1152
## - y_krx_g_3yr         1       17 3451 1152
## - y_fr_6m             1       17 3451 1152
## - s_krx_trans         1       17 3451 1152
## - y_us_6m             1       18 3452 1152
## - s_snp500            1       19 3454 1152
## - s_krx_energy        1       21 3455 1153
## - f_krw_aud           1       21 3455 1153
## - s_nyse              1       22 3456 1153
## - s_kospi             1       24 3458 1153
## - y_ca_6m             1       30 3464 1154
```

```
## - y_us_3m              1          31  3465  1154
## - y_ca_10yr            1          35  3469  1155
## - f_nzd_usd            1          35  3469  1155
## - y_ca_3yr             1          36  3470  1155
## - s_cac40              1          43  3477  1156
## - f_eur_usd            1          51  3485  1157
## - f_krw_gbp            1          51  3486  1158
## - y_jp_5yr             1          57  3491  1158
## - c_oil_wti            1          57  3492  1159
## - y_ca_1m              1          63  3498  1159
## - f_gbp_usd            1          64  3498  1160
## - y_fr_1yr             1          72  3507  1161
## - s_krx_autos          1          88  3522  1163
## - y_jp_10yr            1         102  3536  1165
## - f_cad_usd            1         170  3604  1176
## - s_dax               1         179  3613  1177
## - f_krw_eur            1         347  3782  1202
## - u_index             1         663  4097  1246
##
```

전체 변수를 투입한 모델을 시작으로 c_corn 변수를 제거하게 된다.

[R script] step 적용 결과(2nd step)

```
## Step:  AIC=1149
## f_krw_usd ~ c_copper + c_gold + c_oil_brent + c_oil_wti + c_gas +
##      c_silver + f_aud_usd + f_cad_usd + f_cny_usd + f_eur_usd +
##      f_gbp_usd + f_jpy_usd + f_nzd_usd + y_ca_1m + y_ca_3m + y_ca_6m +
##      y_ca_1yr + y_ca_3yr + y_ca_5yr + y_ca_10yr + y_jp_1yr + y_jp_3yr +
##      y_jp_5yr + y_jp_10yr + y_fr_1m + y_fr_3m + y_fr_6m + y_fr_1yr +
##      y_fr_10yr + y_nz_1m + y_nz_3m + y_nz_6m + y_nz_1yr + y_nz_5yr +
##      y_nz_10yr + y_uk_5yr + y_uk_10yr + y_us_1m + y_us_3m + y_us_6m +
##      y_us_1yr + y_us_3yr + y_us_5yr + y_us_10yr + s_cac40 + s_dax +
##      s_nasdaq + s_nikkei + s_nyse + s_snp500 + s_ssec + u_index +
```

```
##      f_krw_aud + f_krw_cny + f_krw_gbp + f_krw_eur + y_krx_b +
##      y_krx_g_3yr + y_krx_g_5yr + y_krx_g_10yr + y_krx_t + s_kospi +
##      s_krx_100 + s_krx_autos + s_krx_energy + s_krx_it + s_krx_semicon +
##      s_krx_ship_build + s_krx_steels + s_krx_trans
##
##              Df Sum of Sq  RSS  AIC
## - c_gold       1        0 3434 1147
## - s_ssec       1        0 3434 1147
[중략]
## - s_kospi      1       24 3458 1151
## + c_corn       1        0 3434 1151
## - y_ca_6m      1       30 3464 1152
[중략]
## - u_index      1      665 4099 1245
##
```

두 번째 step에서는 c_gold 변수를 제거하게 되는데, 중간에 + c_corn을 추가할 경우 AIC값이 1151임을 확인할 수 있다. 이렇게 'both' 옵션은 지웠던 변수들을 다시 추가할 경우의 AIC값도 도출해 모델 최적화를 검토한다.

[R script] step 적용 결과(last-1 step) : 빠진 변수가 추가된 경우

```
## Step:  AIC=1104
## f_krw_usd ~ c_oil_wti + c_gas + f_cad_usd + f_eur_usd + f_gbp_usd +
##      f_nzd_usd + y_ca_1m + y_ca_3m + y_ca_6m + y_ca_3yr + y_ca_10yr +
##      y_jp_3yr + y_jp_5yr + y_jp_10yr + y_fr_6m + y_fr_1yr + y_fr_10yr +
##      y_nz_1yr + y_nz_5yr + y_uk_10yr + y_us_3m + y_us_6m + s_cac40 +
##      s_dax + s_nikkei + u_index + f_krw_aud + f_krw_cny + f_krw_gbp +
##      f_krw_eur + y_krx_b + y_krx_g_3yr + y_krx_g_5yr + s_kospi +
##      s_krx_100 + s_krx_autos + s_krx_energy + s_krx_trans
##
##              Df Sum of Sq  RSS  AIC
## + y_us_5yr     1       15 3539 1104
## + y_us_10yr    1       14 3539 1104
```

```
## <none>                          3554 1104
[중략]
## - f_gbp_usd           1      1946 5500 1342
##
```

이번 step에서는 전에 빠졌던 변수 y_us_5yr가 추가되었다. 아무 변수도 추가하거나 제거하지 않은 경우는 ACI값이 3번째 순서에 해당하므로 이번에는 변수를 추가해야 한다.

[R script] step 적용 결과(last step)

```
## Step:  AIC=1104
## f_krw_usd ~ c_oil_wti + c_gas + f_cad_usd + f_eur_usd + f_gbp_usd +
##      f_nzd_usd + y_ca_1m + y_ca_3m + y_ca_6m + y_ca_3yr + y_ca_10yr +
##      y_jp_3yr + y_jp_5yr + y_jp_10yr + y_fr_6m + y_fr_1yr + y_fr_10yr +
##      y_nz_1yr + y_nz_5yr + y_uk_10yr + y_us_3m + y_us_6m + s_cac40 +
##      s_dax + s_nikkei + u_index + f_krw_aud + f_krw_cny + f_krw_gbp +
##      f_krw_eur + y_krx_b + y_krx_g_3yr + y_krx_g_5yr + s_kospi +
##      s_krx_100 + s_krx_autos + s_krx_energy + s_krx_trans + y_us_5yr
##
##                      Df Sum of Sq  RSS  AIC
## <none>                           3539 1104
## + y_nz_6m            1      12 3526 1104
[중략]
## - f_gbp_usd          1    1924 5463 1341
```

최종적으로 어떠한 변수도 제거하거나 추가하여도 더 이상 모델이 개선되지 않음을 보여준다. 이 모델을 lm_fx_bth에 돌려주고 step을 종료한다.

[R script] 최종 모델 확인

```
summary(lm_fx_bth)
##
## Call:
## lm(formula = f_krw_usd ~ c_oil_wti + c_gas + f_cad_usd + f_eur_usd +
##      f_gbp_usd + f_nzd_usd + y_ca_1m + y_ca_3m + y_ca_6m + y_ca_3yr +
```

```
##       y_ca_10yr + y_jp_3yr + y_jp_5yr + y_jp_10yr + y_fr_6m + y_fr_1yr +
##       y_fr_10yr + y_nz_1yr + y_nz_5yr + y_uk_10yr + y_us_3m + y_us_6m +
##       s_cac40 + s_dax + s_nikkei + u_index + f_krw_aud + f_krw_cny +
##       f_krw_gbp + f_krw_eur + y_krx_b + y_krx_g_3yr + y_krx_g_5yr +
##       s_kospi + s_krx_100 + s_krx_autos + s_krx_energy + s_krx_trans +
##       y_us_5yr, data = train_data[, -1])
##
## Residuals:
##    Min     1Q Median     3Q    Max
##  -9.03  -1.64   0.01   1.47  10.07
##
## Coefficients:
##               Estimate Std. Error t value Pr(>|t|)
## (Intercept) -6.96e+02   7.94e+01   -8.77  < 2e-16 ***
## c_oil_wti    1.59e-01   4.55e-02    3.49  0.00052 ***
## c_gas       -2.23e-02   9.78e-03   -2.28  0.02292 *
## f_cad_usd   -1.79e+02   2.51e+01   -7.14  3.3e-12 ***
## f_eur_usd    1.12e+02   3.93e+01    2.85  0.00450 **
## f_gbp_usd    1.30e+03   7.83e+01   16.65  < 2e-16 ***
## f_nzd_usd   -3.54e+01   1.30e+01   -2.72  0.00665 **
## y_ca_1m     -2.28e+01   6.78e+00   -3.37  0.00081 ***
## y_ca_3m      1.68e+01   9.07e+00    1.85  0.06507 .
## y_ca_6m     -2.18e+01   8.48e+00   -2.57  0.01047 *
## y_ca_3yr     8.15e+00   3.10e+00    2.63  0.00877 **
## y_ca_10yr    9.07e+00   3.64e+00    2.49  0.01309 *
## y_jp_3yr    -3.60e+01   1.37e+01   -2.63  0.00874 **
## y_jp_5yr     5.05e+01   1.26e+01    4.00  7.1e-05 ***
## y_jp_10yr   -2.69e+01   5.82e+00   -4.62  4.9e-06 ***
## y_fr_6m     -8.86e+00   3.32e+00   -2.67  0.00780 **
## y_fr_1yr     1.10e+01   3.13e+00    3.51  0.00050 ***
## y_fr_10yr   -2.26e+00   1.24e+00   -1.83  0.06857 .
## y_nz_1yr     4.45e+00   1.47e+00    3.02  0.00266 **
## y_nz_5yr    -3.12e+00   9.82e-01   -3.17  0.00159 **
## y_uk_10yr   -9.96e+00   2.15e+00   -4.64  4.5e-06 ***
## y_us_3m      1.84e+01   1.10e+01    1.66  0.09724 .
```

```
## y_us_6m      -1.62e+01  1.10e+01   -1.47  0.14182
## s_cac40      -1.40e-02  2.86e-03   -4.89  1.4e-06  ***
## s_dax         9.96e-03  1.46e-03    6.81  2.8e-11  ***
## s_nikkei     -6.51e-04  3.64e-04   -1.79  0.07470  .
## u_index       4.71e+00  3.65e-01   12.93  < 2e-16  ***
## f_krw_aud    -2.40e-02  1.20e-02   -2.00  0.04590  *
## f_krw_cny     4.60e-01  2.52e-01    1.82  0.06895  .
## f_krw_gbp     4.19e-01  3.06e-02   13.68  < 2e-16  ***
## f_krw_eur     1.61e-01  1.98e-02    8.14  3.1e-15  ***
## y_krx_b      -1.39e+00  9.83e-01   -1.41  0.15791
## y_krx_g_3yr  -2.26e+00  1.16e+00   -1.95  0.05152  .
## y_krx_g_5yr   1.49e+00  7.71e-01    1.94  0.05310  .
## s_kospi      -5.59e-02  1.74e-02   -3.22  0.00134  **
## s_krx_100     1.41e-02  7.49e-03    1.88  0.06112  .
## s_krx_autos  -7.36e-03  2.12e-03   -3.47  0.00057  ***
## s_krx_energy  2.99e-03  1.87e-03    1.60  0.11012
## s_krx_trans   6.31e-03  4.05e-03    1.56  0.11963
## y_us_5yr     -3.72e+00  2.52e+00   -1.48  0.14033
## ---
## Signif. codes:  0 '***' 0.001 '**' 0.01 '*' 0.05 '.' 0.1 ' ' 1
##
## Residual standard error: 2.63 on 510 degrees of freedom
## Multiple R-squared:  0.994,  Adjusted R-squared:  0.994
## F-statistic: 2.16e+03 on 39 and 510 DF,  p-value: <2e-16
```

최종적으로 39개의 변수가 선택되었으며, Adjusted R-squared값은 0.994이다. 역시 원본 모델보다 0.001 개선되었다.

4. step을 이용한 변수 선택 결과

위에서 살펴본 바와 같이 step을 이용하게 되면 적은 변수로 원본 모델과 동일한 혹은 개선된 결과를 얻을 수 있다. 옵션으로는 foward, backward, both가 있는데, 각각의 장단점은 있지만, linear modeling은 매우 가벼운 알고리즘이므로 both 옵션을 사용해 최적화하는 것이 가장 적합한 방법이라 생각된다. 물론 이러한 최적화 전에 linear modeling이 적합한지를 보는 것이 먼저이다.

정리

    지금까지 원/달러 환율 예측에 대한 모델링을 해보았다. 처음 시작할 때 과연 예측 모델이 가능한지에 대한 의구심을 가졌다. 그리고 정확도에 대해 확신이 없었지만 이제는 어떠한가?

    이 예측 모델의 의미를 간단히 생각해 보면 환율 메커니즘이 옳다는 것과 매일매일의 환율이 국제적인 변수들에 의해 상당히 정확히 예측되므로, 단기적으로도 국제적으로 균형이 맞춰지고 있다고 생각할 수 있다. 이번 모델링은 linear modeling으로 마치지만, 더욱 발전시켜 내일 환율이 오를 것인지 내릴 것인지를 분류하는 모델을 적용하고, 손익 시뮬레이션까지 한다면 환투자도 가능하리라 생각이 된다. 물론 이때는 수집하는 데이터를 정량 변수에만 한정하지 않고 비정형 데이터도 고려해야 할 것이다.

    마지막으로 달러 환율 예측 모델링에서 습득해야 할 중요한 내용은 다음과 같다.

- Domain Knowledge로부터 변수 찾기(환율 메커니즘에서 변수 도출)
- Quandl data 이용 : 상당히 다양한 자료를 쉽게 받는 방법 제시
- KRX 지수 이용 : domain knowledge를 가지고, 어떤 변수가 있는지 어떻게 찾아야 할지에 대한 인사이트가 중요
- Missing Data Handling : 목표변수의 Missing value는 채우지 않으며, 다른 변수의 Missing value를 채우고, 목표변수의 Missing value는 na.omit으로 제거
- linear modeling 결과 해석 방법
    + summary를 이용한 방법
    + plot(모델)을 이용한 잔차 적정성 시각화
    + 직관적 시각화 방법
- 전일 환율을 그대로 사용하는 것이 나을 수 있다는 도전에 대한 대응방안
- step을 활용한 변수 선택으로 모델 최적화 방안

이로써 독자들도 data 획득과 linear modeling에 대해서는 수준급이 되었다.

7장

소셜 네트워크 분석을 결합한 NASDAQ 주가예측

소셜 네트워크 분석을 결합한 NASDAQ 주가예측

주가예측은 주가에 대한 시계열 데이터 외에 주가변화의 원인이 되는 수많은 정보가 반영된 소셜 미디어나 뉴스의 정보가 좋은 사전지표가 될 수 있다. 빅데이터를 활용한 주가예측 시도가 해외에서 활발히 이루어지고 있는데 데이터 획득이 용이한 NASDAQ 에 대해 이번 책을 통해 제시해 보도록 하고 다음번 책에서는 국내 주가에 대해서도 제시해 보겠다.

소셜분석과 주가변동 예측 개요

소셜분석이란 무엇인가? Social Media Data를 분석하는 것을 의미한다. 여기서 말하는 Social Media Data는 Social Network Service에서 생성되는 데이터와 신문, 뉴스, 방송 등 Media에서 생성되는 데이터나 자료를 의미한다. 소셜 웹 2.0이 활성화되면서 플랫폼 제공자(네이버, 다음, 구글, 야후 등), 전문적인 정보 제공자 외에도 일반 대중이 자발적으로 정보를 생산, 재생산, 확산시키는 것이 용이하게 되었다. 소셜 웹 2.0 기반의 SNS는 블로그, 카페, 미니홈피 등이 있었고, 기업에서도 그룹웨어나 지식경영시스템(KMS)을 통해서 폐쇄적으로 정보를 공유할 수 있었다. 공공기관도 정부 2.0, 정부 3.0을 기치로 정책의 입안이나 대국민 의사소통 창구로 활용하고 최근 공공기관의 데이터를 공개하는 정책으로 대응하고 있다. 스마트폰의 등장은 유선환경의 SNS를 벗어나 모바일환경에서도 실시간으로 언제 어디서나 접속하여 의견을 제시하고 공유가 가능하다. 대표적인 모바일 SNS는 twitter, facebook, 국내 카카오톡, 밴드 등을 떠올릴 수 있다. 다시 정리하면 소셜분석의 대상이 될 수 있는 데이터는 유선환경의 블로그나 카페, 스마트폰을 사용하는 무선환경의 twitter나 facebook, 인터넷 신문기사, 구글이나 야후 검색 등 우리가 지금까지 사용해온 인터넷 환경의 익숙한 대부분의 것이 될 수 있다. 여기서 소셜 미디어 데이터를 살펴보면 대부분 비정형 텍스트 데이터이다. 즉, 텍스트 마이닝으로 비정형 데이터를 정형화시키는 작업이 수반된다. 키워드 도출을 통한 워드클라우드를 만들거나, 오피니언 마이닝 기법인 감성분석을 통해 의견, 뉴스의 좋고 나쁨을 판단할 수 있다. 또한 사회관계망 분석으로 확장시킬 수도 있다. facebook이나 twitter 등의 모바일 SNS로서 소셜과 네트워크 소프트웨어가 결합된 용어이다. 소셜 네트워크 서비스의 핵심원리는 Presence, Identity, Relationships, Sharing, Reputation, Groups, Conversations로서 서비스에 따라 성격이 다르다. 소셜미디어 서비스/소셜 네트워크 서비스는 언제 어디서나 어느 단말에서나 빠르게 실시간으로 접속해서 양방향으로 서비스를 주고받으며 대중이 서로 참여할 수 있다. 이렇게 생성된 네트워크를 통한 가치를 분석하여 CRM으로 확대하기도 한다.

1. 주가예측이란?

구글에서 "주가예측"에 대한 학술자료를 검색하면 한국어 웹에서 16,900여개의 자료가 검색되고 있다. 그만큼 쉽지 않다는 의미로 해석될 수 있고, 그래서 끊임없이 지속적으로 연구되고 새로운 알고리즘을 적용해서 예측의 성능을 높이려 하는 것으로 판단된다. 최근에는 통계적 분석 기법, Data Mining기법뿐만 아니라 Machine Learing, Deep Learning을 통해 분석하고 있다. 국내의 주식정보는 KRX나 Daum 등을 통해서 입수하거나 Google Finance나 Yahoo Finance를 통해 확보할 수 있다. 모형에는 Classification을 통해 주가 상승이나 하락으로 분류할 수 있고, 다중회귀 모형으로 주가나 거래량의 상승, 하락폭을 예측하기도 한다. 또한 신경망기법을 적용하거나 유전자 알고리즘이 적용되어 고도화하기도 한다. 최근에는 twitter나 블로그의 자료를 기반으로 한 빅데이터 분석이 주가예측과 연계된 서비스가 국내에서도 출시되고 있다.

2. 소셜분석을 통한 주가변동 예측이란?

분석 대상 기업에 대한 twitter와 뉴스정보 및 주가정보를 수집하고 주가와 어떠한 관련이 있는지 분석하였다. twitter 트윗 텍스트나 뉴스 데이터는 속성상 특정한 양식을 갖지 않는 비정형 텍스트이다. 이런 콘텐츠를 분석하기 위해 오피니언 마이닝이라는 빅데이터 감성분석 기법을 적용하여 특정 종목의 주가의 등락을 예측할 수 있는지 검토해 보았다. 그 결과 해당 콘텐츠의 감성분석 결과 값과 주가 등락은 유의한 관계를 이루고 있었다.

분석방안 및 데이터 준비

미국 캘리포니아대학교 리버사이드 캠퍼스의 컴퓨터공학과는 미국컴퓨터협회 (ACM) 주최로 시애틀에서 열린 '제5회 웹검색 및 데이터 마이닝 국제컨퍼런스 (WSDM)'에서 'SNS 활동과 관련된 금융 시계열 분석(Correlating Financial Time Series with Micro-Blogging Activity)' 이라는 논문을 발표했다.

특정 기업에 대해 언급한 SNS 메시지를 수집해서 실제 주식시장 변동과 비교했더니 유의미한 결과를 얻었다는 것이다. 이들은 4개월 동안 컴퓨터 시뮬레이션으로 주식을 사고 팔았더니 평균 손실률보다 훨씬 나은 성과를 기록했다.

[The ScienceTimes, twitter 보면 주식 예측할 수 있다]

- Social Analysys/Textmining/Wordcloud : twitter를 통한 소셜분석
- Corellation, Regression Analysys : SNS 감성분석 결과와 주가변동의 상관관계 분석과 SNS감성분석의 주가변동에 대한 다중회귀분석 수행

1. 분석 대상 기업

계획은 NASDAQ의 3개의 산업별로 대표 기업의 주식 3~4개씩 총 10개를 분석 대상으로 하였으나, 시행착오 끝에 산업별 대표 1개 기업의 주식으로 결정하여 분석을 진행하였다.

분석기업

산 업	계획 단계 기업	최종 대상 기업
Technlogy HW &Equipment	Apple : AAPL CISCO : CSCO INTEL : INTC Qualcomm : QCOM	Qualcomm : QCOM
SW &Computer Services	Google : GOOG MS : MSFT ORACLE : ORCL	ORACLE : ORCL
Gerneral Retailer	Amazon : AMZN Ebay : EBAY Baidu : BIDU	Baidu : BIDU

2. 활용 데이터

분석에 사용한 데이터는 twitter에서 소셜데이터를, Google Finance에서 NASDAQ의 일자별 주식종가 정보를, Google 및 LA Times에서 분석 대상 기업의 뉴스정보를 입수하였다.

활용 데이터

데이터소스	수집기간	용도
TWITTER	2013.03.20 ~ 2013.07.12	소셜분석을 위한 감성분석, 텍스트마이닝
Google Finance	2013.03.20 ~ 2013.07.12	분석 대상 기업에 대한 일자별 주식 종가
Google/Yahoo News/LA Times	2012.01.01 ~ 2013.07.12	분석 대상 기업에 대한 뉴스에 대하여 감성분석, 텍스트 마이닝

3. 분석절차

소셜분석과 주가변동예측을 위한 절차

일 정	W1	W2	W3	W4
업 무	• 기초 자료 준비 • 분석용 자료 생성	• 1차 모델링 • 모델 검증	• 2차 모델링 • 모델 검증 • 모델 확정	• 최종 분석 • 보고서 생성 • 리뷰

데이터 입수, 전처리(배치작업 포함), 저장 및 가공을 통해 분석 데이터를 생성하고 상관분석과 다중회귀분석, 데이터 마이닝의 Random Forest의 통계분석 기법을 적용하였다. 분석환경은 Windows8, R2.5.12 64bits, RStudio, Mysql 5.6, Python 2.7.5를 기반으로 구성되었다.

4. twitter 데이터 입수

twitter에서의 자료검색은 R의 searchTwitter API를 사용하는 것을 기본으로 하였으나, 동시 검색 건수 제한, 계정 블록 등의 여러 제약으로 인해 활용할 수 없었다. 따라서 웹브라우저인 Chrome에서 수작업으로 검색하여 HTML로 다운로드하였다. 그럼에도 불구하고 R searchTwitter API는 기본적으로 알아두는 것이 필요하다.

R에서 twitter나 facebook에 올라온 자료를 검색하기 위해서는 인증을 통한 활용과정이 반드시 필요하다. 인증과정을 통해 인증서를 발급받고, 활용하는 프로그램에서 인증서를 통해 인증과정을 거쳐 제공하는 API를 활용할 수 있는 것이다. 해당 과정은 이미 본 도서에 소개되어 있어 생략하기로 한다. Chrome을 통해 검색조건을 입력하여 조회하는 경우에도 일단 로그인이 된 상태여야 한다. 따라서 R에서 twitteR 패키지를 이용하여 검색하는 방법과 Chrome을 통해 수작업으로 검색하여 다운로드하는 경우를 모두 제시한다.

twitteR 패키지 이용하여 검색하는 기본방법(R 코드 사례)

```
install.packages("twitteR",dependencies=TRUE)
library(twitteR)

library(ROAuth )
library(RCurl )
requestURL <- "https://api.twitter.com/oauth/request_token"
accessURL = "https://api.twitter.com/oauth/access_token"
authURL = "https://api.twitter.com/oauth/authorize"
consumerKey = "7REgjvrbPMA8hrcPm5vYEw"
consumerSecret = "FSzO4Azo6tUtqIsxZiA5SDYsMyIyWkdwngcdrx3TC4"
twitCred <- OAuthFactory$new(consumerKey=consumerKey,consumerSecret=
consumerSecret , requestURL=requestURL , accessURL=accessURL , authURL=authURL)
#download.file(url="http://curl.haxx.se/ca/cacert.pem" , destfile="cacert.pem")
```

```
#twitCred$handshake(cainfo="cacert.pem" )
#save(list="twitCred", file="twitteR_credentials")


load("twitteR_credentials")
registerTwitterOAuth(twitCred)


rdmTweets <- userTimeline("apples",n=1000,cainfo="cacert.pem")


rdmtweets<-searchTwitter("Samsung",n=1500, lang='en', cainfo="cacert.pem")
rdmtweet.text <- laply(rdmtweets, function(t)t$getText())
write(rdmtweet.text,file="C:/Project/20130619_Samsung.txt")
```

분석에서 사용한 twitter 자료 입수의 수작업은 검색과 저장의 두 단계로 나눌 수 있다. 첫 번째 단계인 검색은 구글의 Chrome 웹 브라우저에서 twitter에 로그인한 후 다음의 검색조건을 URL로 입력하거나 twitter의 검색창에 입력해서 조회하는 방법이 있다. 두 번째 단계인 저장은 Chrome의 "페이지를 다른 이름으로 저장하기" 기능을 이용해 html 파일로 저장하는 것이다. 저장하기 옵션에서 "웹페이지, HTML전용" 옵션으로 저장하면 불필요하게 이미지 등의 파일을 다운로드받지 않게 되어 시간과 저장 공간을 절약할 수 있다.

사용된 twitter 데이터 검색조건 사례

Oracle

http://twitter.com/search/realtime?q=@oracle%20lang%3Aen%20%20since%3A2013-06-01%20until%3A2013-06-20&src=typd

http://twitter.com/search/realtime?q=@oracle%20lang%3Aen%20%20since%3A2013-06-21%20until%3A2013-07-13&src=typd

Baidu

baidu -CLBar_Baidu -나쁜기집애 -afterschool -SHINee's -Running -CNBLUE -boyfriend -@caldron_baidu -youtu.be -youtube.com lang:en since:2013-04-01 until:2013-07-1

Qualcomm

http://twitter.com/search/realtime?q=qualcomm%20lang%3Aen%20%20since%3A2013-04-01%20until%3A2013-05-31&src=typd

Chrome에서 검색 수행결과 화면

Chrome에서 검색결과 저장

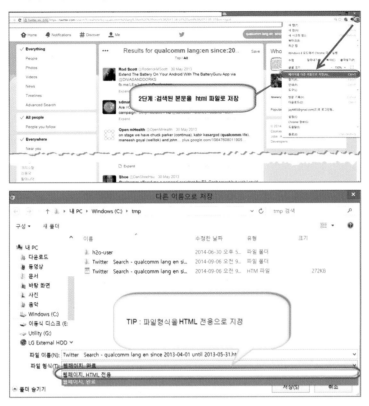

저장된 HTML - 트윗 맨션 하나에 대한 HTML 사례

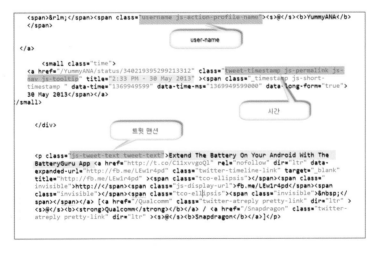

5. 주가정보 입수

R의 quantmod 패키지를 이용하여 분석 대상 기업의 주가정보를 입수한다. 이렇게 입수한 주가정보는 MySQL에 테이블로 등록하게 된다.

주가정보 입수

```
install.packages("quantmod"); library(quantmod); library(xts)


#### get Stock price data ###############
getSymbols(c("ORCL","AMZN","MSFT","EBAY","BIDU","AAPL","QCOM","GOOG","INTL","CSCO")) # 기업 심벌들을 이용해 데이터 받아오기


getSymbols("QCOM") # 퀄컴만
getSymbols("ORCL")  # 오라클만
getSymbols("BIDU")  # 바이두만


x <- BIDU['2013-03-20::2013-07-13']
field <- index(x)
df.BIDU <- data.frame(x,day=field,company="BIDU")
colnames(df.BIDU)[1]<-"open"  # 시작가
colnames(df.BIDU)[2]<-"high"   # 최고가
colnames(df.BIDU)[3]<-"low"    # 최저가
colnames(df.BIDU)[4]<-"close"   # 종가
colnames(df.BIDU)[5]<-"volume" # 거래량
colnames(df.BIDU)[6]<-"adjusted" # 조정된 가격


x <- ORCL['2013-03-10::2013-07-13']
field <- index(x)
df.ORCL <- data.frame(x,day=field,company="ORCL")
colnames(df.ORCL)[1]<-"open"
colnames(df.ORCL)[2]<-"high"
colnames(df.ORCL)[3]<-"low"
```

```
colnames(df.ORCL)[4]<-"close"

colnames(df.ORCL)[5]<-"volume"

colnames(df.ORCL)[6]<-"adjusted"


x <- QCOM['2013-03-20::2013-07-13']

field <- index(x)

df.QCOM <- data.frame(x,day=field,company="QCOM")

colnames(df.QCOM)[1]<-"open"

colnames(df.QCOM)[2]<-"high"

colnames(df.QCOM)[3]<-"low"

colnames(df.QCOM)[4]<-"close"

colnames(df.QCOM)[5]<-"volume"

colnames(df.QCOM)[6]<-"adjusted"


stkqcom <- df.QCOM; stkorcl <- df.ORCL; stkbidu <- df.BIDU
```

주가정보에 대하여 MySQL에 테이블 생성

```
#### DB Save & summary #########################

row.names(stkqcom) <- NULL

stkqcom$day <- as.character(stkqcom$day)

write.table(stkqcom,file="stkqcom.csv", sep=",", row.names=FALSE, quote=FALSE)


# 엑셀에서 어제 대비 종가변동량, 거래량 증분량, 종가변동, 거래량 변동분 계산한 CSV

stockqcom <- read.csv("stkqcomall.csv",sep=",",header=TRUE)


row.names(stkorcl) <- NULL

stkorcl$day <- as.character(stkorcl$day)

write.table(stkorcl,file="stkorcl.csv", sep=",", row.names=FALSE, quote=FALSE)


# 엑셀에서 어제 대비 종가변동량, 거래량 증분량, 종가변동, 거래량 변동분 계산한 CSV

stockorcl <- read.csv("stkorclall.csv",sep=",",header=TRUE)

row.names(stkbidu) <- NULL

stkbidu$day <- as.character(stkbidu$day)
```

```
write.table(stkbidu,file="stkbidu.csv", sep=",", row.names=FALSE, quote=FALSE)

# 엑셀에서 어제 대비 종가변동량, 거래량 증분량, 종가변동, 거래량 변동분 계산한 CSV
stockbidu <- read.csv("stkbiduall.csv",sep=",",header=TRUE)

# RODBC Library를 통해 MySQL odbc driver로 접속
mycon <- odbcConnect("mysql","id","password")

# 테이블 생성
sqlSave(mycon,stockqcom,verbose=TRUE)
sqlSave(mycon,stockorcl,verbose=TRUE)
sqlSave(mycon,stockbidu,verbose=TRUE)

# MySQL 접속 종료
close(mycon)
######## DB Save & summary #########################
```

6. 뉴스 데이터 입수

R에서 구글 Finance와 LA Times에서 분석 대상 기업에 대한 뉴스를 수집하였다. 한 가지 유의할 점은 기업에 대한 뉴스는 daily로 생성되지 않는다는 점이다.

구글 Finance에서 심벌을 이용해 뉴스 수집

```
#http://moderntoolmaking.blogspot.kr/2011/07/importing-google-news-data-to-r.ht#ml

install.packages(c('plyr', 'quantmod', 'stringr', 'lubridate', 'xts', 'RDSTK'), dep=TRUE)

getNews <- function(symbol, number){
```

```r
# Warn about length
if (number>300) {
  warning("May only get 300 stories from google")
}

# load libraries
require(XML); require(plyr); require(stringr); require(lubridate);
require(xts); require(RDSTK)

# construct url to news feed rss and encode it correctly
url.b1 = 'http://www.google.com/finance/company_news?q='
url     = paste(url.b1, symbol, '&output=rss', "&start=", 1,"&num=", number,
sep = '')
url     = URLencode(url)

# parse xml tree, get item nodes, extract data and return data frame
doc   = xmlTreeParse(url, useInternalNodes = TRUE)
nodes = getNodeSet(doc, "//item")
mydf  = ldply(nodes, as.data.frame(xmlToList))

# clean up names of data frame
names(mydf) = str_replace_all(names(mydf), "value\\.", "")

pubDate = strptime(mydf$pubDate, format = '%a, %d %b %Y %H:%M:%S', tz = 'GMT')
pubDate = with_tz(pubDate, tz = 'America/New_york')

#Parse the description field
mydf$description <- as.character(mydf$description)
parseDescription <- function(x) {
  out <- html2text(x)$text
  out <- strsplit(out,'\n|--')[[1]]

  #Find Lead
  TextLength <- sapply(out,nchar)
```

```
      Lead <- out[TextLength==max(TextLength)]


      #Find Site
      Site <- out[3]


      #Return cleaned fields
      out <- c(Site,Lead)
      names(out) <- c('Site','Lead')
      out

    }
    description <- lapply(mydf$description,parseDescription)
    description <- do.call(rbind,description)
    mydf <- cbind(mydf,description)


  return(mydf)
  }


getMonth <- function(x) {
  ifelse(x=="Jan","01", ifelse(x=="Feb","02", ifelse(x=="Mar","03",
  ifelse(x=="Apr","04", ifelse(x=="May","05", ifelse(x=="Jun","06",
  ifelse(x=="Jul","07", ifelse(x=="Aug","08",  ifelse(x=="Sep","09",
  ifelse(x=="Oct","10", ifelse(x=="Nov","11", ifelse(x=="Dec","12",""))))))))))))
}


#### 오라클 뉴스
news <- getNews('ORCL',200)
year <- substr(news$pubDate, 13,17)
day <- substr(news$pubDate, 6,7)
month <- getMonth(substr(news$pubDate, 9,11))
time <- substr(news$pubDate, 18,25)


rs <- paste( substr(news$pubDate, 13,16), month, substr(news$pubDate, 6,7) ,
sep="-" )
rs <- paste( rs,substr(news$pubDate, 18,25) )
news.goog <- cbind( company="ORCL",date=rs,news)
```

7. twitter 데이터 전처리

위에서 Chrome을 통해 대상 기업에 대한 트윗을 검색하고 HTML로 저장하는 방법을 설명하였다. 상기한 방식대로 저장한 HTML 문서를 열어보면 HTML tag와 java scipt, DHTML, CSS 등 구성요소가 복잡하게 엮어서 사용되고 있음을 알 수 있다. 이 가운데 다음 단계인 감성분석에 이용할 항목을 추출해 내야 하는데 대상항목은 작성자, 작성시간, 트윗 텍스트로 한정하였다. 추출방식은 편의상 특정 폴더에 저장된 HTML 문서 전체를 대상으로 특정 기업에 대해 하나의 문서씩 읽으면서 해당 기업의 주가 심벌에 대하여 작성자, 작성일시, 작성내용을 추출하는 방식이다. Python으로 구현하였고, 수행 시 본문의 내용이 utf-8 코드가 아닌 경우엔 오류가 발생할 수도 있다. 그럴 경우 해당 트윗 데이터는 HTML에서 삭제하고 재처리하면 된다.

Python을 이용한 감성분석용 정보 추출

```
####################################################
# [주가파] 김동현
#  input : Twitter 조회결과를 저장한 HTML파일을 파싱
#  process : 지정한 모든 파일에 대하여 사용자, 일시, 트윗 텍스트를 추출해냄
#  output : 탭 구분자로 csv파일
####################################################

import glob # 디렉토리 핸들링
import csv  # csv 생성
from bs4 import BeautifulSoup # html 파싱용 파이썬 패키지

# TAB을 구분자로 하는 CSV생성
f = csv.writer(open("ORCL-NEW.csv", "w"), delimiter = '\t')
f.writerow(["company", "user", "time and date",  "tweettext"])
FileList = glob.glob('C:/p_work/ORCL*.htm') # 지정한 모든 파일명을 수집

for i in FileList:
```

```
company=i[10:14] # 파일명에서 기업명 추출
filename=i[10:]
print company, filename
soup = BeautifulSoup(open(filename)) # html file open
litop = soup.find_all("li", "js-stream-item stream-item stream-item expanding-stream-
item")
for li in litop:
    for link in li.find_all('li', 'js-stream-item stream-item stream-item
expanding-stream-item'):
        link = li['id'][3]
    divcont = li.find_all("div", "content")

    # 작성자
    username = li.find("span", "username js-action-profile-name").get_text()
    # 작성일시
    timedate = li.find('a', "tweet-timestamp js-permalink js-nav").attrs['title']
    # 트윗 텍스트
    tweettext = li.find("p", "js-tweet-text tweet-text").get_text().encode
('utf-8').replace('\n',"") # 트윗 텍스트

    #print(username, timedate, tweettext)
    #파일쓰기
    f.writerow([company, username, timedate, tweettext])
```

8. 감성분석

본 분석에서의 감성분석은 트윗 텍스트의 감성을 긍정과 부정으로 분류하는 작업
이다. 이를 위해서는 긍정과 부정의 감성에 대한 모음집인 사전이 필요하다. 간단하
게 이 과정에 대한 알고리즘을 설명하면 다음과 같다. R의 패키지를 사용하여 비정
형 데이터 마이닝 과정, 즉 비정형 데이터인 트윗 텍스트에서 불필요한 데이터를 제

거하고(StopWord, 불용어 제거) 원형으로 만들어(Stemming, 어근 추출) 정형화하는 작업을 한다. 그 후 긍정 단어 사전과 부정 단어 사전을 참고해서 긍정과 부정으로 매핑되는 단어 수를 합산하여 문장의 긍정과 부정을 결정한다. 다시 말하면 트윗 텍스트에서 "감성 스코어 = 긍정단어 수의 합계 − 부정단어 수의 합계"이다. 감성 스코어가 1 이상이면 트윗 텍스트의 문장 전체를 "긍정"으로 판단할 수 있고, −1 이하 이면 "부정"으로 판단할 수 있다. 0인 경우는 이도 저도 아닌 중립적인 의견으로 볼 수 있다.

앞 단계에서 배치작업으로 생성한 오라클, 바이두, 퀄컴에 대한 등록자, 일자별, 트윗 텍스트를 한 건씩 읽으면서 원본 텍스트를 정형화하고 감성 스코어를 계산하여 그 결과를 리턴한다. 배치작업이 완료되면 결과를 데이터를 파일로 저장하고, MySQL에 테이블로 등록한다. 이때 결과 데이터는 2가지로 저장하는데, 하나는 원본 데이터에 감성스코어 정보(감성스코어, 긍정단어 수, 부정단어 수)가 포함된 자료이고, 다른 파일은 트윗 텍스트만 제거한 일자별 파일이다. 전자는 추후 원본 데이터를 확인할 필요가 있을 때 사용하기 위함이고, 후자는 최종 분석용 데이터 셋을 만들어 내기 위한 파일이다.

감성분석 소스코드

```
library(KoNLP);library(tm)
library(twitteR);
library(ROAuth);library(RCurl)
library(ggplot2);library(wordcloud)
library(plyr);
library(RODBC) #database 처리를 위한 패키지

# 트윗 텍스트 한 문장을 파라미터로 받아 감성스코어, 긍정단어 수, 부정단어 수의 데이터
# 프레임을 반환하는 함수
score.sentiment3 = function(sentences, pos.words, neg.words, .progress='text')
{
  require(plyr)
```

```
require(stringr)
# we got a vector of sentences. plyr will handle a list
# or a vector as an "l" for us
# we want a simple array ("a") of scores back, so we use
# "l" + "a" + "ply" = "laply":
scores = laply(sentences, function(sentence, pos.words, neg.words) {
  # clean up sentences with R's regex-driven global substitute, gsub():
  sentence = gsub('[[:punct:]]', '', sentence)
  sentence = gsub('[[:cntrl:]]', '', sentence)
  sentence = gsub('\\d+', '', sentence)
  # and convert to lower case:
  sentence = tolower(sentence)
  # split into words. str_split is in the stringr package
  word.list = str_split(sentence, '\\s+')
  # sometimes a list() is one level of hierarchy too much
  words = unlist(word.list)
  # compare our words to the dictionaries of positive & negative terms
  pos.matches = match(words, pos.words)
  neg.matches = match(words, neg.words)
  # match() returns the position of the matched term or NA
  # we just want a TRUE/FALSE:
  pos.matches = !is.na(pos.matches)
  neg.matches = !is.na(neg.matches)
  # and conveniently enough, TRUE/FALSE will be treated as 1/0 by sum():
  score = sum(pos.matches) - sum(neg.matches)


  val <- c(score=score, pos=sum(pos.matches), neg=sum(neg.matches) )


  return( val )
}, pos.words, neg.words, .progress=.progress )

scores.df3 = data.frame(scores, text=sentences)
return(scores.df3)
}
```

```
# 입력 파라미터 : 이전 단계 배치작업 결과 기업, 일자, 작성자, 트윗 텍스트의 내용
# 출력 : 입력 데이터 + 감성스코어, 긍정단어 수, 부정단어 수
makeSentiment3 <- function(x){
  rdmtweets <- x
  hilton.text <- NULL
  hilton.text <- as.vector( t(rdmtweets$tweettext) )

  # 긍정, 부정사전 로딩
  pos.word=scan("./positive-words.txt", what="character", comment.char=";")
  neg.word=scan("./negative-words.txt",what="character",comment.char=";")
  # 긍정, 부정 사전에 단어 추가
  pos.words <- c(pos.word,"upgrade")
  neg.words <- c(neg.word, "wtf","wait","waiting","epicfail","mechanical")
  # UTF-8인 경우만 분석 데이터로 사용하기 위한 필터링 수행
  hilton.text <- hilton.text[!Encoding(hilton.text)=="UTF-8"]

  # 감성스코어 계산

hilton.scores3=score.sentiment3(hilton.text,pos.words,neg.words,.progress='text')

  hilton.scores3 <- cbind( hilton.scores3, created=rdmtweets$date
,company=rdmtweets$company )
  return(hilton.scores3)
}


# 이전 단계에서 파이썬으로 생성한 기업별 파일
ds2 <- read.csv("Book2.txt",header=TRUE,sep="\t") #QUALCOMM
ds3 <- read.csv("Book3.txt",header=TRUE,sep="\t") #ORACLE
ds4 <- read.csv("Book4.txt",header=TRUE,sep="\t") #Baidu
# 감성분석 배치작업 수행
hilton.scores <- makeSentiment3(ds2)
hilton.scores <- makeSentiment3(ds3)
hilton.scores <- makeSentiment3(ds4)
```

Local Disk에 파일로 저장 및 MySQL에 저장

```
#make data file
write.table(hilton.scores,file="ALL_QCOM_0713.txt", sep=",", row.names=FALSE,
quote=FALSE)
hilton.sc<- subset(hilton.scores, select = -text )
hilton.sc<- data.frame(hilton.sc, day=substr(hilton.scores$created ,1,10) )
write.table(hilton.sc,file="ALL_QCOM_daily_0713.txt", sep=",", row.names=
FALSE, quote=FALSE)

write.table(hilton.scores,file="ALL_ORCL_0713.txt", sep=",", row.names=FALSE,
quote=FALSE)
hilton.sc<- subset(hilton.scores, select = -text )
hilton.sc<- data.frame(hilton.sc, day=substr(hilton.scores$created ,1,10) )
write.table(hilton.sc,file="ALL_ORCL_daily_0713.txt", sep=",", row.names=
FALSE, quote=FALSE)

write.table(hilton.scores,file="ALL_BIDU_0713.txt", sep=",", row.names=FALSE,
quote=FALSE)
hilton.sc<- subset(hilton.scores, select = -text )
hilton.sc<- data.frame(hilton.sc, day=substr(hilton.scores$created ,1,10) )
write.table(hilton.sc,file="ALL_BIDU_daily_0713.txt", sep=",", row.names=
FALSE, quote=FALSE)

# 기업별 일자별 결과를 MySQL 데이터베이스에 테이블로 생성
# 사전 작업 : RODBC 패키지 설치, 관리 도구에서 ODBC 드라이버 설정
mycon <- odbcConnect("mysql","id","password")

twitorcl <- read.table("ALL_ORCL_daily_0713.txt",header=TRUE,sep=",")
sqlSave(mycon, twitorcl, verbose=TRUE)

twitbidu <- read.table("ALL_BIDU_daily_0713.txt",header=TRUE,sep=",")
sqlSave(mycon, twitbidu, verbose=TRUE)

#stock insert
stock0713 <- read.table("stock0713.csv",header=TRUE,sep=",")
```

```
sqlSave(mycon,stock0713, verbose=TRUE)
```

분석 대상 기업별 뉴스에 대한 감성분석과 결과 저장

```
library(KoNLP); library(tm); library(twitteR); library(ROAuth)
library(RCurl); library(ggplot2); library(wordcloud) ; library(plyr);
library(RODBC)

# Latimes와 Google Finance News의 데이터가 저장된 RData파일 로딩
load("search_news_20130719.RData")
load("google_news.RData")

lat.news <- data.frame(company=search_news$V7, date=search_news$value.pubDate,
description=search_news$value.description)

news <- rbind(news.sw, news.gr, news.hw, lat.news)
write.table(news, "news.csv",sep=",")

# 감성분석에 사용할 뉴스로 구성된 데이터 프레임
compnay.news <- read.csv("news.txt",header=TRUE,sep="\t")
#make score ; 트윗 텍스트에 대한 감성분석 함수를 재사용함
news.score <- makeSentiment3(compnay.news)

#make data file
write.table(news.score,file="ALL_news.txt", sep=",", row.names=FALSE,
quote=FALSE)
hilton.sc<- subset(news.score, select = -text )
write.table(hilton.sc,file="ALL_news_daily.txt", sep=",", row.names=FALSE,
quote=FALSE)

#db insert
mycon <- odbcConnect("mysql","id","password")
stknews <- read.table("ALL_news_daily.txt",header=TRUE,sep=",")
sqlSave(mycon, stknews, verbose=TRUE)
```

분석용 데이터 정의

총 26개의 항목을 분석 데이터마트로 결정하였으나, 뉴스에 대한 감성분석 정보는 분석과정에서 활용하지는 않았다. 기업의 일자별 뉴스가 연속적으로 존재하지 않기 때문에 시간제약으로 인해 분석에서 제외하였다.

최종분석용 데이터 셋(분석용 마트) 정의

순 번	항목설명	항목명	데이터형	비 고
1	기업명	company	factor	–
2	주식거래일자	stk_day	factor	–
3	트윗 감성분석 스코어	score	num	–
4	트윗 감성분석 스코어 최근 2일 평균	score2avg	num	–
5	트윗 감성분석 스코어 최근 3일 평균	score3avg	num	–
6	트윗 감성분석 스코어 최근 5일 평균	score5avg	num	–
7	트윗 감성분석 스코어 최근 10일 평균	score10avg	num	–
8	트윗 감성분석 – 긍정	pos	num	–
9	트윗 감성분석 – 부정	neg	num	–
10	트윗 감성분석 – 중립	neu	num	–
11	트윗 카운트	cnt	num	–
12	트윗 카운트 최근 2일 평균	cnt2avg	num	–
13	트윗 카운트 최근 3일 평균	cnt3avg	num	–
14	트윗 카운트 최근 5일 평균	cnt5avg	num	–
15	트윗 카운트 최근 10일 평균	cnt10avg	num	–
16	종가	close	num	input/output
17	거래량	volume	num	input/output
18	종가 전일 대비 증분	close_bfr	num	input/output
19	거래량 전일 대비 증분	volume_bfr	num	input/output
20	종가 변동 여부	close_up_yn	factor	상향 : 1, 하향 : 0
21	거래량 변동 여부	volume_up_yn	factor	상향 : 1, 하향 : 0
22	뉴스 감성분석 스코어	news_score	num	분석에서 제외
23	뉴스 감성분석 – 긍정	news_pos	num	분석에서 제외
24	뉴스 감성분석 – 부정	news_neg	num	분석에서 제외
25	뉴스 감성분석 – 중립	news_neu	num	분석에서 제외
26	뉴스 감성분석 – 카운트	news_cnt	num	분석에서 제외

오라클 데이터베이스의 분석용 함수나 SAS의 함수 중에 lag, lead함수가 있다. 이 함수들의 목적은 순서대로 나열된 데이터에서 N번째 전행의 값(lag), N번째 후

행의 값(lead)을 참조하기 위해 사용한다. 이번 분석에서 사용하는 최종 분석용 데이터 항목을 보면 최근 N일 평균, 어제 대비 증분 값이 정의되어 있다. 필자는 이 작업을 편하게 하고자 엑셀을 이용하였다. 위의 데이터 마트 정의를 보면 4~7번 항목, 12~15번 항목, 18~22번 항목이 해당되는데, 이 항목을 추가 적용하는 것은 엑셀에서 편하게 작업하여 활용하였다.

최종 마트는 MySQL에 생성한 테이블을 SQL문으로 조회하여 생성하였다. 이는 RODBC 패키지로는 MySQL에 특화된 SQL문 수행에 제약이 생길 수 있기 때문이다. 아래의 쿼리문장을 보면 date_add, date_format, str_to_date, weekday와 같은 함수가 그런 사례이다.

이에 대한 해결방법은 시간이 많이 걸려도 R로 아래의 문장을 모두 구현하거나 아래의 문장을 Stored Procedure로 만들어 RODBC 패키지로 실행시키는 방안이 있을 수 있다. 위에서 감성분석 결과, 주가정보 결과, 뉴스정보 결과를 MySQL에 생성하였는데 그 테이블을 이용한다. 우리나라와 마찬가지로 미국도 휴일이나 토요일, 일요일은 주식시장이 개장하지 않기 때문에 주가정보가 존재하지 않는다. 휴일이나 토요일, 일요일에도 존재하는 트윗 감성분석 자료가 휴일 다음날이나 차주 월요일의 주가변동에 반영된다는 가정하게 트윗 감성분석 일자를 조정해주기 위한 내용이 복잡하게 포함되어 있다. 아래 사례는 오라클을 대상으로 한 것이고 관련 테이블만 바꾸면 바이두나 퀄컴에 대해서도 동일한 방식으로 조회할 수 있어서 해당 SQL문은 생략한다.

최종 마트 생성 SQL문장

```
##############################################################
# [주가파] 김동현
# 1. database : mysql
# 2. 관련 테이블 :
#    오라클, 바이두, 퀄컴기업별 트윗 및 뉴스 감성분석 테이블 및 주가 테이블
##############################################################
### ORACLE 최종 분석 데이터 셋(마트) 생성 쿼리
```

```
select AA.*, BB.news_score,BB.news_pos,BB.news_neg,BB.news_neu,BB.news_cnt
from
(
select a.company as company, a.stk_day as stk_day, sum(a.score) as score,
     sum(a.pos) as pos, sum(a.neg) as neg, sum( a.score=0 ) as neu,
          count(*) as cnt, b.close, b.volume, b.close_bfr, b.volume_bfr,
close_up_yn,
     volume_up_yn
from (
select company, score, pos, neg, created, day,
  case when str_to_date(substring(created,12,5),'%H:%i') <=
          str_to_date("16:30",'%H:%i')
       then day
  else date_format(
          date_add(str_to_date(substring(created,1,10),'%Y-%m-%d'), interval 1
day
               ),'%Y-%m-%d')
  end adj_day,
  case when weekday(str_to_date(substring(created,1,10),'%Y-%m-%d')) in (5,6)
             or
          weekday(str_to_date(substring(created,1,10),'%Y-%m-%d')) = 4
             and   str_to_date(substring(created,12,5),'%H:%i')   >
str_to_date("16:30",'%H:%i')
   then 1
   else 0
   end is_week,
  case when weekday(str_to_date(substring(created,1,10),'%Y-%m-%d')) in (5,6)
             or
          (weekday(str_to_date(substring(created,1,10),'%Y-%m-%d')) = 4
                   and str_to_date(substring(created,12,5),'%H:%i') >
                      str_to_date("16:30",'%H:%i') )
   then date_format( next_day(
       str_to_date(substring(created,1,10),'%Y-%m-%d'),'Mon' ),'%Y-%m-%d')
   else (
```

```
        case when str_to_date(substring(created,12,5),'%H:%i') <=
                str_to_date("16:30",'%H:%i')
        then day
        else date_format(
            date_add(str_to_date(substring(created,1,10),'%Y-%m-%d'), interval 1
day ),'%Y-%m-%d')
        end)
   end stk_day
from twitorcl ) a, stockorcl b
where substring(a.stk_day,1,10)=substring(b.day,1,10)
   and substring(a.company,1,4)=substring(b.company,1,4)
group by a.company, a.stk_day,
     b.close,
     b.volume,
     b.close_bfr, b.volume_bfr, close_up_yn, volume_up_yn
) AA left outer join (
   select company, created, sum(score) as news_score, sum(pos) as news_pos,
     sum(neg) as news_neg, sum(score=0) as news_neu, count(*) as news_cnt
   from stknews
   where company='ORCL'
   group by company, created
) BB
on AA.company=BB.company
   and AA.stk_day=BB.created
order by AA.stk_day
```

상관관계 분석은 데이터 내의 두 변수 간의 관계를 알아보기 위한 분석 방법이다. 두 변수 간의 관계는 상관계수로 표현되며 연속형, 순서형 자료를 대상으로 수행할 수 있다. 상관계수는 −1 ~ 1 사이의 값으로 두 변수 간의 연관된 정도를 제시한다. 상관계수는 피어슨 상관계수와 스피어만 상관계수, 켄달의 상관계수가 있다. 또한 산출된 상관계수에 대해서는 유의성 검정을 통해 통계적으로 유의한지도 점검해봐야 한다. 본 분석에서는 상관분석을 통해 트윗 감성분석 결과, 트윗 건수가 종가나

거래량과 일정한 수준(상관계수>|0.5|) 이상으로 관련되어 있을 때 후속 분석을 통해 원인과 결과를 밝히는 인과관계를 검토하기 위해 수행하였다. 필자가 정한 상관관계의 수준은 개인적인 것이며 분석가의 주관에 의해 수준을 정의하면 될 것이다. 우리의 분석 케이스에서는 퀄컴이 0.5가 안되기 때문에 후속 분석에서 제외하고, 오라클과 바이두만 후속 분석을 수행하기로 결정하였다.

R에서는 기본 함수로 제공되는 cor( ) 함수를 통해 상관분석을 수행할 수 있으며, 두 변수가 아닌 데이터 셋 전체를 분석하면 변수 간 상관분석 행렬로 상관계수들이 제공된다.

상관관계 분석

```
# 위 최종 결과로 생성된 데이터 셋 파일
QCOM <- read.csv("qcom_twit_stk_news10.csv",sep=",",header=TRUE)
ORCL <- read.csv("orcl_twit_stk_news10.csv",sep=",",header=TRUE)
BIDU <- read.csv("bidu_twit_stk_news10.csv",sep=",",header=TRUE)


Tds <- QCOM
# convert factor to nemeric
Tds$news_score <- as.numeric(Tds$news_score)

Tds$news_pos <- as.numeric(Tds$news_pos)

Tds$news_neg <- as.numeric(Tds$news_neg)

Tds$news_neu <- as.numeric(Tds$news_neu)

Tds$news_cnt <- as.numeric(Tds$news_cnt)
# 퀄컴에 대한 상관분석
cor(Tds[,-c(1,2,24,23,22,25,26,18,19,20,21)], use="complete.obs")


Tds <- ORCL
# convert factor to nemeric
Tds$news_score <- as.numeric(Tds$news_score)

Tds$news_pos <- as.numeric(Tds$news_pos)

Tds$news_neg <- as.numeric(Tds$news_neg)

Tds$news_neu <- as.numeric(Tds$news_neu)
```

```
Tds$news_cnt <- as.numeric(Tds$news_cnt)
# 오라클에 대한 상관분석
cor(Tds[,-c(1,2,24,23,22,25,26,18,19,20,21)], use="complete.obs")



Tds <- BIDU
# convert factor to nemeric
Tds$news_score <- as.numeric(Tds$news_score)
Tds$news_pos <- as.numeric(Tds$news_pos)
Tds$news_neg <- as.numeric(Tds$news_neg)
Tds$news_neu <- as.numeric(Tds$news_neu)
Tds$news_cnt <- as.numeric(Tds$news_cnt)
# 바이두에 대한 상관분석
cor(Tds[,-c(1,2,24,23,22,25,26,18,19,20,21)], use="complete.obs")
```

```
             cnt10avg       close       volume
score       0.08221464 -0.12308356 -0.31635140
score2avg   0.07324680 -0.09944431 -0.24767872
score3avg   0.05606471 -0.10370191 -0.22302593
score5avg   0.05313082 -0.11667971 -0.17077961
score10avg -0.01304473 -0.12865570 -0.20520307
pos         0.13197426 -0.07308988  0.02451345
neg         0.07906788  0.06923950  0.49801515
neu         0.22472315 -0.09151802  0.14263985
cnt         0.22871993 -0.10972753  0.17782706
cnt2avg     0.36076071 -0.20171380  0.38255411
cnt3avg     0.46117546 -0.27947884  0.41678133
cnt5avg     0.65877534 -0.32362439  0.39222855
cnt10avg    1.00000000 -0.23932606 -0.01551260
close      -0.23932606  1.00000000 -0.30764146
volume     -0.01551260 -0.30764146  1.00000000
```

퀄컴은 종가나 거래량과의 상관계수가 0.5 이하이다.

```
              close      volume
score      0.1892085 -0.33325549
score2avg  0.2474459 -0.23795924
score3avg  0.2912029 -0.17361940
score5avg  0.2917090  0.02821019
score10avg 0.2971440  0.13211363
pos       -0.4393687  0.16851580
neg       -0.5541937  0.37121314
neu       -0.5497637  0.25031082
cnt       -0.5795853  0.29677549
cnt2avg   -0.6393198  0.27615034
cnt3avg   -0.6613256  0.23101558
cnt5avg   -0.6915953  0.20388952
cnt10avg  -0.7021077  0.20449223
close      1.0000000 -0.52452960
volume    -0.5245296  1.00000000
```

오라클은 최근 누적 트윗 건수 자체에 대하여 강한 음의 상관관계를 보이고 있다. 따라서 이후 분석을 수행해보기로 한다.

	close	volume
score	0.23236368	-0.66913794
score2avg	0.32028025	-0.67514958
score3avg	0.38160883	-0.51937924
score5avg	0.47854831	-0.44100977
score10avg	0.41175918	-0.37923131
pos	-0.18562969	0.20489218
neg	-0.30032224	0.70743214
neu	-0.24657804	0.23428006
cnt	-0.29363352	0.44081073
cnt2avg	-0.36050946	0.40693773
cnt3avg	-0.42937354	0.31170391
cnt5avg	-0.60088865	0.32442741
cnt10avg	-0.54272365	0.20711307
close	1.00000000	-0.04787389
volume	-0.04787389	1.00000000

바이두는 거래량과 감성스코어는 강한 음의 상관관계를, 부정 반응은 강한 양의 상관관계를 가진다. 또한 트윗 건수에 대해 종가가 음의 상관관계를 보인다. 따라서 후속분석을 수행해보 기로 한다.

일반적으로 상관분석을 수행하기 전에 두 변수 간의 산점도를 그려서 분포를 확인해 보는데, 본 분석에서는 종가, 거래량과 트윗 감성분석 간의 추세그래프를 그려서 어떤 분포가 있는지 확인해 보았다. 추세분석 그래프 작성 함수는 X축은 거래일자, 3개의 Y축을 생성하는데 y_1, y_2, y_3에 위에서 기업별로 상관분석에서 해석한 변수들을 대입하면 된다. 변수들 간의 추세그래프를 해석해 보면 음의 상관관계는 반대의 추세로, 양의 상관관계는 상승과 하락이 유사한 추세로 그려지는 것을 확인할 수 있다. 추세그래프 함수의 입력 파라미터는 NA값을 제외해야 생성될 수 있으니 subset함수를 사용하여 필터링을 수행하였다.

추세분석 도표

```
## 일자별 거래량, 부정반응수, 최근 3일 트윗 건수의 추세 그래프
makeTrendPlot <- function(d) {

  x <- seq(d$stk_day) # day
  y1 <- d$volume
  y2 <- d$neg
  y3 <- d$cnt3avg


  par(mar=c(5,12,4,5)+0.1)


plot(x,y1, axes=F, ylim=c(min(y1),max(y1)), xlab="", ylab="",type="b",
col="black",main="",xlim=c(min(x),max(x)))
```

```
    points(x,y1,pch=20,col="black")
    axis(2,ylim=c(min(y1),max(y1)),col="black",lwd=2)
    mtext(2,text="volume",line=2)


    par(new=TRUE)
plot(x,y2, axes=F, ylim=c(min(y2),max(y2)), xlab="", ylab="",type="b",lty=2,
col="red",main="",lwd=2,xlim=c(min(x),max(x)))
    axis(2, ylim=c(min(y2),max(y2)),col="red", lwd=2, line=3.5)
    points(x,y2,pch=20,col="red")
    mtext(2,text="neg", line=5.5)


    par(new=TRUE)
plot(x,y3, axes=F, ylim=c(min(y3),max(y3)), xlab="", ylab="",type="b",lty=3,
col="blue",main="",lwd=2,xlim=c(min(x),max(x)))
    axis(2, ylim=c(min(y2),max(y2)),col="blue", lwd=2, line=7)
    points(x,y3,pch=20,col="blue")
    mtext(2,text="cnt3avg", line=9)

    axis(1,pretty(range(x), at=d[,c(2)],length(x)))
    mtext("date",side=1,col="black",line=2)



legend("top",col=c("black","red","blue"),lty=1,legend=c("volume","neg","cnt3av
g"))
}


# 일자별 종가, 부정 반응 수, 최근 10일 누적건수 간 추세 그래프
makeTrendPlot2 <- function(d) {
  x <- seq(d$stk_day) # day
  y1 <- d$close
  y2 <- d$neg
  y3 <- d$cnt10avg

  par(mar=c(5,12,4,5)+0.1)
```

```
plot(x,y1, axes=F, ylim=c(min(y1),max(y1)), xlab="", ylab="",type="b",
col="black",main="",xlim=c(min(x),max(x)))
    points(x,y1,pch=20,col="black")
    axis(2,ylim=c(min(y1),max(y1)),col="black",lwd=2)
    mtext(2,text="close",line=2)


    par(new=TRUE)
plot(x,y2, axes=F, ylim=c(min(y2),max(y2)), xlab="", ylab="",type="b",lty=2,
col="red",main="",lwd=2,xlim=c(min(x),max(x)))
    axis(2, ylim=c(min(y2),max(y2)),col="red", lwd=2, line=3.5)
    points(x,y2,pch=20,col="red")
    mtext(2,text="neg", line=5.5)


    par(new=TRUE)
plot(x,y3, axes=F, ylim=c(min(y3),max(y3)), xlab="", ylab="",type="b",lty=3,
col="blue",main="",lwd=2,xlim=c(min(x),max(x)))
    axis(2, ylim=c(min(y2),max(y2)),col="blue", lwd=2, line=7)
    points(x,y3,pch=20,col="blue")
    mtext(2,text="cnt10avg", line=9)


    axis(1,pretty(range(x), at=d[,c(2)],length(x)))
    mtext("date",side=1,col="black",line=2)


legend("top",col=c("black","red","blue"),lty=1,legend=c("close","neg","cnt10av
g"))
}


# 일자별 거래량, 부정 반응 수, 감성스코어 추세 그래프
makeTrendPlot3 <- function(d) {
    x <- seq(d$stk_day) # day
    y1 <- d$volume
    y2 <- d$neg
    y3 <- d$score
```

```
    par(mar=c(5,12,4,5)+0.1)


plot(x,y1, axes=F, ylim=c(min(y1),max(y1)), xlab="", ylab="",type="b",
col="black",main="",xlim=c(min(x),max(x)))
    points(x,y1,pch=20,col="black")
    axis(2,ylim=c(min(y1),max(y1)),col="black",lwd=2)
    mtext(2,text="volume",line=2)


    par(new=TRUE)
plot(x,y2, axes=F, ylim=c(min(y2),max(y2)), xlab="", ylab="",type="b",lty=2,
col="red",main="",lwd=2,xlim=c(min(x),max(x)))
    axis(2, ylim=c(min(y2),max(y2)),col="red", lwd=2, line=3.5)
    points(x,y2,pch=20,col="red")
    mtext(2,text="neg", line=5.5)


    par(new=TRUE)
plot(x,y3, axes=F, ylim=c(min(y3),max(y3)), xlab="", ylab="",type="b",lty=3,
col="blue",main="",lwd=2,xlim=c(min(x),max(x)))
    axis(2, ylim=c(min(y2),max(y2)),col="blue", lwd=2, line=7)
    points(x,y3,pch=20,col="blue")
    mtext(2,text="score", line=9)


    axis(1,pretty(range(x), at=d[,c(2)],length(x)))
    mtext("date",side=1,col="black",line=2)


legend("top",col=c("black","red","blue"),lty=1,legend=c("volume","neg","score"
))
}


# 추세 그래프 그리기
makeTrendPlot2(subset(Tds, company=="ORCL" & !is.na(cnt10avg) ))
makeTrendPlot3(subset(Tds, company=="BIDU" & !is.na(neg)))
makeTrendPlot(subset(Tds, company=="QCOM" & !is.na(cnt3avg) ))
```

추세 그래프 결과

오라클

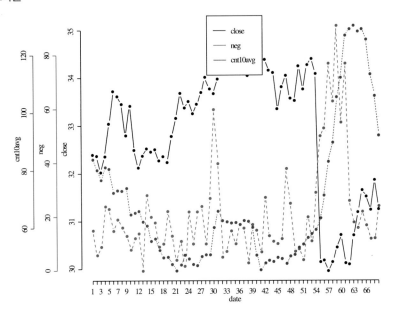

바이두

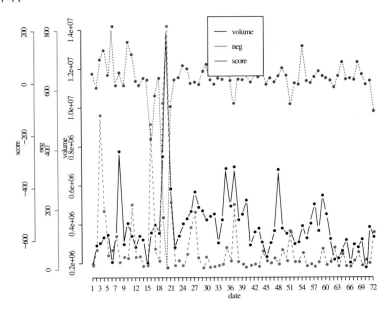

퀄컴

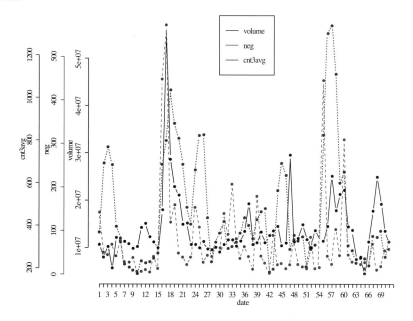

　회귀분석은 하나 혹은 그 이상의 독립 변수들이 종속변수에 미치는 영향을 추정하는 통계기법이다. 변수들 사이의 인과관계를 밝히고 모형을 적용하여 관심이 있는 변수를 예측하거나 추론하기 위한 분석방법이다. 변수 중에서 영향을 받는 변수를 반응/종속/결과 변수라고 하며, 영향을 주는 변수를 설명/독립/예측변수라고 한다. 회귀분석은 선형성, 독립성, 정상성, 비상관성, 등분산성의 가정을 하고 분석하게 된다. 분석하는 절차는 통상 회귀모형을 설정하고 선형성을 검토하여 회귀식의 추정과 변수를 선택하고, 설명변수 간 다중공선성을 검토하여 모형을 적합한 최종모형을 확정한다. 회귀분석을 통해 선정된 모형이 통계적으로 유의한지 'F통계량'으로 확인하고, 회귀계수들이 유의한지는 회귀계수에 대한 't통계량, p-value'를 통해 검토하며, 모형 자체의 설명력은 '결정계수'나 '수정된 결정계수'를 통해 확인한다. 또한 모형이 데이터를 적합함에 있어 가정을 만족시키고 있는지는 '회귀진단'을 통해 확인할 수 있다. 이러한 회귀분석은 단순회귀 분석(설명변수 1개당 반응변수 1개)을 비롯해 다중회귀분석(반응변수 1개당 설명변수 k개), 다항회귀분석, 곡선회귀분석, 비선형회귀분석 등이 있다. 관련된 자세한 사항은 통계학 개론이나 회귀분석을 다루는 도서를 참고하기 바란다.

앞 장에서 상관분석을 통해 오라클과 바이두에 대하여 추가 분석을 수행하기로 결정하였다. 종속변수를 종가나 거래량으로 감성스코어 유형의 항목이나 트윗건 수 관련 항목들은 설명변수로 선정하여 모형을 적합하게 하는 것이다. 즉, 다중선형회귀분석을 수행하게 된다.

오라클에 대한 다중회귀분석 수행결과

```
## 설명변수만 모델에 사용
twittStock <-Tds[,-c(1,2,24,23,22,25,26,20,21)]
## 종가에 대한 다중 회귀 분석 모델
full.model <- lm( close ~. , data=twittStock)
## 변수 선택 : 후진소거법
reduced.model <- step(full.model, direction="backward")
summary(reduced.model)
```

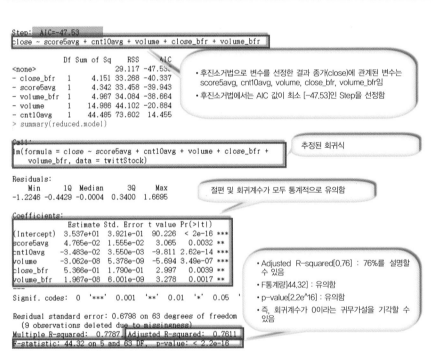

Step: AIC=-47.53
close ~ score5avg + cnt10avg + volume + close_bfr + volume_bfr

```
              Df Sum of Sq     RSS     AIC
<none>                      29.117 -47.55
- close_bfr    1     4.151  33.268 -40.337
- score5avg    1     4.342  33.458 -39.943
- volume_bfr   1     4.967  34.084 -38.664
- volume       1    14.986  44.102 -20.884
- cnt10avg     1    44.485  73.602  14.455
> summary(reduced.model)
```

- 후진소거법으로 변수를 선정한 결과 종가(close)에 관계된 변수는 score5avg, cnt10avg, volume, close_bfr, volume_bfr임
- 후진소거법에서는 AIC 값이 최소 [-47.53]인 Step을 선정함

```
Call:
lm(formula = close ~ score5avg + cnt10avg + volume + close_bfr +
    volume_bfr, data = twittStock)
```

추정된 회귀식

```
Residuals:
    Min      1Q  Median      3Q     Max
-1.2246 -0.4429 -0.0004  0.3400  1.6695
```

절편 및 회귀계수가 모두 통계적으로 유의함

```
Coefficients:
              Estimate Std. Error t value Pr(>|t|)
(Intercept)  3.537e+01  3.921e-01  90.226  < 2e-16 ***
score5avg    4.765e-02  1.555e-02   3.065   0.0032 **
cnt10avg    -3.483e-02  3.550e-03  -9.811 2.62e-14 ***
volume      -3.062e-08  5.378e-09  -5.694 3.49e-07 ***
close_bfr    5.366e-01  1.790e-01   2.997   0.0039 **
volume_bfr   1.967e-08  6.001e-09   3.278   0.0017 **
---
Signif. codes:  0 '***' 0.001 '**' 0.01 '*' 0.05
```

- Adjusted R-squared[0.76] : 76%를 설명할 수 있음
- F통계량[44.32] : 유의함
- p-value[2.2e^16] : 유의함
- 즉, 회귀계수가 0이라는 귀무가설을 기각할 수 있음

```
Residual standard error: 0.6798 on 63 degrees of freedom
  (9 observations deleted due to missingness)
Multiple R-squared: 0.7787, Adjusted R-squared: 0.7611
F-statistic: 44.32 on 5 and 63 DF, p-value: < 2.2e-16
```

오라클에 대한 다중회귀분석 결과는 도출된 회귀모형은 통계적으로 유의하다고 판단할 수 있으며 다음과 같은 식으로 나타낼 수 있다. 해석은 오라클의 종가는 다른 변수가 고정되어 있다는 가정 하에 하나의 변수와 해당 변수의 계수 간 곱만큼 선형적으로 증가한다고 할 수 있다.

$$\text{오라클 종가} = 35.37 + 0.04765 \text{Xscore5avg} - 0.03483 \text{Xcnt10avg} - 3.062\text{e}$$
$$-08 \text{Xvolume} + 0.5366 \text{Xclose\_bfr} + 1.967\text{e}-08 \text{Xvolume\_bfr}$$

바이두에 대한 다중회귀분석 수행

```
## 설명변수만 모델에 사용
twittStock <-Tds[,-c(1,2,24,23,22,25,26,18,19,20,21)]
## 종가에 대한 다중 회귀분석 모델
full.model <- lm( volume~. , data=twittStock)
## 변수 선택 : 후진소거법
reduced.model <- step(full.model, direction="backward")
summary(reduced.model)
```

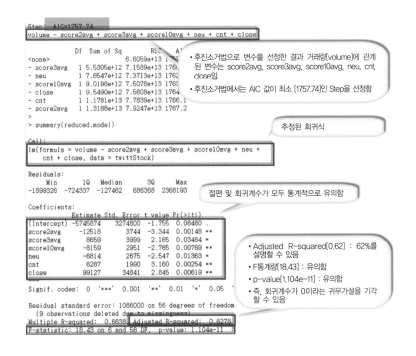

바이두에 대한 다중회귀분석 결과는 도출된 회귀모형은 통계적으로 유의하다고 판단할 수 있으며 다음과 같은 식으로 나타낼 수 있다. 해석은 바이두의 거래량은 다른 변수가 고정되어 있다는 가정 하에 하나의 변수와 해당 변수의 계수 간 곱만큼 선형적으로 증가한다고 할 수 있다.

$$\text{바이두 거래량} = -5745874 - 12518 X\text{score2avg} + 8659 X\text{score3avg}$$
$$- 8159 X\text{score10avg} - 6814 X\text{neu} + 6287 X\text{cnt} + 99127 X\text{close}$$

Random Forest는 앙상블 모형이다. 데이터의 일부를 가지고 의사결정 나무를 반복적으로 만들어 각각의 의사결정 나무별로 투표를 하여 최종 분류결과를 산출한다. R에서는 randomForest 패키지를 통해 사용할 수 있다. 또한 varImportance 함수를 통해 변수의 중요도를 평가할 수 있다. 중요한 변수로 선정된 항목들을 회귀분석의 설명변수로 활용할 수 있다.

오라클 Classificatioin

```
# oracle classification using randomforest
library(randomForest)

twittStock <-Tds[,-c(1,2,16,17,21,24,23,22,25,26)]
twittStock$close_up_yn <- factor(twittStock$close_up_yn)
ind<-sample(2,nrow(twittStock),replace=TRUE,prob=c(0.7,0.3))
trainData <- twittStock[ind==1,]; testData <- twittStock[ind==2,]

rf <- randomForest(close_up_yn ~ . ,data=trainData, ntree=100, proximity=TRUE,
na.action=na.omit )

print(rf); plot(rf)
importance(rf)
varImpPlot(rf)
twitStockPred <- predict(rf, newdata=testData)
table(twitStockPred, testData$close_up_yn)
```

오라클 Classification 수행결과

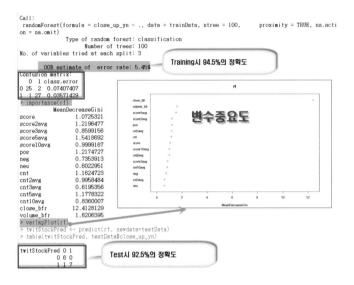

오라클은 트윗 감성분석 결과를 주가정보와 결합했을 때 92%의 분류 정확도를
보였다.

바이두 Classification

```
library(randomForest)

twittStock <-Tds[,-c(1,2,19,24,23,22,25,26)] ## for bidu
twittStock$close_up_yn <- factor(twittStock$close_up_yn)
twittStock$volume_up_yn <- factor(twittStock$volume_up_yn)
ind<-sample(2,nrow(twittStock),replace=TRUE,prob=c(0.7,0.3))
trainData <- twittStock[ind==1,] ;  testData <- twittStock[ind==2,]

rf <- randomForest(close_up_yn ~ . ,data=trainData, ntree=100, proximity=TRUE,
na.action=na.omit )
print(rf) ; plot(rf)
importance(rf)
varImpPlot(rf)
twitStockPred <- predict(rf, newdata=testData)
table(twitStockPred, testData$volume_up_yn)
```

바이두 Classification 수행결과

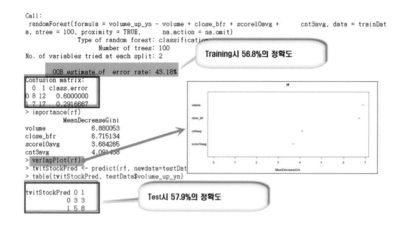

```
Call:
 randomForest(formula = volume_up_yn ~ volume + close_bfr + score10avg +      cnt3avg, data = trainDat
a, ntree = 100, proximity = TRUE,      na.action = na.omit)
               Type of random forest: classification
                     Number of trees: 100
No. of variables tried at each split: 2

        OOB estimate of  error rate: 43.18%
Confusion matrix:
  0  1 class.error
0 8 12  0.6000000
1 7 17  0.2916667
> importance(rf)
            MeanDecreaseGini
volume            6.880053
close_bfr         6.715134
score10avg        3.684265
cnt3avg           4.091458
> varImpPlot(rf)
> twitStockPred <- predict(rf, newdata=testDat
> table(twitStockPred, testData$volume_up_yn)

twitStockPred 0 1
            0 3 3
            1 5 8
```

Training시 56.8%의 정확도

Test시 57.9%의 정확도

바이두는 RandomForest 분석결과 오라클에 비해 낮은 주가변동 예측의 정확도를 보였다. 반복적으로 수행할 때마다 Training과 Test의 결과 값이 안정적이지 못하여 다른 변수를 선택 추가하면서 모델의 튜닝작업이 필요할 것으로 보인다. 주가변동을 예측하는 데 소셜미디어 데이터인 twitter를 통한 감성분석 결과를 접목한 결과 오라클에 대해서는 90% 이상의 높은 정확도로 주가의 상승, 하락을 예측할 수 있었다. 바이두의 경우도 모델 튜닝을 통해 예측 결과를 높일 수 있을 것으로 판단된다.

소셜분석과 주가변동 예측을 해본 결론은 아래와 같다.
분석용 raw data의 입수가 매우 어렵다.
- raw data입수·가공·처리에 가장 많은 시간이 소요되며(90%), 관련된 시행착오가 굉장히 많다.
- 트윗 등 SNS 수집이 필요할 경우 구매할 수도 있으나 비용이 과다하게 소요된다.
- 10개 기업으로 시작했다가, 결국 3개로 축소하여 수행하였다. daily 건수 제한과 계정의 Block으로 인해 여러 명이 분업을 해도 데이터 입수가 불가능했다.
- twitter의 필터링할 키워드를 사전에 파악하는 활동을 충분하게 수행해야 한다.

맥락에 따른 감성분석의 필요성 부각

- 이번 분석에서는 긍정, 부정어에 대한 패턴매칭 방식으로만 수행하여 논리적 오류를 포함할 수 있다.

종속변수 특성에 맞는 다양한 분석기법의 적용

- 범주형 종속변수에 대한 Classification 외에도 연속형 변수 예측이나 NN, SVM 등의 기법을 적용했다.

뉴스자료도 분석에 활용할 수 있도록 모델 보완

- 뉴스 감성분석이 일자별로 연속되어 있지 않아 분석에 활용하지 못했지만, 10 일가량의 뉴스 감성분석 결과와 주식종가 간에 상관계수가 트윗 감성분석보다 높았다.
- 트윗 감성분석에 뉴스 등의 미디어 분석을 포함했으면 결과가 좋았을 듯 하다.

데이터 입수, 가공 등에 본인이 익숙한 방법을 적용하자.

- R에 익숙하지 않은 분석가가 있을 것이다. 이런 경우 굳이 R로 모든 것을 처리 하려면 진도가 나가지 않는다. 엑셀이나 RDBMS, SAS나 Python 언어를 사용 할 수 있다면 Divide and conquer 전략을 쓰자. 하지만, 나중에 R을 잘 쓸 수 있게 되면 반드시 하나로 통일하자.

트윗의 수집기간도 중요하게 고려해야 한다.

- 주식정보와 연계하기 위해서, 주식 거래일에 해당하는 트윗이 존재해야 하고,
- 주요 설명 변수 1개당 5개의 레코드를 보유하려고 최근 3개월치를 수집하였다.

마지막으로 twitter 자료 입수 방법을 자세히 설명해보면 NASDAQ 주가정보는 미국시간으로 정보가 생성되기 때문에 twitter Account 설정 값 언어를 'English' 로 Time zone : (GMT-08:00) Pacific Time(US & Cadana) 조정하여 적용하였다.

twitter 자료 입수 방안

항 목	이용방법	제약/기능 사항	비 고
Search API	twitteR	• 6~9일 동안의 데이터만 조회가능 • 몇몇 트윗이나 사용자들이 검색결과로 부터 누락될 수 있음 • 한 번에 최대 1500 트윗(100트윗*15page) 만 가능 • 검색 문자는 UTF-8 encoding 후 최대 1,000 character 지원 • 검색 날짜는 최소 2일 이상	• 일정 시간 동안 일정 트윗량만 검색 가능 • 동일 검색조건을 가지고 날짜별로 검색 시 일정 데이터가 검색되면 특정 날만 검색이 안 되는 현상 발생 • 이번 프로젝트에서 제외
Streaming API	streamR	• 실시간 트윗만 검색 • Filter사용 시 track은 최대 60bytes	이번 프로젝트에서 제외
홈페이지에서 검색	www.twitter.com	• 최초 검색 시 TOP 트윗만 보임 • TOP 검색 시 전체 스크롤 후 맨 아래에서 전체 트윗 보기를 통해 전체 검색 필요 • 트윗 Account 설정에서 언어/Time zone에 대한 설정 필요 • 트윗이 많은 경우 일정 시간 검색이 되지 않거나 브라우저가 다운됨	Chrome Browser에서 검색 데이터를 "페이지를 다른 이름으로 저장"하기 이용
재판매 사이트	www.datasift.com	Stream 트윗	이번 프로젝트에서 제외
관련 Tool	www.tweetadder.com	Tool을 통한 트윗 유저별 트윗 검색 Stream 트윗	이번 프로젝트에서 제외

분석 자료에 불필요한 데이터가 포함되면 왜곡된 분석결과가 도출될 수 있으니 주의가 필요하다. 따라서 트윗 자료를 검색할 때 불필요한 데이터를 필터링하는 것이 필요한데 다음의 사례를 참고하기 바란다.

twitter 자료 검색 조건

No	검색 조건	비 고
1	baidu lang:en since:2013-04-01 until:2013-07-15	유튜브와 연예인 관련 트윗은 광고성이 강하므로 제외함
2	baidu -f(x) -CLBar_Baidu -나쁜기집애 -afterschool -SHINee's -Running -CNBLUE -boyfriend -@caldron_baidu -youtu.be -youtube.com lang:en since:2013-04-01 until:2013-07-15	@caldron_baidu는 바이두와 관련이 없어서 제외
3	baidu -f(x) -CLBar_Baidu -나쁜기집애 -afterschool -SHINee's -Running -CNBLUE -boyfriend -youtu.be -youtube.com lang:en since:2013-04-01 until:2013-07-15	f(x)가 존재 시 연관성이 없는 트윗도 제거되어 f(x) 제외
4	baidu -CLBar_Baidu -나쁜기집애 -afterschool -SHINee's -Running -CNBLUE -boyfriend -youtu.be -youtube.com lang:en since:2013-04-01 until:2013-07-15	-

예 1 amazon -CDs -games -gaming -video -shoes -book -books -ebook -ebooks -dvd -dvds -mp3 -mp3s -album -audio -lumia -ouya -nintendo -wii -ps4 -ps3 -playstation -xbox -amazon.co -amazon.com lang:en since:2013-07-04 until:2013-07-05

예 2 ebay -sneakers -3D -Printing -Arsenal -Nicklas -smartphone -phone -ebay.co -ebay.com -galaxy -nexus lang:en since:2013-07-10 until:2013-07-15

8장

상장폐지 예측 모델

상장폐지 예측 모델

상장폐지 예측 개요

1. 주식투자자로서 피하고 싶은 상장폐지

상장폐지는 주식투자자로서 상당한 손실을 초래하는 좋지 않은 사건이다. 이는 반드시 피해야 하는 상황이지만 주식투자를 하다보면 리스크를 모두 회피해서는 수익을 올리기가 쉽지 않다. 변동성이 높고, 저평가된 주식을 찾아 투자하다 보면 간혹 하락세를 맞는 주식에 투자하기도 하는데, 한 번쯤은 상장폐지를 경험하게 된다.

다음은 실제 상장폐지된 기업의 마지막 며칠 간의 거래정보이다. 상장폐지가 되기 전에 보통 상장폐지심사위원회를 거치게 되는데, 이 기간 동안은 증권거래소에서 매매거래가 정지된다. 이 기업은 2월 11일부터 매매거래가 중지되었고, 상장폐지가 결정된 후 4월 16일부터는 정리매매 기간으로 그전 거래일의 종가보다 상당히 많이 낮아진 것을 알 수 있다. 최종 거래일의 종가를 보면 마지막 정상 거래일의 3%에 불가하다. 거래량을 보면 상장주식수가 1,250만주인데, 첫 날과 마지막 날

7백만 주가 거래되었으므로, 투자자의 60% 이상이 최소 80%, 최대 97%의 손실을 보았다고 생각해도 되는 상황이다.

일 자	종 가	대 비	거래량	거래대금	상장주식수	액면가	거래정지 여부
2014/04/24	88	▼ 26.67	7,381,626	654,427,466	12,449,333	5,000	N
2014/04/23	120	▼ 36.84	5,852,800	850,133,822	12,449,333	5,000	N
2014/04/22	190	▼ 9.52	5,281,109	1,122,379,597	12,449,333	5,000	N
2014/04/21	210	▼ 28.81	4,850,829	1,084,726,870	12,449,333	5,000	N
2014/04/18	295	▼ 17.83	3,326,243	1,080,997,905	12,449,333	5,000	N
2014/04/17	359	▼ 22.96	3,786,180	1,492,857,030	12,449,333	5,000	N
2014/04/16	466	▼ 83.88	7,592,412	2,872,238,246	12,449,333	5,000	N
2014/04/15	2,890	0	0	0	12,449,333	5,000	Y
2014/02/10	2,890	0	0	0	12,037,729	5,000	Y
2014/02/07	2,890	▼ 1.37	1,796,209	5,269,076,860	12,037,729	5,000	N
2014/02/06	2,930	↓ 14.95	1,067,801	3,404,414,440	12,037,729	5,000	N
2014/02/05	3,445	▼ 1.29	818,049	2,951,519,475	12,037,729	5,000	N
2014/02/04	3,490	▲ 2.35	1,404,155	4,896,446,780	12,037,729	5,000	N
2014/02/03	3,410	▼ 2.57	532,890	1,799,495,580	12,037,729	5,000	N
2014/01/29	3,500	▼ 8.38	922,798	3,251,105,320	12,037,729	5,000	N
2014/01/28	3,820	▲ 10.89	2,819,459	10,892,758,350	12,037,729	5,000	N
2014/01/27	3,445	▼ 7.64	814,000	2,883,122,230	12,037,729	5,000	N
2014/01/24	3,730	▼ 1.84	878,273	3,333,207,240	12,037,729	5,000	N

이러한 리스크를 줄여보기 위해 시도한 것이 상장폐지 예측 모델이다.

2. 그 외 이해관계인도 상장폐지는 주 관심사

상장폐지는 주식투자자뿐 아니라 여러 이해관계자가 사용할 수 있는 모델이다.

은행과 같이 여신을 주로 취급한다면 여신 건전성을 위해 리스크가 있는 회사에 대한 추가 여신을 피하고, 기존의 여신도 가급적 줄여나가고자 할 것이다.

보험사나 보증사도 리스크가 큰 회사에 대해서는 보험 가입이나 보증을 피하고 싶을 것이며, 기존에 가입된 보험이나 보증에 대해서도 갱신 시 위험프리미엄을 더 높여야 한다.

리스크가 큰 업체가 고객이라면 추가적인 신용거래를 허용하지 않아야 하며, 기존에 있는 신용한도도 가급적 줄여나가야 한다. 쉽게 말해 외상거래를 줄여야 한다. 연단위 계획을 세울 때에도 다른 판매처를 적극 모색해야 한다.

상장폐지 예측사가 공급처라면 거래선 다양화를 추진해야 하고, 선급금이 나간 상태라면 추가적인 선급금의 지급을 중지하고, 가능한 한 납품 물량을 확보하여야 한다.

3. 예측된 회사인 경우의 대응 방안

이번엔 좀 무거운 얘기다. 만일 당신의 경영하는 회사가, 당신이 다니는 회사가 상장폐지 기업으로 예측되었다면, 어떻게 해야 할까?

우선 경영자라면, 무엇이 문제인지 알고 싶을 것이다. 상폐 예측 모델을 보면, 예측된 회사가 어떤 변수들에 의해 상장폐지가 예측되었는지 알 수 있다. 이러한 변수를 알고 있다면, 그에 맞게 대응해야 한다.

만일, 유동성이 이전 상폐사와 같은 방향으로 가고 있다면, 당장 느끼지 못하더라도 급히 자금계획을 점검해 봐야 한다. 분명 수개월 내에 유동부채를 감당하기 힘든 상황이 기다리고 있을 것이다. 또는 조달된 자본과 장기차입금을 상당 부분 상회하는 고정자산 투자를 하였을 수도 있다. 이 경우 투자 유치를 하든가, 단기차입금을 장기로 전환하는 것을 고려해야 한다. 실제로 2013년 하반기에 주요 이슈로 부각되었던 기업은 장기차입금과 자본을 무려 300%를 초과해 고정자산에 투자하고 있는 것으로 나타났다.

마지막으로 당신이 다니는 회사가 상장폐지 기업으로 예측되었다면, 냉정히 따져 봐야 한다. 경영진이 이 어려움을 인지하고 대처를 하고 있는지, 직원들이 기업의 경쟁력을 떠받치고 있어 어려움을 헤쳐 나갈 수 있는지, 그리고 본인이 있는 자리에서 할 수 있는 최선을 다하고, 예측 결과를 공유하여 신뢰성을 얻고, 어려움을 헤쳐 나갈 방안을 함께 모색하여야 한다. 하지만 주의할 것은 경영진에 따라서는 현재 어려움에 대처하고 있는 과정이라 조용히 진행하기를 원하는 경우가 있으니 예측 결과를 너무 떠벌리고 다녀서는 안 될 것이다.

4. 기타 활용 방안

상장폐지 예측은 상장된 기업을 대상으로 재무 변수만을 고려해 예측을 수행하였다. 따라서 대상기업에 제한이 있다.

이를 확장한다면, 재무제표가 공시되는 일반 기업의 부실 예측이나 회원사의 재무정보를 DB로 확보하고 있는 여러 협회의 경우 이 DB를 이용한 리스크 예측이 가능할 것이다. 예를 들어, 금융기관의 기업여신 부실 예측, 보증기관의 보증 손실 예측, 거래처에 대한 정보가 충분한 경우 거래처의 부실 예측 등으로 활용될 수 있을 것으로 보인다.

마지막으로 M&A를 추진하는 경우, 매수측이든 매도측이든 회사의 부실이 예상된다면, M&A 추진시기를 조절할 수도 있을 것이다.

5. 모델링 개요

데이터는 2004년부터 2013년까지의 상장사 감사의견과 재무제표, 재무비율을 이용하였다.

사용한 기법은 분류분석(Classification)이다. 모델링에 있어 애로 사항은 상장폐지 회사가 그리 많지 않다는 것이다. 전체 상장사의 5%도 안 됐다. 이렇게 분류의 대상이 드문 경우는 상장폐지사의 패턴을 찾지 못할 수 있다.

아래는 연도별 상장기업 수와 상장폐지 기업 수를 정리한 표이다. 이 표에는 이용 가능한 재무제표를 얻은 기업만을 포함하였다.

연도별 상장기업 수와 상장폐지 기업 수(이용가능한 재무정보가 입수된 기업 기준)

연 도	연초 상장 기업수(A)	상장폐지 기업 수(B)	상장폐지 비율(B/A)
2007년	1,915	15	0.8%
2008년	1,912	24	1.3%
2009년	1,908	81	4.2%
2010년	1,840	90	4.9%
2011년	1,768	62	3.5%
2012년	1,748	53	3.0%
2013년	1,700	33	1.9%
2014년(7월 현재)	1,676	16	1.0%

이러한 애로사항을 해결하기 위해 3개년 간 상장폐지된 회사를 모아서 타깃의 숫자를 늘렸고, 이후 모델이 안정적임을 확인하고, 1개년 간 상장폐지된 회사를 타깃으로 모델링을 진행해 보았다. 이에 따라 어느 정도의 성과 하락은 감수하였지만, 그렇더라도 상당한 성과를 보여주는 모델을 얻었다. 즉, 유용한 결과를 얻었다.

마지막으로, 상장폐지 예측의 가장 중요한 활용 포인트는, 비록 상장폐지가 안 되더라도 그와 비슷한 기업으로 예측되면, 재무적인 리스크를 줄일 수 있다는 것이다. 즉, 상장폐지로 예측된 기업이 상장폐지가 안 되었더라도, 위험이 있다면 어떤 부분인지를 알고 싶을 것이다. 경영의 부실 요소를 찾아내 준다는 것이다. 따라서 가급적이면 많은 기업을 예측 리스트에 올리고자 할 것이다. 이러한 관점을 반영한 모델링이 가능한데 이에 대해서도 포함하였다.

6. 변수와 모델의 제한

본 모델은 실제 사용한 모델의 성과를 가급적 희생하지 않고 중요한 내용은 모두 파악할 수 있도록 제한적으로 공개하였다. 재무정보 변수는 40%, 파생변수는 1개만 공개하였으며, 알고리즘 중 Rpart를 보면 상장폐지 예측에 어떠한 변수들이 중요한지가 파악이 될 것이다. party와 randomForest는 감사의견이 주요 분류 기준으로 사용되고 있으며, 그 외 변수는 나타나 있지 않다. 독자가 재무적인 지식과 마이닝에 대한 식견이 있다면, 변수와 알고리즘을 확장하여 모델 성능을 개선할 만큼의 정보는 충분히 담겨져 있다.

모델링 결과에 개별 기업명을 언급하는 것은 예민한 사항이므로, 기업의 종목코드와 기업명을 공개하지 않고, 일련번호로 바꾸었다.

7. 상장폐지 예측 모델 개괄

    상장폐지 예측 모델링은 상장사 중 위기에 처한 기업들에 예측이다. 기업의 재무 정보만을 이용해 예측한 모형으로 재무분야가 얼마나 안정되어 있는지를 반추할 수 있었으며, 이러한 기반 위에서 다양하게 응용할 수 있을 것이라는 확신을 갖게 한 모델링이다.

    아래의 순서대로 예측 모델을 간단히 개괄해 보겠다.

> \- 변수 확인
> \- 모델링 및 성능 확인
> \- 활용 분야

(1) 변수 확인

```
load("data/3_3yr_bind.rdata")

names(T_4to8_rF)[1] # 상장폐지 여부 (Target 변수)
## [1] "v04_D_YN"

names(T_4to8_rF)[c(2,19,36)] # 감사의견
## [1] "D3_v11_aud" "D2_v11_aud" "D1_v11_aud"

names(T_4to8_rF)[c(3:12,20:29,37:46)] # 재무정보
##  [1] "D3_v21_cur_asst"  "D3_v22_Ncur_asst"  "D3_v23_cur_liab"
##  [4] "D3_v24_s_trm_borr" "D3_v25_Ncur_liab"  "D3_v26_l_trm_borr"
##  [7] "D3_v27_tot_eqt"   "D3_v28_sal"        "D3_v29_op_prf"
## [10] "D3_v30_int_exp"   "D2_v21_cur_asst"   "D2_v22_Ncur_asst"
## [13] "D2_v23_cur_liab"  "D2_v24_s_trm_borr" "D2_v25_Ncur_liab"
## [16] "D2_v26_l_trm_borr" "D2_v27_tot_eqt"   "D2_v28_sal"
## [19] "D2_v29_op_prf"    "D2_v30_int_exp"    "D1_v21_cur_asst"
```

```
## [22] "D1_v22_Ncur_asst"  "D1_v23_cur_liab"    "D1_v24_s_trm_borr"
## [25] "D1_v25_Ncur_liab"   "D1_v26_l_trm_borr"  "D1_v27_tot_eqt"
## [28] "D1_v28_sal"         "D1_v29_op_prf"      "D1_v30_int_exp"
```

순서대로 유동자산, 비유동자산, 유동부채, 단기차입금, 비유동부채, 장기차입금, 자본총계, 매출액, 영업이익, 이자비용이다.

```
names(T_4to8_rF)[c(13:17,30:34,47:51)] # 재무비율
##  [1] "D3_v51_R_op_prf_sal"      "D3_v52_R_op_prf_int_exp"
##  [3] "D3_v53_R_cur_rat"         "D3_v54_R_liab_rat"
##  [5] "D3_v55_R_borr_eqt"        "D2_v51_R_op_prf_sal"
##  [7] "D2_v52_R_op_prf_int_exp"  "D2_v53_R_cur_rat"
##  [9] "D2_v54_R_liab_rat"        "D2_v55_R_borr_eqt"
## [11] "D1_v51_R_op_prf_sal"      "D1_v52_R_op_prf_int_exp"
## [13] "D1_v53_R_cur_rat"         "D1_v54_R_liab_rat"
## [15] "D1_v55_R_borr_eqt"
```

순서대로 매출액대비 영업이익률, 이자보상비율, 유동비율, 부채비율, 자기자본대비 차입금 비율이다.

```
names(T_4to8_rF)[c(18,35,52)] # 유동비율 파생변수
## [1] "D3_v71_R_cur_rat_dv" "D2_v71_R_cur_rat_dv" "D1_v71_R_cur_rat_dv"
```

유동비율>100이면 1, 유동비율<100이면 −1, 그 외 0

(2) 모델링 및 성능 확인

① randomForest

분류분석 중 randomForest 알고리즘을 적용해보자.

모델 생성

```
install.packages("randomForest")
library(randomForest)
set.seed(2020)
myFormula <- v04_D_YN ~.
T_4to8_mdl_rF <- randomForest(myFormula, data=T_4to8_rF, prox=TRUE)
```

train data set에서 모델성과

```
(T_4to8_rF_m_tr <- table(predict(T_4to8_mdl_rF), T_4to8_rF$v04_D_YN))
##
##        0    1
## 0  1808   64
## 1    19   56


T_4to8_rF_m_tr[2,2]/sum(T_4to8_rF_m_tr[2,]) # Precision
## [1] 0.7467


T_4to8_rF_m_tr[2,2]/sum(T_4to8_rF_m_tr[,2]) # Detect rate
## [1] 0.4667


sum(diag(T_4to8_rF_m_tr))/sum(T_4to8_rF_m_tr) # Accuracy
## [1] 0.9574
```

train data set에서의 성과는 Precision과 Accuracy는 만족스럽다. 다만, Detect Rate가 좀 떨어지는데, 이는 실제 모델링보다 변수 투입을 덜 해서 나타난 결과치고는 상당히 좋은 결과이다. 실제 5%를 조금 넘는 수준의 대상을 45% 넘게 탐지했다. 무려 9배나 되는 상황이다.

test data set에서 모델성과

```
tPred_rF_9to13 <- predict(T_4to8_mdl_rF, newdata=T_9to13_rF, type="class")
(T_4to8_rF_m_tt <- table(tPred_rF_9to13, T_9to13$v04_D_YN))
##
## tPred_rF_9to13    0    1
##              0 1650   57
##              1   10   45


T_4to8_rF_m_tt[2,2]/sum(T_4to8_rF_m_tt[2,]) # Precision
## [1] 0.8182


T_4to8_rF_m_tt[2,2]/sum(T_4to8_rF_m_tt[,2]) # Detect rate
## [1] 0.4412


sum(diag(T_4to8_rF_m_tt))/sum(T_4to8_rF_m_tt) # Accuracy
## [1] 0.962
```

test data set에서와 유사한 모델성능이 도출되었다. 모델이 상당히 안정적임을 확인할 수 있다.

② rpart의 prior 옵션 이용

상장폐지 예측 모델링은 위험을 회피하기 위한 모델링이므로 Precision을 희생하더라도 Detect rate를 높이고자 할 것이다. 이를 반영한 모델링을 해보겠다.

모델생성

```
library(rpart)
T_4to8_rpp <- rpart(myFormula, data=T_4to8, parms=list(prior=c(0.5,0.5)))
```

prior 옵션은 target 변수의 분포가 50 : 50이라고 알려주는 것이다. 즉, 상장폐지가 50%가 존재한다고 알고리즘에 미리 알려주는 것이다. 실제 5% 남짓 되는 상장폐지 경우를 상당히 높은 수준으로 가정하였으므로, 알고리즘은 보다 많은 경우를 상장폐지로 분류하려고 하는 것이다.

train data set에서 모델성과

```
(T_4to8_rpp_m_tr <- table(predict(T_4to8_rpp, newdata=T_4to8, type="class"),
T_4to8$v04_D_YN))
##
##      0    1
## 0 1735   16
## 1   92  104


T_4to8_rpp_m_tr[2,2]/sum(T_4to8_rpp_m_tr[2,]) # Precision
## [1] 0.5306


T_4to8_rpp_m_tr[2,2]/sum(T_4to8_rpp_m_tr[,2]) # Detect rate
## [1] 0.8667


sum(diag(T_4to8_rpp_m_tr))/sum(T_4to8_rpp_m_tr) # Accuracy
## [1] 0.9445
```

예상대로 Precision은 다소 낮아졌지만, Detect rate는 상당히 높아졌다.

test data set에서 모델성과

```
tPred_rpp_9to13 <- predict(T_4to8_rpp, newdata=T_9to13, type="class")
(T_9to13_rpp_m_tt <- table(tPred_rpp_9to13, T_9to13$v04_D_YN))
##
## tPred_rpp_9to13    0    1
##                0 1591   37
##                1   69   65


T_9to13_rpp_m_tt[2,2]/sum(T_9to13_rpp_m_tt[2,]) # Precision
```

```
## [1] 0.4851

T_9to13_rpp_m_tt[2,2]/sum(T_9to13_rpp_m_tt[,2]) # Detect rate
## [1] 0.6373

sum(diag(T_9to13_rpp_m_tt))/sum(T_9to13_rpp_m_tt) # Accuracy
## [1] 0.9398
```

test data set에서도 60%가 넘는 Detect rate를 보여주고 있다.

(3) 활용 분야

모델링 결과에서도 본 것처럼 train data set과 test data set 사이에는 3년 정도
의 gap이 존재하지만, 모델이 상당히 안정적임을 확인할 수 있다. 그만큼 재무분야
가 상당히 안정적이라는 것이며, 이 기반에서의 예측 모델링은 매우 좋은 결과를 얻
을 수 있음을 시사하고 있다.

이를 응용한다면,

- 여신기관의 기업여신 부실 예측 모델링
- 보증기관의 부실기업에 대한 보증손실 회피 모델링
- 회원사가 많은 협회의 경우 회원사의 부실 예측 모델링
- 공급처가 많은 기업의 공급처 부실 예측 모델링

등이 가능할 것으로 보인다.

또한, 부실예측에서 끝나지 않고, 이들 기업을 살리기 위한 기업개선작업이 가능
할 것이다. 이는 예측에 사용되는 변수가 재무적인 변수라는 데서 착안해, 이러한
변수가 개선되는 방향으로 기업구조를 변경하는 것을 제안하는 것이다. 예를 들어,
장기고정적합률이 상당히 높아 부실기업으로 예측된 기업은 장기자본을 확충하기
위해 단기차입금을 장기차입금으로 돌리는 노력을 하든지 자본증자를 위한 노력을
해야 하며, 그도 어려울 경우 투자자산을 처분하는 것도 방법일 것이다.

모델링 과정에서 한 가지 아쉬운 점이 있다면 전체 상장사 재무제표를 얻기 어렵다는 것이다. 미국에서는 XBRL이 활성화되어 누구나 쉽게 일괄적으로 자료를 획득할 수 있으나, 우리나라는 2007년부터 XBRL이 작성되고 있으나 아직 공개되고 있지 않다. 빠른 시일 내에 공개되어 누구나 쉽게 이를 활용할 날이 왔으면 하는 바람이다.

이상으로 간단한 요약을 해보았다. mart를 구축하고 여러 모델링을 구현하는 방법도 중요하니 실무를 하는 입장에서는 뒤에 이어지는 모델링 전체 과정을 꼼꼼히 보기 바란다.

Data의 이해

데이터는 크게 4가지를 이용했다.

기업의 감사의견이 포함된 일반 정보, 재무제표의 항목을 포함한 재무 정보, 그리고 재무정보의 비율이 포함된 재무비율 정보이다. 이들은 모두 공시가 되는 정보로서 쉽게 얻을 수 있다. 마지막으로 이용한 정보는 파생변수로서, 재무비율로부터 파생변수를 생성했다.

1. 일반정보

(1) 일반정보 변수

상장사 일반 정보는 연도별 감사의견과 상장폐지사의 경우 상장폐지일자만 사용하였다.

참고로 괄호 안의 영문은 변수명 중 연도 부분을 제외한 것이다. 예를 들어, 2004년 감사의견은 Y04_v11_aud인데, 아래 괄호에는 v11_aud만 표시되어 있다. 연도와 관계없는 종목코드나 상장폐지일은 그대로 전체가 변수명이다.

- Code(v01_Stock) : 증권 종목코드이나 회사의 정보를 보호하기 위해 일련번호로 바꿈
- 상장폐지일(v02_D_date) : 상장폐지된 회사의 경우 상장폐지일, 그렇지 않은 경우 "0"
- 감사의견(v11_aud)

  기업은 1년간의 경영성과를 재무제표를 통해 투자자 등 이해관계자에게 공표하도록 되어 있다. 이때 재무제표를 기업회계기준에 맞도록 작성해야 하는데, 이를 담보하기 위해 외부감사인의 감사를 받도록 되어 있다. 외부감사인은 재무제표가 기업회계기준에 맞도록 작성되었는지 검토하고 감사의견을 표명하게 된다. 감사의견은 '적정의견', '한정의견', '부적정의견', '의견거절'이 있는데, 적정의견 외의 의견을 '변형된 의견'이라고 한다.

  한 가지 주목할 만한 사항으로는 기업회계기준에는 "계속기업 가정"이라 하여, 감사받는 기업이 1년 내에 기업으로 계속 살아남을 수 있는지를 검토하는 것도 포함되어 있다. 즉, 1년 내에 여러 가지 이유로 계속 영업을 할 수 없을 것 같은 경우는 의견을 변경하거나 특기사항으로 적게 되어 있다. 특기사항은 적정의견임에도 기록할 수 있는 사항이므로 의견에 변형이

따르지는 않는다. 이러한 특기사항의 예로는, 1990년대 말 우리나라가 IMF로부터 긴급구제 자금을 받았을 때, 거의 모든 상장사의 감사보고서에 특기사항이 기록되었다.

본 모델에서 '적정의견'은 '0'으로, 나머지는 '1'로 하여 분류하였다. 또한 여러 가지 이유로 감사의견이 수집되지 않은 경우가 발생하는데, 모두 '1'로 설정하여 '적정의견'을 받지 못한 것으로 간주하였다.

(2) 일반정보 파일

다음의 2개 파일로 구성되어 있다. 첫 번째 파일은 상장사의 연도별 감사의견만 이 기록되어 있는 것이고, 두 번째 파일은 상장폐지사의 언도별 감시의견과 상장폐 지일을 포함하고 있다.

■ 11_gInfo.xlsx(2004~2013 상장사 정보)

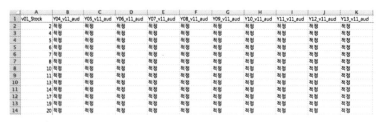

	A	B	C	D	E	F	G	H	I	J	K
1	v01_Stock	Y04_v11_aud	Y05_v11_aud	Y06_v11_aud	Y07_v11_aud	Y08_v11_aud	Y09_v11_aud	Y10_v11_aud	Y11_v11_aud	Y12_v11_aud	Y13_v11_aud
2	2	적정	적정	적정	적정	적정	적정	적정	적정	적정	적정
3	4	적정	적정	적정	적정	적정	적정	적정	적정	적정	적정
4	5	적정	적정	적정	적정	적정	적정	적정	적정	적정	적정
5	6	적정	적정	적정	적정	적정	적정	적정	적정	적정	적정
6	7	적정	적정	적정	적정	적정	적정	적정	적정	적정	적정
7	8	적정	적정	적정	적정	적정	적정	적정	적정	적정	적정
8	10	적정	적정	적정	적정	적정	적정	적정	적정	적정	적정
9	11	적정	적정	적정	적정	적정	적정	적정	적정	적정	적정
10	13	적정	적정	적정	적정	적정	적정	적정	적정	적정	적정
11	14	적정	적정	적정	적정	적정	적정	적정	적정	적정	적정
12	17	적정	적정	적정	적정	적정	적정	적정	적정	적정	적정
13	19	적정	적정	적정	적정	적정	적정	적정	적정	적정	적정
14	20	적정	적정	적정	적정	적정	적정	적정	적정	적정	적정

■ 12_gInfo_D.xlsx(2004~2013 상장폐지사 정보)

	A	B	C	D	E	F	G	H	I	J	K	L
1	v01_Stock	v02_D_date	Y04_v11_aud	Y05_v11_aud	Y06_v11_aud	Y07_v11_aud	Y08_v11_aud	Y09_v11_aud	Y10_v11_aud	Y11_v11_aud	Y12_v11_aud	Y13_v11_aud
2	1	20040702								적정	적정	적정
3	3	20020427								적정	적정	적정
4	9	19981009										
5	12	19990111										
6	15	19991027										
7	16	19990408										
8	18	20010523	의견거절									
9	24	20010607			감사미필	한정(감사범위	적정	적정	적정	적정	적정	적정
10	26	20011110	의견거절	의견거절	의견거절	의견거절	의견거절	의견거절	의견거절(계속	의견거절	의견거절(계속기업존속의문	
11	28	19981009										
12	34	19991118										

2. 재무정보

(1) 재무정보 변수

재무정보는 재무제표 중 재무상태표와 손익계산서 일부 항목을 사용하였다.

① 자 산

기업이 기말 시점에 보유하고 있는 유·무형의 가치이다. 본 모델은 아래 2개의 변수만을 사용하였다.

■ 유동자산(v21_cur_asst)

현금과 1년 내에 현금화가 가능한 자산을 포함한다. 현금, 단기금융상품(CD, 주식, 채권 등), 매출채권, 미수금, 선급금, 재고자산 등이 이에 속한다. 유동자산은 기업의 유동성 측면에서는 많으면 도움이 되지만, 수익을 창출하지는 못한다. 따라서 유동부채보다는 많아야 하지만, 과다하게 많을 경우 기업의 수익성이 희생되므로 투자자 입장에서는 그리 반가운 일만은 아니다. 때로는 기업이 적절한 투자기회를 찾지 못하는 것이므로, 기업의 미래가치가 현재보다 낮은 것으로 생각될 경우 주주가 기업의 청산을 요구하는 계기가 될 수도 있다. 즉, '청산가치>계속기업가치' 라는 결과이므로 당장 청산하자고 달려들 수 있는 것이다. 이는 이해를 돕기 위해 매우 극단적으로 설명한 것이다.

■ 비유동자산(v22_Ncur_asst)

유동자산을 제외한 나머지 자산을 말한다. 종속기업 주식, 사업목적으로 보유한 토지·건물·기계장치 등의 유형자산, 투자목적으로 보유한 토지·건물 등의 투자부동산, 개발비·영업권·상표권 등의 무형자산 등이 이에 속한다. 비유동자산 중 유형자산과 무형자산은 기업이 미래 영업수익을 위해 투자한 자산으로 매우 중요한 자산이다. 하지만, 이러한 투자에 대한 자본조달을 무엇으로 했는지가 중요하다. 비유동자산은 수익을 창출해 현금화하는 데 1년 이상 걸리므로 조달된 자본도 장기인 것이 바람직하다. 따라서 자본이나 장기차입금으로 조달된 자금으로 비유동자산에 투자하는 것이 원칙이다. 하지만 몇몇 기업들은 단기자금을 조달해 비유동자산에 투자하고 있다. 이 경우 경기가 악화되면 유동성위기에 쉽게 빠지게 된다.

② 부 채

기업이 기말 시점에 외부에 지급해야 하는 의무나 미래의 현금 유출을 발생할 것으로 예상되는 사항으로 재무상태표 오른편, 즉 대변에 기록된다. 본 모델은 다음 4개의 변수를 사용하였다.

■ 유동부채(v23_cur_liab)

1년 내에 현금이 유출되거나 현금의 유입을 감소시키는 항목이다. 매입채무, 단기차입금, 미지급금, 선수금, 예수금, 미지급법인세, 유동성사채, 충당부채 등이 이에 속한다.

■ 단기차입금(v24_s_trm_borr)

외부로부터 차입한 것으로 만기가 1년 이내인 것을 말한다. 단기차입금은 1년 이내에 만기가 도래하는 것이지만 대개의 경우 만기연장을 하는 경우가 많다. 이러다 보니 기업의 입장에서는 이 자금으로 비유동자산에 투자하는 경우가 종종 있다. 이는 경기가 악화되면 여신축소로 인해 자금압박을 받게 되는 유동성위기에 빠지기 쉽다. 특히, 단기 차입금은 장기차입금에 비해 이자율이 높으므로 주의하여 조달해야 한다.

■ 비유동부채(v25_Ncur_liab)

유동부채를 제외한 나머지 부채를 말한다. 장기차입금, 사채, 장기미지급금, 순확정급여부채, 이연법인세부채, 장기충당부채 등이 이에 속한다.

■ 장기차입금(v26_l_trm_borr)

보통 금융기관으로부터 차입한 금액 중 만기가 1년 이상인 차입금을 말한다. 금융기관 외에 관계사나 대주주로부터 차입한 것도 포함되는 경우가 있다. 단기차입금과 달리 만기가 1년 이상이며, 차입약정만 잘 준수하면 상환압박이 거의 없는 자금조달에 좋은 원천이다. 영업이익이 이러한 이자비용을 일정 수준 이상 상회한다면 크게 문제되지 않는다. 특히, 금융기관에서도 크게 위험 요소 없이 안정적으로 여신을 집행하게 되므로, 금융기관과도 좋은 관계를 유지할 수 있다.

③ 자 본

기업이 기말 시점에 보유한 자산에서 부채를 차감한 것으로 보통 잔여지분이라고도 말한다. 기업의 시작은 이 자본으로부터 시작된다. 즉, 주주가 투자하여 기업을 설립하고, 경영활동을 통해 가치를 늘려 나가고자 한다. 이 과정에서 유형자산에 투자하고, 영업활동을 통해 수익을 얻어 자산을 증가시킨다. 이 과정에서 차입금도 끌어오게 된다. 이렇게 불려 나간 자산에서 외부의 차입금을 제외하게 되면 나머지는 모두 주주의 몫인 것이다. 이를 자본총계로 표시하고 재무상태표에 나타난다. 하지만, 의도한 대로 자산을 늘려나가지 못해 자산

보다 부채가 크다면 자본총계가 (-)가 되는데 이는 상장폐지 요건이 된다. 따라서 자본잠식은 상장사 재무제표에서는 보기 어렵다. 본 모델은 자본총계 1개의 변수만을 사용하였다.

■ 자본총계(v26_tot_eqt) = 자산-부채

참고로 자본총계를 이루는 항목에는 아래와 같은 사항이 포함된다.

- 자본금 : 주주가 납입한 금액 중 주식 액면에 표시된 금액
- 주식발행초과금 : 주주가 납입한 금액 중 주식 액면에 표시된 금액을 초과한 금액
- 이익잉여금(이월결손금) : 당기순이익이 누적된 금액에서 배당을 한 부분을 반영하여 남은 금액으로, 기업이 매년 경영성과를 통해 얻은 세후이익 중 투자자에 배당을 하지 않고 미래 투자 등을 위해 유보한 금액이다. 때로는 이익이 아닌 결손이 발생하게 되는데, 이때 이월결손금으로 표시하고, 전체 자본에는 (-)의 영향을 미친다.
- 기타자본 : 기업의 경영성과라기보다는 환율 변동이나 해외투자 등의 사유, 장기 보유 목적의 유가증권으로 부터 발생한 미실현 평가손익 등을 기록한 항목이다.

④ 손익계산서

기업의 1년 간 경영성과를 나타내는 재무제표의 하나이다. 재무상태표가 일정 시점의 기업의 상태를 나타낸다면, 손익계산서는 1년 간의 기간 동안 얼마나 성과를 창출했는지를 나타내는 것이다. 본 모델에서는 다음과 같이 3개의 변수를 사용하였다.

■ 매출액(v31_sal)

사업 본연의 목적(영업)으로 제품, 상품, 서비스를 외부에 제공하는 대가로 받았거나 받을 금액을 의미한다. 금융기관의 경우는 영업수익 등으로 표시하며, 이자수익이 본업이므로 이에 포함된다.

■ 영업이익(손실)(v32_op_prf)

매출액에서 사업 본연의 목적으로 발생한 비용(매출원가, 판매비와 일반관리비)을 차감한 금액이다. 금융기관의 경우는 영업수익에서 영업비용을 차감한 금액이다. 해당 기업이 영업적으로 얼마나 건실한지를 살펴볼 수 있다. 영업이익은 발생하면서 영업외 비용(이자비용 등)이 많이 발생해 순손실을 보는 회사들도 상당수 있다.

■ 이자비용(v33_int_exp)

장·단기차입금으로부터 발생한 이자를 말한다. 보통 영업이익으로 이자비용을 모두 지불하고도 이익이 남아야 영업의 가치가 있는 것이다. 따라서 영업이익이 이자비용을 얼마나 상회하는지도 기업의 수익성을 가늠하는 중요한 지표인데, 이를 이자보상비율이라고 한다.

(2) 재무정보 파일

다음과 같이 상장사의 재무정보와 상장폐지사의 재무정보 2개의 파일로 구성되어 있다.

■ 21_fin.xlsx

■ 22_fin_Delisted.xlsx

3. 재무비율

(1) 재무비율 변수

재무비율은 기업의 재무제표에서 연관된 금액들의 비율을 계산하여 나타낸 비율이다. 이들 비율을 분류하여 수익성 비율, 성장성 비율, 활동성 비율, 안정성 비율 등으로 나눈다. 본 모델에서는 아래와 같이 5개의 변수를 사용하였다.

■ 매출액영업이익율(v51_R_op_prf_sal) = 영업이익/매출액

수익성 비율로서 판매단가에서 마진이 어느 정도인지 볼 수 있다. 보통 제조업의 경우는 10%를 넘어야 한다. 하지만, 최종 제조 기업의 입장에서는 고객에 대한 경쟁이 치열해지고, 이에 따라 하도급 업체에도 원가절감이 요구되어 이 비율을 10% 이상으로 유지하기가 어렵다. 10% 이상의 매출액영업 이익율을 가져가기 위해서는 Red Ocean이 아닌 Blue Ocean에 위치해야 하고, 그러기 위해서는 트렌드 선도, 기술혁신, 시장선점 등이 있어야 달성 가능할 것이다. 모두가 만들 수 있는 제품, 차별화되지 않은 서비스를 가지고는 이러한 수익성을 내기가 힘들다.

■ 영업이익이자보상비율(v52_R_op_prf_int_exp) = 영업이익/이자비용

안정성 비율로서 영업이익으로 이자비용을 얼마나 갚을 수 있는지 보는 지표이다. 이 비율이 크면 클수록 외부 차입금에 의존하는 비율이 낮고 수익은 안정적이므로, 외부 차입금에 의해 영향을 덜 받게 된다. 최근에는 상당수의 기업들이 무차입경영을 하고 있다. 한때 레버리지 효과를 위해 차입 경영을 하는 것이 유행이었으나, 거대 기업이 차입금을 감당하지 못해 무너지는 현상을 겪자, 기업 규모보다는 내실을 기하기 위해 무차입 경영을 하는 기업이 늘고 있다. 따라서 이자비용은 잘 활용하면 기업에 도움이 되지만, 그 만큼 상당한 압박으로 다가오는 경우도 있어, 이 비율은 상당히 중요한 안정성 비율이다.

■ 유동비율(v53_R_cur_rat) = 유동자산/유동부채

안정성 비율로서 1년 내에 지급해야 하는 부채에 대비해 보유하고 있는 1년 내에 현금화가 가능한 자산이 얼마나 되는지를 보여주는 비율이다. 보통 100%를 상회해야 안정적이라고 판단한다. 즉, 1년 내에 현금화되는 자산으로 1년 내에 지급해야 할 부채를 모두 커버할 수 있어야 한다.

■ 부채비율(v54_R_liab_rat) = 부채총계/자본총계

안정성 비율로서 외부조달 자금 혹은 지급 의무가 있는 금액이 주주로부터 조달한 자금 대비 얼마나 되는지를 가늠하기 위한 비율이다. 보통 200%를 넘지 않아야 적정하다고 판단한다. 200%가 넘으면 여신기관은 최악의 상황인 기업의 청산 시 채권순위 경합이 많아지고, 그만큼 회수가능금액이 적어지므로 200%가 넘는 경우 신규 여신을 신중히 검토하게 된다.

■ 차입금/자기자본(v55_R_borr_eqt) = 이자부 차입금/자본총계

안정성 지표로서 부채총계가 아닌 이자가 발생하는 장·단기차입금을 분자에 사용함으로써 좀 더 명확한 비율을 산출하기 위해 사용한다. 차입금에는 사채와 같이 이자가 발생하는 부채를 모두 포함한다.

(2) 재무비율 파일

상장사의 재무비율 파일과 상장폐지사의 재무비율 파일, 2개로 구성되어 있다.

■ 31_rate.xlsx

	A	B	C	D	E	F	G	H
1	v01_Stock	Y04_v51_R_op_prf_sal	Y04_v52_R_op_prf_int_exp	Y04_v53_R_cur_rat	Y04_v54_R_liab_rat	Y04_v55_R_borr_eqt	Y05_v51_R_op_prf_sal	Y05_v52_R_op_prf_int_exp
2	2	8.9	2.94	372.98	32.63	22.72	10.62	4.88
3	4	-17.74	-7.12	187.37	152.99	62.52	0.81	0.44
4	5	-3.99	-1.36	71.16	34.92	30.73	2.09	0.65
5	6							
6	7	5.69	8	88.45	41.33	16.8	4.36	8.99
7	8	32.63	6.11	119.62			28.84	4.14
8	10	14.22	15.45	229.9	41.45	10.35	15.76	18.6
9	11	5.44	3.45	206.66	62.47	27.33	5	3.59
10	13	19.59	4.62	49.91	111.48	68.59	15.66	1.96
11	14	3.12	0.49	56.34	309.42	214.56	5.61	0.94
12	17	8.63	2.07	85.66	103.21	71.84	-0.58	-0.14
13	19	7.49	15.5	153.93	81.24	18.43	7.53	15.02
14	20	12.76	25.25	285.03	42.12	16.45	13.28	14.41
15	21	17.06	7.1	140.66	85.81	42.91	15.92	8.33
16	22	12.14	0.72	75.24	58.44	18.63	11.51	10.45

■ 32_rate_Delisted.xlsx

	A	B	C	D	E	F	G	H
1	v01_Stock	Y04_v51_R_op_prf_sal	Y04_v52_R_op_prf_int_exp	Y04_v53_R_cur_rat	Y04_v54_R_liab_rat	Y04_v55_R_borr_eqt	Y05_v51_R_op_prf_sal	Y05_v52_R_op_prf_int_exp
2	1							
3	3							
4	9							
5	12							
6	15							
7	16							
8	18		-0.01	6.21				
9	24	-9.37	-0.05	1217.5			3.59	0.01
10	26	-77.16		68.63			-716.95	
11	28							
12	34							
13	38							
14	41							
15	43							
16	55							

4. 파생변수

파생변수는 재무제표와 재무비율을 보고 판단이 가능한 사항을 알고리즘에 알려주기 위해 만든 변수이다. 원래 모델에서는 연도별 10개 이상의 파생변수를 만들어 투입했으나, 본 모델에서는 아래와 같이 1개의 변수를 사용하였다.

■ 유동비율_파생(v71_R_cur_rat_dv)

유동비율>100이면 '1', 유동비율<100이면 '-1', 그 외 '0'으로 정의하였다. 알고리즘은 유동비율이 100보다 크면 좋고, 100보다 작으면 안 좋다는 것을 알 수 없다. 따라서 이에 대한 판단이 가능하도록 별도의 파생변수를 만들어 투입하는 것이다.

상장폐지 예측 모델 R Script

지금까지 상장폐지 예측 모델을 이해하기 위해 많은 설명을 하였는데, 이를 이해했다고 가정하고 구체적으로 R script와 결과를 설명하겠다.

1. 데이터 마트 구성

데이터 마트는 6개의 파일로 구성되어 있다. 상장사/상장폐지사의 구분과 일반정보/재무정보/재무비율정보의 구분으로 6개 파일이 있다. 이 파일을 읽어들여 하나의 data set으로 만드는 과정이다. 그림으로 나타내면 아래와 같다.

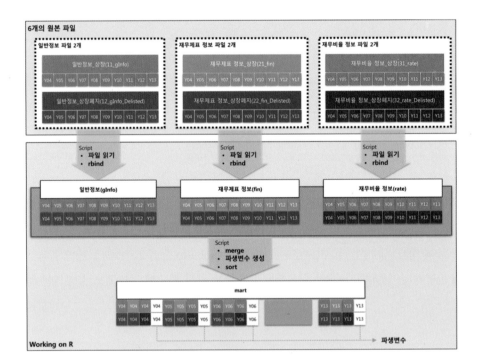

(1) 일반정보

일반정보에는 기업의 연도별 감사의견, 상장폐지사의 상장폐지일자 정보가 있다.

① 기업일반정보 읽기

상장사와 상장폐지사의 기업일반정보를 읽어들이는 부분이다. 아래와 같이 6개 단계로 구성되어 있다.

> **1단계** 엑셀파일로부터 일반정보를 불러온다.

> **2단계** data type을 변경한다.

> **3단계** 엑셀 원본 data를 이름 변경하여 원본은 유지한다.

> **4단계** "NA" 셀을 ""로 변경하고, 감사의견이 "적정"이면 "0", 아니면 "1"로 설정한다.

> **5단계** 변환 완료한 data와 엑셀 원본 data를 비교한다.
>
> (주의) 비교 시 반드시 원본 엑셀 파일을 열고 제대로 data가 들어갔는지 확인한다.

> **6단계** 위의 작업을 일반정보 2개 파일에 대해 수행한다.

엑셀 파일을 읽기 위해 xlsx 패키지를 사용하였다. 패키지가 설치되어 있지 않다면, install.packages("xlsx") 부분을 실행해야 한다. 저자의 컴퓨터에는 이미 설치되어 있어 comment처리하고 실행하지 않았다.

```
# install.packages("xlsx")
library(xlsx)
## Loading required package: rJava
## Loading required package: xlsxjars
```

첫 번째, 상장회사의 일반정보를 엑셀로부터 읽어들이는 부분이다. read.xlsx 함수를 이용하는데, 엑셀 파일의 위치와 함께 파일을 지정하고, sheetIndex로 읽어들일 sheet가 몇 번째 sheet인지 지정해야 한다. header를 가진 엑셀이라면 header=TRUE를 사용해야 한다.

```
####################
# (11) read 11_gInfo #
####################
# read excel file
gInfo_xls<-read.xlsx("./Data_org/11_gInfo.xlsx", sheetIndex = 1,header=T)
str(gInfo_xls)
## 'data.frame':    1778 obs. of  11 variables:
##  $ v01_Stock  : num  2 4 5 6 7 8 10 11 13 14 ...
##  $ Y04_v11_aud: Factor w/ 4 levels "감사미필","적정",..: 2 2 2 2 2 2 2 2 2 2
...
##  $ Y05_v11_aud: Factor w/ 4 levels "감사미필","적정",..: 2 2 2 2 2 2 2 2 2 2
...
##  $ Y06_v11_aud: Factor w/ 3 levels "감사미필","적정",..: 2 2 2 2 2 2 2 2 2 2
...
##  $ Y07_v11_aud: Factor w/ 4 levels "감사미필","적정",..: 2 2 2 2 2 2 2 2 2 2
...
##  $ Y08_v11_aud: Factor w/ 4 levels "감사미필","적정",..: 2 2 2 2 2 2 2 2 2 2
...
##  $ Y09_v11_aud: Factor w/ 3 levels "감사미필","적정",..: 2 2 2 2 2 2 2 2 2 2
...
##  $ Y10_v11_aud: Factor w/ 4 levels "감사미필","적정",..: 2 2 2 2 2 2 2 2 2 2
...
##  $ Y11_v11_aud: Factor w/ 4 levels "감사미필","적정",..: 2 2 2 2 2 2 2 2 2 2
...
##  $ Y12_v11_aud: Factor w/ 4 levels "감사미필","적정",..: 2 2 2 2 2 2 2 2 2 2
...
##  $ Y13_v11_aud: Factor w/ 7 levels "부적정(기업회계기준위배-회계처리)",..: 5 5
5 5 5 5 5 5 5 ...
```

str은 읽어들인 데이터 구조를 확인하는 데 사용한다. 감사의견이 character type이 아닌 factor type으로 되어 있는 것을 확인할 수 있다.

감사의견을 factor type에서 chracter type으로 변경하고자 한다. 연도별 감사의견 column을 모두 바꾸기 위해 for loop을 사용하였다.

```
# change the data type
for (i in 2:ncol(gInfo_xls)) gInfo_xls[,i]<-as.character(gInfo_xls[,i])
str(gInfo_xls)
## 'data.frame':    1778 obs. of  11 variables:
##  $ v01_Stock  : num  2 4 5 6 7 8 10 11 13 14 ...
##  $ Y04_v11_aud: chr  "적정" "적정" "적정" "적정" ...
##  $ Y05_v11_aud: chr  "적정" "적정" "적정" "적정" ...
##  $ Y06_v11_aud: chr  "적정" "적정" "적정" "적정" ...
##  $ Y07_v11_aud: chr  "적정" "적정" "적정" "적정" ...
##  $ Y08_v11_aud: chr  "적정" "적정" "적정" "적정" ...
##  $ Y09_v11_aud: chr  "적정" "적정" "적정" "적정" ...
##  $ Y10_v11_aud: chr  "적정" "적정" "적정" "적정" ...
##  $ Y11_v11_aud: chr  "적정" "적정" "적정" "적정" ...
##  $ Y12_v11_aud: chr  "적정" "적정" "적정" "적정" ...
##  $ Y13_v11_aud: chr  "적정" "적정" "적정" "적정" ...
```

str을 사용해 수행결과를 확인해 보니 모두 character type으로 변경되었음을 확인할 수 있다. 이제 감사의견을 '적정'은 '0'으로, 나머지는 '1'로 바꾸고자 한다. 혹시나 실수를 했을 때를 대비해 dataframe을 다른 이름으로 복사를 해둔 다음 작업하였다.

```
# change the audit opinion from "character" to ("0" or "1")
gInfo_ND<-gInfo_xls
for (i in 2:ncol(gInfo_ND))  {ind<-which(is.na(gInfo_ND[,i]));if
(length(ind)>0) gInfo_ND[ind,i]<-""}
f_aud<-function(x) if (x=="적정") x<-0 else x<-1efine a function
for (i in 2:ncol(gInfo_ND)) gInfo_ND[,i]<-sapply(gInfo_ND[,i],f_aud) # apply
the function using "sapply"
head(gInfo_ND)
##   v01_Stock Y04_v11_aud Y05_v11_aud Y06_v11_aud Y07_v11_aud Y08_v11_aud
## 1         2           0           0           0           0           0
## 2         4           0           0           0           0           0
## 3         5           0           0           0           0           0
```

```
## 4          6          0          0          0          0          0
## 5          7          0          0          0          0          0
## 6          8          0          0          0          0          0
##   Y09_v11_aud Y10_v11_aud Y11_v11_aud Y12_v11_aud Y13_v11_aud
## 1           0           0           0           0           0
## 2           0           0           0           0           0
## 3           0           0           0           0           0
## 4           0           0           0           0           0
## 5           0           0           0           0           0
## 6           0           0           0           0           0
```

다소 어렵겠지만, function을 정의하고, apply를 적용해 loop문 사용을 대신해 보았다. f_aud 함수는 벡터를 받아 element의 값이 "적정"이면, "0"으로 아니면 "1"로 setting하도록 하는 함수로 정의하였다. 그리고 각 column에 sapply를 사용해 변환하였다. sapply는 입력되는 object가 복잡한 형식일지라도 가능한 한 간단한 (Simple) 형태로 출력하도록 하는 apply함수 중 하나이다. 가장 간단한 형태가 Array이므로, 이 둘을 결합한 이름이 sapply이다. 이러한 함수의 사용에 익숙해지면 script도 짧아지고 처리 속도도 향상된다. 이렇게 만들어진 결과를 확인해 보자.

```
# comparison the result(gInfo_ND) data with original data(gInfo_xls)
# Be sure it's the same as the orinal excel file.
head(gInfo_ND,1)
##   v01_Stock Y04_v11_aud Y05_v11_aud Y06_v11_aud Y07_v11_aud Y08_v11_aud
## 1         2           0           0           0           0           0
##   Y09_v11_aud Y10_v11_aud Y11_v11_aud Y12_v11_aud Y13_v11_aud
## 1           0           0           0           0           0
head(gInfo_xls,1)
##   v01_Stock Y04_v11_aud Y05_v11_aud Y06_v11_aud Y07_v11_aud Y08_v11_aud
## 1         2          적정          적정          적정          적정          적정
##   Y09_v11_aud Y10_v11_aud Y11_v11_aud Y12_v11_aud Y13_v11_aud
## 1        적정          적정          적정          적정          적정
```

```
tail(gInfo_ND,1)
##      v01_Stock Y04_v11_aud Y05_v11_aud Y06_v11_aud Y07_v11_aud Y08_v11_aud
## 1778      2783           1           1           1           0           0
##      Y09_v11_aud Y10_v11_aud Y11_v11_aud Y12_v11_aud Y13_v11_aud
## 1778           0           0           0           0           0


tail(gInfo_xls,1)
##      v01_Stock Y04_v11_aud Y05_v11_aud Y06_v11_aud Y07_v11_aud Y08_v11_aud
## 1778      2783        <NA>        <NA>        <NA>          적정          적정
##      Y09_v11_aud Y10_v11_aud Y11_v11_aud Y12_v11_aud Y13_v11_aud
## 1778          적정          적정          적정          적정          적정
```

확인 결과, 엑셀로부터 읽어들인 character형 감사의견이 '적정'은 '0'으로, 나머지는 '1'로 적절히 변환되었음을 알 수 있다. 이때 당부하고자 하는 것은 반드시 원본 엑셀파일과 비교하라는 것이다. 위의 data 조작 과정에 어떠한 실수가 발생할지 모르니 최종 결과가 원본파일로부터 원하는 방식으로 변환되었는지 확인하는 것은 매우 중요하다. 위처럼 엑셀로 읽어들인 파일과 변환된 결과만 비교하는 것으로 끝내지는 말기 바란다.

이제 두 번째 파일인 상장폐지사의 일반정보를 읽어들여 처리한다. 위에서는 확인절차를 모두 담았지만, 이번에는 처리하는 script만 넣었다.

```
######################
# (12) read 12_gInfo_D #
######################
gInfo_D_xls<-read.xlsx("./Data_org/12_gInfo_Delisted.xlsx", sheetIndex =
1,header=T)
str(gInfo_D_xls)
## 'data.frame':    1015 obs. of  12 variables:
##  $ v01_Stock  : num  1 3 9 12 15 16 18 24 26 28 ...
##  $ v02_D_date : Factor w/ 609 levels "19000101","19980310",..: 252 164 7 16
39 25 123 127 147 7 ...
##  $ Y04_v11_aud: Factor w/ 9 levels "감사미필","부적정(계속기업존속의문시)",..:
NA NA NA NA NA NA 3 NA 3 NA ...
```

```
##  $ Y05_v11_aud: Factor w/ 9 levels "감사미필","부적정(계속기업존속의문시)",..:
NA NA NA NA NA NA NA NA 4 NA ...
##  $ Y06_v11_aud: Factor w/ 8 levels "감사미필","부적정(계속기업존속의문시)",..:
NA NA NA NA NA NA NA 1 3 NA ...
##  $ Y07_v11_aud: Factor w/ 9 levels "부적정(계속기업존속의문시)",..: NA NA NA
NA NA NA NA 8 3 NA ...
##  $ Y08_v11_aud: Factor w/ 7 levels "부적정(계속기업존속의문시)",..: NA NA NA
NA NA NA 5 2 NA ...
##  $ Y09_v11_aud: Factor w/ 8 levels "감사미필","부적정(계속기업존속의문시)",..:
NA NA NA NA NA NA NA 6 3 NA ...
##  $ Y10_v11_aud: Factor w/ 8 levels "부적정(계속기업존속의문시)",..: NA NA NA
NA NA NA NA 6 5 NA ...
##  $ Y11_v11_aud: Factor w/ 8 levels "부적정(계속기업존속의문시)",..: 5 5 NA NA
NA NA NA 5 2 NA ...
##  $ Y12_v11_aud: Factor w/ 10 levels "감사미필","부적정(계속기업존속의문
시)",..: 7 7 NA NA NA NA NA 7 6 NA ...
##  $ Y13_v11_aud: Factor w/ 7 levels "부적정(계속기업존속의문시)",..: 5 5 NA NA
NA NA NA 5 NA NA ...
```

```
for (i in 2:ncol(gInfo_D_xls)) gInfo_D_xls[,i]<-as.character(gInfo_D_xls[,i])
gInfo_D<-gInfo_D_xls
for (i in 3:ncol(gInfo_D)) {ind<-which(is.na(gInfo_D[,i]));if (length(ind)>0)
gInfo_D[ind,i]<-""}
for (i in 3:ncol(gInfo_D)) gInfo_D[,i]<-sapply(gInfo_D[,i],f_aud) # apply the
function "f_aud" using "sapply"
```

② 기업일반정보 통합

상장사 일반정보 data와 상장폐지사 일반정보를 통합하는 과정이다. 여기서
문제는 상장사 정보에는 없는 상장폐지일자를 어떻게 처리할 것인가이다.

- 상장폐지사 정보와 일치시키기 위해 상장사 정보에 없는 "v02_D_date"
  (상장폐지일자)에 "0"을 일괄적으로 설정 후 rbind로 두 데이터를 합
  한다.
- rbind 후 v01_Stock에 따라 row를 정렬하고, column명에 따라 정렬한다.
- 중복된 row가 있는지 확인한다.
- 마지막으로 rbind가 잘 되었는지 확인한다.

```
#######################
# (19) rbind general info #
#######################
# set v02_D_Date variable
names(gInfo_ND)
##  [1] "v01_Stock"    "Y04_v11_aud" "Y05_v11_aud" "Y06_v11_aud" "Y07_v11_aud"
##  [6] "Y08_v11_aud" "Y09_v11_aud" "Y10_v11_aud" "Y11_v11_aud" "Y12_v11_aud"
## [11] "Y13_v11_aud"


names(gInfo_D)
##  [1] "v01_Stock"    "v02_D_date"  "Y04_v11_aud" "Y05_v11_aud" "Y06_v11_aud"
##  [6] "Y07_v11_aud" "Y08_v11_aud" "Y09_v11_aud" "Y10_v11_aud" "Y11_v11_aud"
## [11] "Y12_v11_aud" "Y13_v11_aud"
```

names함수는 변수명을 추출하는 함수이다. 이를 이용해 통합하고자 하는 두 데
이터의 변수가 같은지 확인한다. 확인 결과 상장폐지일 정보인 v02_D_date 변수가
gInfo_ND에는 없는 것을 확인할 수 있다. 이를 해결하기 위해 아래와 같이 0으로
된 변수를 추가한다.

```
gInfo_ND$v02_D_date<-"0"
```

이제 두 data frame의 변수가 동일해졌으니 rbind함수를 써서 두 데이터를 통합
한다. 가끔 rbind를 사용하다 보면 양쪽의 data에 모두 포함되어 있는 row가 있기
도 하다. 이를 확인하기 위해 duplicated함수를 이용하였다.

```
gInfo<-rbind(gInfo_ND,gInfo_D)
names(gInfo)
##  [1] "v01_Stock"    "Y04_v11_aud" "Y05_v11_aud" "Y06_v11_aud" "Y07_v11_aud"
##  [6] "Y08_v11_aud" "Y09_v11_aud" "Y10_v11_aud" "Y11_v11_aud" "Y12_v11_aud"
## [11] "Y13_v11_aud" "v02_D_date"

table(duplicated(gInfo$v01_Stock))
##
## FALSE
##  2793
```

통합된 data를 종목코드 순으로, 변수명의 순서로 sort하고, rowname을 정리한다. 사실 rowname은 별 필요가 없으나, 육안으로 볼 때 혼선을 줄 수 있으므로 정리하였다.

```
gInfo<-gInfo[order(gInfo$v01_Stock),order(colnames(gInfo))]
rownames(gInfo)<-NULL
head(gInfo,3)
##   v01_Stock v02_D_date Y04_v11_aud Y05_v11_aud Y06_v11_aud Y07_v11_aud
## 1         1   20040702           1           1           1           1
## 2         2          0           0           0           0           0
## 3         3   20020427           1           1           1           1
##   Y08_v11_aud Y09_v11_aud Y10_v11_aud Y11_v11_aud Y12_v11_aud Y13_v11_aud
## 1           1           1           1           0           0           0
## 2           0           0           0           0           0           0
## 3           1           1           1           0           0           0
```

이제 두 data가 적절히 통합되었는지 확인한다.

```
gInfo[c(1,3),]
##   v01_Stock v02_D_date Y04_v11_aud Y05_v11_aud Y06_v11_aud Y07_v11_aud
## 1         1   20040702           1           1           1           1
## 3         3   20020427           1           1           1           1
##   Y08_v11_aud Y09_v11_aud Y10_v11_aud Y11_v11_aud Y12_v11_aud Y13_v11_aud
```

```
## 1          1          1          1          0          0          0
## 3          1          1          1          0          0          0


gInfo_D[c(1,2),]
##    v01_Stock v02_D_date Y04_v11_aud Y05_v11_aud Y06_v11_aud Y07_v11_aud
## 1          1   20040702           1           1           1           1
## 2          3   20020427           1           1           1           1
##    Y08_v11_aud Y09_v11_aud Y10_v11_aud Y11_v11_aud Y12_v11_aud Y13_v11_aud
## 1          1           1           1           0           0           0
## 2          1           1           1           0           0           0


gInfo[c(2,4),]
##    v01_Stock v02_D_date Y04_v11_aud Y05_v11_aud Y06_v11_aud Y07_v11_aud
## 2          2           0           0           0           0           0
## 4          4           0           0           0           0           0
##    Y08_v11_aud Y09_v11_aud Y10_v11_aud Y11_v11_aud Y12_v11_aud Y13_v11_aud
## 2          0           0           0           0           0           0
## 4          0           0           0           0           0           0


gInfo_ND[c(2,4),]
##    v01_Stock Y04_v11_aud Y05_v11_aud Y06_v11_aud Y07_v11_aud Y08_v11_aud
## 2          4           0           0           0           0           0
## 4          6           0           0           0           0           0
##    Y09_v11_aud Y10_v11_aud Y11_v11_aud Y12_v11_aud Y13_v11_aud v02_D_date
## 2          0           0           0           0           0           0
## 4          0           0           0           0           0           0
```

이렇게 해서 2개 파일로 나뉘어 있는 일반정보를 하나의 data로 생성하였다.

(2) 재무제표 정보

재무제표 정보도 2개의 파일로 나뉘어 있다. 이를 읽어들여 정리하고, 통합하는 과정을 설명하겠다.

① 재무제표 정보 읽기

다음과 같이 3개의 단계를 거쳐 읽어 들인다.

1단계 엑셀파일로부터 재무제표 정보를 불러온다.

2단계 재정렬된 data와 엑셀 원본 data를 비교한다.

(주의) 비교 시 반드시 원본 엑셀 파일을 열고 제대로 data가 들어갔는지 확인한다.

3단계 위의 작업을 일반정보 2개 파일에 대해 수행한다.

먼저 첫 번째 파일을 읽어 들인다. 이번에는 column별 class를 미리 정하는 방식을 이용하였다. 이때 사용하는 옵션이 colClasses이다.

```
##################
# (21) read 21_fin #
##################
# read xlsx file
cls<-rep("numeric",101)
fin_xls<-read.xlsx("./Data_org/21_fin.xlsx", sheetIndex = 1,header=T,colClasses=cls)
str(fin_xls[,1:10])
## 'data.frame':    1778 obs. of  10 variables:
##  $ v01_Stock      : num  2 4 5 6 7 8 10 11 13 14 ...
##  $ Y04_v21_cur_asst : num  1.35e+11 3.75e+10 8.26e+10 NA 1.94e+11 ...
##  $ Y04_v22_Ncur_asst : num  5.89e+10 4.22e+10 4.33e+11 NA 7.89e+11 ...
##  $ Y04_v23_cur_liab : num  3.63e+10 2.00e+10 1.16e+11 NA 2.19e+11 ...
##  $ Y04_v24_s_trm_borr: num  2.77e+10 2.56e+09 9.49e+10 NA 9.27e+10 ...
##  $ Y04_v25_Ncur_liab : num  1.15e+10 2.82e+10 1.73e+10 NA 6.84e+10 ...
##  $ Y04_v26_l_trm_borr: num  4.58e+09 1.71e+10 1.41e+10 NA 3.89e+09 ...
##  $ Y04_v27_tot_eqt : num  1.46e+11 3.15e+10 3.82e+11 NA 6.96e+11 ...
##  $ Y04_v28_sal    : num  1.23e+11 8.01e+10 1.74e+11 NA 8.90e+11 ...
##  $ Y04_v29_op_prf : num  1.10e+10 -1.42e+10 -6.93e+09 NA 5.06e+10 ...
```

읽어들인 파일의 변수 순서를 재정렬한다. 변수별 연도별 순서로 되어 있는 원본 데이터를 연도별 변수별의 순서로 바꾸는 과정이다.

```
# reorder the columns if needed
fin_ND<-fin_xls[,order(colnames(fin_xls))]
```

v21이 들어 있는 변수와 v30이 들어 있는 변수들에 대해서만 엑셀을 읽어들인 data와 변경된 data를 비교하였다. 이때 v21이나 v30이 들어있는 변수를 선택할 때 grep함수를 사용하였다. 이때도 반드시 원본 엑셀 파일도 열어 비교해 보기 바란다.

```
# comparison the result data with backup data
# Be sure it's the same as the orinal excel file.
names(fin_ND)[1:12]
##  [1] "v01_Stock"         "Y04_v21_cur_asst"  "Y04_v22_Ncur_asst"
##  [4] "Y04_v23_cur_liab"  "Y04_v24_s_trm_borr" "Y04_v25_Ncur_liab"
##  [7] "Y04_v26_l_trm_borr" "Y04_v27_tot_eqt"   "Y04_v28_sal"
## [10] "Y04_v29_op_prf"    "Y04_v30_int_exp"   "Y05_v21_cur_asst"

ind_ND<-grep("v21",names(fin_ND))
fin_ND[1,c(1,ind_ND)]
##   v01_Stock Y04_v21_cur_asst Y05_v21_cur_asst Y06_v21_cur_asst
## 1         2         1.353e+11        1.352e+11        1.305e+11

##   Y07_v21_cur_asst Y08_v21_cur_asst Y09_v21_cur_asst Y10_v21_cur_asst
## 1        1.329e+11        1.364e+11        1.038e+11        1.218e+11
##   Y11_v21_cur_asst Y12_v21_cur_asst Y13_v21_cur_asst
## 1        1.323e+11        1.212e+11        1.168e+11

ind_xls<-grep("v21",names(fin_xls))
fin_xls[1,c(1,ind_xls)]
##   v01_Stock Y04_v21_cur_asst Y05_v21_cur_asst Y06_v21_cur_asst
## 1         2         1.353e+11        1.352e+11        1.305e+11
##   Y07_v21_cur_asst Y08_v21_cur_asst Y09_v21_cur_asst Y10_v21_cur_asst
## 1        1.329e+11        1.364e+11        1.038e+11        1.218e+11
```

```
##      Y11_v21_cur_asst Y12_v21_cur_asst Y13_v21_cur_asst
## 1         1.323e+11         1.212e+11         1.168e+11

table(fin_ND[1,c(1,ind_ND)]==fin_xls[1,c(1,ind_xls)])
##
## TRUE
##   11

ind_ND<-grep("v30",names(fin_ND))
fin_ND[nrow(fin_ND),c(1,ind_ND)]
##      v01_Stock Y04_v30_int_exp Y05_v30_int_exp Y06_v30_int_exp
## 1778      2783              NA              NA              NA
##      Y07_v30_int_exp Y08_v30_int_exp Y09_v30_int_exp Y10_v30_int_exp
## 1778         1.22e+09         9.64e+08         5.54e+08       456213000
##      Y11_v30_int_exp Y12_v30_int_exp Y13_v30_int_exp
## 1778       808065000       760578000         1.048e+09

ind_xls<-grep("v30",names(fin_xls))
fin_xls[nrow(fin_xls),c(1,ind_xls)]
##      v01_Stock Y04_v30_int_exp Y05_v30_int_exp Y06_v30_int_exp
## 1778      2783              NA              NA              NA
##      Y07_v30_int_exp Y08_v30_int_exp Y09_v30_int_exp Y10_v30_int_exp
## 1778         1.22e+09         9.64e+08         5.54e+08       456213000
##      Y11_v30_int_exp Y12_v30_int_exp Y13_v30_int_exp
## 1778       808065000       760578000         1.048e+09

table(fin_ND[nrow(fin_ND),c(1,ind_ND)]==fin_xls[nrow(fin_xls),c(1,ind_xls)])
##
## TRUE
##    8
```

상장폐지사의 재무정보도 엑셀로부터 읽어들여 위와 같은 처리를 수행한다.

```
############################
# (22) read 22_fin_Delisted #
############################
cls<-c(rep("numeric",101))
fin_D_xls<-read.xlsx("./Data_org/22_fin_Delisted.xlsx", sheetIndex = 1,
header=T, colClasses=cls)
str(fin_D_xls[,1:10])
## 'data.frame':    1015 obs. of  10 variables:
##  $ v01_Stock        : num  1 3 9 12 15 16 18 24 26 28 ...
##  $ Y04_v21_cur_asst : num  NA NA NA NA NA ...
##  $ Y04_v22_Ncur_asst: num  NA NA NA NA NA ...
##  $ Y04_v23_cur_liab : num  NA NA NA NA NA ...
##  $ Y04_v24_s_trm_borr: num  NA NA NA NA NA NA NA NA NA NA ...
##  $ Y04_v25_Ncur_liab: num  NA NA NA NA NA ...
##  $ Y04_v26_l_trm_borr: num  NA NA NA NA NA ...
##  $ Y04_v27_tot_eqt  : num  NA NA NA NA NA ...
##  $ Y04_v28_sal      : num  NA NA NA NA NA ...
##  $ Y04_v29_op_prf   : num  NA NA NA NA NA ...

fin_D<-fin_D_xls[,order(colnames(fin_D_xls))]
```

② 재무제표 정보 bind

재무제표 정보는 상장사나 상장폐지사나 동일한 변수를 가지고 있으므로 별도
로 변수 추가 없이 아래의 4단계로 처리하였다.

1단계 상장사와 상장폐지사의 data가 같은지를 column명을 비교해 확인 후
rbind

2단계 rbind 후 row와 column을 재정렬한다.

3단계 중복된 row가 있는지 확인한다.

4단계 마지막으로 rbind가 잘 되었는지 확인한다.

아래는 두 data의 변수명이 같은지를 확인하는 방법이다. 육안으로 확인할 수도 있겠지만, names함수로 두 데이터의 변수명을 추출하고 같은지를 TRUE와 FALSE의 개수가 몇 개인지 보여주는 table함수를 사용해 확인하였다.

```
################
# (29) rbind fin #
################
# column comparison
names(fin_ND)[1:10]
##  [1] "v01_Stock"        "Y04_v21_cur_asst"  "Y04_v22_Ncur_asst"
##  [4] "Y04_v23_cur_liab"  "Y04_v24_s_trm_borr" "Y04_v25_Ncur_liab"
##  [7] "Y04_v26_l_trm_borr" "Y04_v27_tot_eqt"   "Y04_v28_sal"
## [10] "Y04_v29_op_prf"


names(fin_D)[1:10]
##  [1] "v01_Stock"        "Y04_v21_cur_asst"  "Y04_v22_Ncur_asst"
##  [4] "Y04_v23_cur_liab"  "Y04_v24_s_trm_borr" "Y04_v25_Ncur_liab"
##  [7] "Y04_v26_l_trm_borr" "Y04_v27_tot_eqt"   "Y04_v28_sal"
## [10] "Y04_v29_op_prf"


table(names(fin_ND)==names(fin_D))
##
## TRUE
##  101
```

이제 rbind를 사용해 data를 통합하고, row와 column을 재정렬하였다.

```
# rbind
fin<-rbind(fin_ND,fin_D)

# reorder
fin<-fin[order(fin$v01_Stock),order(colnames(fin))]
rownames(fin)<-NULL
```

역시 rbind 시 발생할 수 있는 중복을 확인하였다.

```
# duplacation check
table(duplicated(fin$v01_Stock))
##
## FALSE
##  2793
```

이제 원본 data와 통합 데이터가 일치하는지 확인한다. 원본 파일과의 비교도 잊지 말기 바란다.

```
# check
ind<-grep("Y04",colnames(fin))
fin[2,c(1,ind)]
##   v01_Stock Y04_v21_cur_asst Y04_v22_Ncur_asst Y04_v23_cur_liab
## 2         2         1.353e+11          5.895e+10         3.627e+10
##   Y04_v24_s_trm_borr Y04_v25_Ncur_liab Y04_v26_l_trm_borr Y04_v27_tot_eqt
## 2          2.766e+10          1.151e+10           4.576e+09       1.464e+11
##   Y04_v28_sal Y04_v29_op_prf Y04_v30_int_exp
## 2   1.23e+11       1.095e+10        2.764e+09

ind_ND<-grep("Y04",colnames(fin_ND))
fin_ND[1,c(1,ind_ND)]
##   v01_Stock Y04_v21_cur_asst Y04_v22_Ncur_asst Y04_v23_cur_liab
## 1         2         1.353e+11          5.895e+10         3.627e+10
##   Y04_v24_s_trm_borr Y04_v25_Ncur_liab Y04_v26_l_trm_borr Y04_v27_tot_eqt
## 1          2.766e+10          1.151e+10           4.576e+09       1.464e+11
##   Y04_v28_sal Y04_v29_op_prf Y04_v30_int_exp
## 1   1.23e+11       1.095e+10        2.764e+09

table(fin[2,c(1,ind)]==fin_ND[1,c(1,ind_ND)])
##
## TRUE
```

```
##    11
```

```
ind<-grep("v21",colnames(fin))
fin[nrow(fin),c(1,ind)]
##      v01_Stock Y04_v21_cur_asst Y05_v21_cur_asst Y06_v21_cur_asst
## 2793      2793       5.919e+10       4.798e+10       7.252e+10
##      Y07_v21_cur_asst Y08_v21_cur_asst Y09_v21_cur_asst Y10_v21_cur_asst
## 2793      7.236e+10       5.753e+10       7.203e+10       1.001e+11
##      Y11_v21_cur_asst Y12_v21_cur_asst Y13_v21_cur_asst
## 2793      1.207e+11       1.481e+11       1.433e+11
```

```
ind_D<-grep("v21",colnames(fin_D))
fin_D[nrow(fin_D),c(1,ind_D)]
##      v01_Stock Y04_v21_cur_asst Y05_v21_cur_asst Y06_v21_cur_asst
## 1015      2793       5.919e+10       4.798e+10       7.252e+10
##      Y07_v21_cur_asst Y08_v21_cur_asst Y09_v21_cur_asst Y10_v21_cur_asst
## 1015      7.236e+10       5.753e+10       7.203e+10       1.001e+11
##      Y11_v21_cur_asst Y12_v21_cur_asst Y13_v21_cur_asst
## 1015      1.207e+11       1.481e+11       1.433e+11
```

```
table(fin[nrow(fin),c(1,ind)]==fin_D[nrow(fin_D),c(1,ind_D)])
##
## TRUE
##   11
```

(3) 재무비율 정보

재무비율 정보도 재무제표 정보와 같이 2개의 동일한 column들을 갖는 파일로 구성되어 있다.

① 재무비율 정보 읽기

아래와 같은 단계로 엑셀 파일을 읽어들인다.

1단계 재무비율 정보를 엑셀 파일로부터 불러온다.

2단계 column명에 따라 재정렬한다.

3단계 정렬된 data와 엑셀 원본 data를 비교한다.

(주의) 비교 시 반드시 원본 엑셀 파일을 열고 제대로 data가 들어갔는지 확인

4단계 위의 작업을 일반정보 2개 파일에 대해 수행한다.

먼저 엑셀 파일을 읽어들인다.

```
###################
# (31) read 31_rate #
###################
# read xlsx file
cls<-rep("numeric",51)
rate_xls<-read.xlsx("./Data_org/31_rate.xlsx",sheetIndex = 1,header=T,
colClasses=cls)
str(rate_xls[,1:10])
## 'data.frame':    1778 obs. of  10 variables:
##  $ v01_Stock           : num  2 4 5 6 7 8 10 11 13 14 ...
##  $ Y04_v51_R_op_prf_sal    : num  8.9 -17.74 -3.99 NA 5.69 ...
##  $ Y04_v52_R_op_prf_int_exp: num  2.94 -7.12 -1.36 NA 8 ...
##  $ Y04_v53_R_cur_rat     : num  373 187.4 71.2 NA 88.5 ...
##  $ Y04_v54_R_liab_rat    : num  32.6 153 34.9 NA 41.3 ...
##  $ Y04_v55_R_borr_eqt    : num  22.7 62.5 30.7 NA 16.8 ...
##  $ Y05_v51_R_op_prf_sal    : num  10.62 0.81 2.09 NA 4.36 ...
##  $ Y05_v52_R_op_prf_int_exp: num  4.88 0.44 0.65 NA 8.99 4.14 18.6 3.59
1.96 0.94 ...
##  $ Y05_v53_R_cur_rat     : num  419.2 145.8 84.3 NA 114.4 ...
##  $ Y05_v54_R_liab_rat    : num  29.3 131 32.4 NA 40.7 ...
```

column을 재정렬하고 잘 되었는지 확인한다.

```
# reorder
rate_ND<-rate_xls[,order(colnames(rate_xls))]
rate_ND[1:3,1:10]
##    v01_Stock Y04_v51_R_op_prf_sal Y04_v52_R_op_prf_int_exp
## 1         2                 8.90                     2.94
## 2         4               -17.74                    -7.12
## 3         5                -3.99                    -1.36
##    Y04_v53_R_cur_rat Y04_v54_R_liab_rat Y04_v55_R_borr_eqt
## 1            372.98              32.63              22.72
## 2            187.37             152.99              62.52
## 3             71.16              34.92              30.73
##    Y05_v51_R_op_prf_sal Y05_v52_R_op_prf_int_exp Y05_v53_R_cur_rat
## 1                10.62                     4.88            419.18
## 2                 0.81                     0.44            145.84
## 3                 2.09                     0.65             84.27
##    Y05_v54_R_liab_rat
## 1              29.27
## 2             131.04
## 3              32.38
```

읽어들여 정리한 data가 원본 data, 원본 파일과 일치하는지 확인한다.

```
# comparison the result data with backup data
# Be sure it's the same as the orinal excel file.
names(rate_xls)[1:7]
## [1] "v01_Stock"               "Y04_v51_R_op_prf_sal"
## [3] "Y04_v52_R_op_prf_int_exp" "Y04_v53_R_cur_rat"
## [5] "Y04_v54_R_liab_rat"       "Y04_v55_R_borr_eqt"
## [7] "Y05_v51_R_op_prf_sal"

ind_ND<-grep("Y04",names(rate_ND))
rate_ND[1,c(1,ind_ND)]
##    v01_Stock Y04_v51_R_op_prf_sal Y04_v52_R_op_prf_int_exp
## 1         2                  8.9                     2.94
```

```
##    Y04_v53_R_cur_rat Y04_v54_R_liab_rat Y04_v55_R_borr_eqt
## 1               373              32.63              22.72
```

```
ind_xls<-grep("Y04",names(rate_xls))
rate_xls[1,c(1,ind_xls)]
##    v01_Stock Y04_v51_R_op_prf_sal Y04_v52_R_op_prf_int_exp
## 1          2                  8.9                     2.94
##    Y04_v53_R_cur_rat Y04_v54_R_liab_rat Y04_v55_R_borr_eqt
## 1               373              32.63              22.72
```

```
table(rate_ND[1,c(1,ind_ND)]==rate_xls[1,c(1,ind_xls)])
##
## TRUE
##    6
```

```
ind_ND<-grep("Y13",names(rate_ND))
rate_ND[nrow(rate_ND),c(1,ind_ND)]
##      v01_Stock Y13_v51_R_op_prf_sal Y13_v52_R_op_prf_int_exp
## 1778      2783                -1.74                     -0.8
##      Y13_v53_R_cur_rat Y13_v54_R_liab_rat Y13_v55_R_borr_eqt
## 1778             83.45                 NA                 NA
```

```
ind_xls<-grep("Y13",names(rate_xls))
rate_xls[nrow(rate_xls),c(1,ind_xls)]
##      v01_Stock Y13_v51_R_op_prf_sal Y13_v52_R_op_prf_int_exp
## 1778      2783                -1.74                     -0.8
##      Y13_v53_R_cur_rat Y13_v54_R_liab_rat Y13_v55_R_borr_eqt
## 1778             83.45                 NA                 NA
```

```
table(rate_ND[nrow(rate_ND),c(1,ind_ND)]==rate_xls[nrow(rate_xls),c(1,ind_xls)
])
##
## TRUE
##    4
```

상장폐지사의 재무비율 파일도 읽어들여 같은 작업을 수행한다.

```
#########################
# (32) read 32_rate_Delisted #
#########################
cls<-rep("numeric",51)
rate_D_xls<-read.xlsx("./Data_org/32_rate_Delisted.xlsx", sheetIndex = 1,
header=T, colClasses=cls)
str(rate_D_xls[,1:10])
## 'data.frame':    1015 obs. of  10 variables:
##  $ v01_Stock             : num  1 3 9 12 15 16 18 24 26 28 ...
##  $ Y04_v51_R_op_prf_sal  : num  NA NA NA NA NA ...
##  $ Y04_v52_R_op_prf_int_exp: num  NA NA NA NA NA NA -0.01 -0.05 NA NA ...
##  $ Y04_v53_R_cur_rat     : num  NA NA NA NA NA ...
##  $ Y04_v54_R_liab_rat    : num  NA NA NA NA NA NA NA NA NA NA ...
##  $ Y04_v55_R_borr_eqt    : num  NA NA NA NA NA NA NA NA NA NA ...
##  $ Y05_v51_R_op_prf_sal  : num  NA NA NA NA NA ...
##  $ Y05_v52_R_op_prf_int_exp: num  NA NA NA NA NA NA 0.01 NA NA ...
##  $ Y05_v53_R_cur_rat     : num  NA NA NA NA NA ...
##  $ Y05_v54_R_liab_rat    : num  NA NA NA NA NA NA NA NA NA NA ...

rate_D<-rate_D_xls[,order(colnames(rate_D_xls))]
```

② 재무비율 정보 bind

재무비율 정보도 두 개의 data가 같은 형태이므로 간단하게 처리할 수 있다.
이제는 독자도 어떻게 하면 되는지 아래 script를 추출할 수 있을 것이다.

1단계 상장사와 상장폐지사의 data가 같은지를 column name을 비교해 확인
후 rbind

2단계 중복된 row가 있는지 확인한다.

3단계 rbind 후 row와 column을 재정렬한다.

4단계 마지막으로 bind가 잘 되었는지 확인한다.

역시 처음은 두 data의 column명을 비교하는 것이다.

Tip 사실 column이 같은 것만 확인되면 rbind가 가능하다. 여기처럼 순서까지 같을 필요는 없다.

```
################
# (39) merge rate #
################
# column comparison
table(names(rate_ND)==names(rate_D))
##
## TRUE
##   51

# rbind
rate<-rbind(rate_ND,rate_D)
```

rbind를 했으면 반드시 중복을 확인하기 바란다.

```
# duplacation check
table(duplicated(rate$v01_Stock))
##
## FALSE
##  2793
```

row와 column을 보기 좋게 sort한다.

```
# reorder
rate<-rate[order(rate$v01_Stock),order(colnames(rate))]
rownames(rate)<-NULL
```

통합이 잘 되었는지 확인한다.

```
# Confirm the result
ind<-grep("Y04",names(rate))
rate[2,c(1,ind)]
##    v01_Stock Y04_v51_R_op_prf_sal Y04_v52_R_op_prf_int_exp
## 2          2                  8.9                     2.94
##    Y04_v53_R_cur_rat Y04_v54_R_liab_rat Y04_v55_R_borr_eqt
## 2                373              32.63              22.72


ind_ND<-grep("Y04",names(rate_ND))
rate_ND[1,c(1,ind_ND)]
##    v01_Stock Y04_v51_R_op_prf_sal Y04_v52_R_op_prf_int_exp
## 1          2                  8.9                     2.94
##    Y04_v53_R_cur_rat Y04_v54_R_liab_rat Y04_v55_R_borr_eqt
## 1                373              32.63              22.72


table(rate[2,c(1,ind)]==rate_ND[1,c(1,ind_ND)])
##
## TRUE
##    6


ind<-grep("Y13",names(rate))
rate[nrow(rate),c(1,ind)]
##       v01_Stock Y13_v51_R_op_prf_sal Y13_v52_R_op_prf_int_exp
## 2793       2793                 7.71                       NA
##       Y13_v53_R_cur_rat Y13_v54_R_liab_rat Y13_v55_R_borr_eqt
## 2793              370.8              16.14                 NA


ind_D<-grep("Y13",names(rate_D))
rate_D[nrow(rate_D),c(1,ind_D)]
##       v01_Stock Y13_v51_R_op_prf_sal Y13_v52_R_op_prf_int_exp
## 1015       2793                 7.71                       NA
##       Y13_v53_R_cur_rat Y13_v54_R_liab_rat Y13_v55_R_borr_eqt
## 1015              370.8              16.14                 NA
```

```
table(rate[nrow(rate),c(1,ind)]==rate_D[nrow(rate_D),c(1,ind_D)])
##
## TRUE
##    4
```

(4) 파생변수 생성

이제 파생변수를 생성할 차례이다. 파생변수는 재무비율 중 유동비율을 이용해 만든다. 여기서 다시 한 번 복습할 것은 loop를 사용하지 않고, 함수를 만들고 pply를 사용해 script를 간소화하고 속도도 향상시키는 방법이다.

1단계 sapply에 사용될 아래의 함수(f_dv)를 정의한다.

    – 유동비율＜100 이면, "–1"

    – 유동비율＞100 이면, "1"

    – 그 외, "0"

2단계 연도별 유동비율에 대한 파상변수(v71_R_cur_rat_dv)를 생성한다.

3단계 column명에 따라 재정렬한다.

```
# Define the function to be used by the sapply
names(rate)[1:8]
## [1] "v01_Stock"                "Y04_v51_R_op_prf_sal"
## [3] "Y04_v52_R_op_prf_int_exp" "Y04_v53_R_cur_rat"
## [5] "Y04_v54_R_liab_rat"       "Y04_v55_R_borr_eqt"
## [7] "Y05_v51_R_op_prf_sal"     "Y05_v52_R_op_prf_int_exp"


f_dv<-function(x) if (is.na(x)) 0 else if (x<100) -1 else if (x>100) 1 else 0


# Generate the derived variable
rate$Y04_v71_R_cur_rat_dv <- sapply(rate$Y04_v53_R_cur_rat,f_dv)

rate$Y05_v71_R_cur_rat_dv <- sapply(rate$Y05_v53_R_cur_rat,f_dv)

rate$Y06_v71_R_cur_rat_dv <- sapply(rate$Y06_v53_R_cur_rat,f_dv)

rate$Y07_v71_R_cur_rat_dv <- sapply(rate$Y07_v53_R_cur_rat,f_dv)

rate$Y08_v71_R_cur_rat_dv <- sapply(rate$Y08_v53_R_cur_rat,f_dv)

rate$Y09_v71_R_cur_rat_dv <- sapply(rate$Y09_v53_R_cur_rat,f_dv)
```

```
rate$Y10_v71_R_cur_rat_dv <- sapply(rate$Y10_v53_R_cur_rat,f_dv)
rate$Y11_v71_R_cur_rat_dv <- sapply(rate$Y11_v53_R_cur_rat,f_dv)
rate$Y12_v71_R_cur_rat_dv <- sapply(rate$Y12_v53_R_cur_rat,f_dv)
rate$Y13_v71_R_cur_rat_dv <- sapply(rate$Y13_v53_R_cur_rat,f_dv)

# order the rate dataframe
rate<-rate[,order(colnames(rate))]
```

(5) 최종 Mart 생성

이제 위에서 생성한 3개의 data를 하나의 data로 만들어 보자. 아래와 같이 6단계로 나누어 작업하였다.

1단계 일반정보, 재무제표 정보, 재무비율 정보를 모두 merge한다.

2단계 mart를 v01_Stock 순으로 row를 재정렬하고, column명에 따라 재정렬한다.

3단계 과거 3개년 자료로 상장폐지를 예측할 것이므로, 2004~2006년 자료로 2007년 상장폐지 정보를 최초로 이용하게 된다. 따라서 2006년 이전 상장폐지된 기업의 정보는 불필요하다.

4단계 상장폐지연도 필드와 상장폐지 여부 필드를 추가한다. 아직은 3개년 자료를 나누지 않았으므로 상장폐지 여부 필드는 모두 '0'으로 채운다.

5단계 mart를 column명에 따라 재정렬한다.

6단계 마지막으로 row의 수치 값의 합이 100 미만으로 대부분의 자료가 없는 row를 삭제한다.

우선 merge를 위해 손실되는 정보가 없는지 row 수와 column 수를 확인한다. merge 후 row 수는 모두 같아야 하며, column 수는 중복된 것을 제외하고 합한 것이 merge 결과 data의 column 수와 같아야 한다.

gInfo row 수 = fin row 수 = rate row 수 = merge 후 data row 수

gInfo column 수 + fin column 수 + rate column 수 − 2 = merge 후 data column 수

```
###########################
# (89) merge gInfo, fin, rate #
###########################
# merge gInfo, fin, rate
dim(gInfo);dim(fin);dim(rate)
## [1] 2793   12
## [1] 2793  101
## [1] 2793   61


mart_tmp<-merge(gInfo, fin, by="v01_Stock", all=T)
mart_org<-merge(mart_tmp,rate, by="v01_Stock", all=T)
names(mart_org)[1:13]
##  [1] "v01_Stock"       "v02_D_date"      "Y04_v11_aud"
##  [4] "Y05_v11_aud"     "Y06_v11_aud"     "Y07_v11_aud"
##  [7] "Y08_v11_aud"     "Y09_v11_aud"     "Y10_v11_aud"
## [10] "Y11_v11_aud"     "Y12_v11_aud"     "Y13_v11_aud"
## [13] "Y04_v21_cur_asst"


dim(mart_org)[2]==dim(gInfo)[2]+dim(fin)[2]+dim(rate)[2]-2
## [1] TRUE
```

merge한 data를 정렬하고, 혹시 빈 row가 있는지 확인하기 위해 v02_D_date 변수에 빈칸이 있는지 확인한다. v02_D_date 변수는 비어있는 셀을 앞에서 0으로 채웠기 때문에 비어 있는 셀이 없는 것이 당연하지만, 처리과정에 문제가 있을지 모르니 확인하는 것이다. 이러한 확인 습관은 매우 좋은 것이다. 의도하지 않은 data 조작 오류를 걸러내지 못한다면, 최종 분석 결과를 신뢰할 수 없기 때문이다.

```
# reorder
mart<-mart_org[order(mart_org$v01_Stock),order(colnames(mart_org))]
ind<-which(is.na(mart$v02_D_date));length(ind)
## [1] 0
```

이제 2007년 이전에 상장폐지된 회사의 정보는 삭제하였다. 이 작업의 이유는 본 교재의 모델이 2007년 상장폐지된 기업부터 모델에 투입되기 때문이다.

(주의) 아래에서 ind의 length가 0인 경우, 전체 row를 삭제하는 결과가 발생하므로, 삭제 script 앞에 length가 0인지를 확인하는 문장을 꼭 사용하기 바란다.

```
# Delete delisted data before 2007
ind<-which(mart$v02_D_date<"20070101" & mart$v02_D_date!="0");length(ind)
## [1] 567


if (length(ind)>0) mart<-mart_org[-ind,]
```

상장폐지연도와 target 변수의 생성인데, target 변수는 나중에 연도별 data set 구성 시 구체적으로 setting하게 되므로, 여기에서는 column만 생성하고 일괄적으로 0으로 setting한다.

```
# Set the Delisted Year(D_yr) & Delisted Flag(D_YN)
f_D_yr<-function(x) substr(x,1,4)
mart$v03_D_yr<-sapply(mart$v02_D_date,f_D_yr)
table(mart$v03_D_yr)
##
##    0 2007 2008 2009 2010 2011 2012 2013 2014
## 1778   17   31   84  103   70   72   51   20


mart$v04_D_YN<-0
```

완성된 mart의 column을 재정렬한다.

```
# reorder mart
mart<-mart[,order(colnames(mart))]
```

이제 data에서 정보가 거의 없는 row를 없애는 과정이다. 즉, 어떠한 이유로든 재무정보가 거의 없는 data를 삭제하는 마지막 과정이다.

```
# Delete sparse rows
col_cnt<-ncol(mart)
ABS_mart<-rep(0,nrow(mart))
for (i in 1:nrow(mart)) ABS_mart[i]<-sum(abs(mart[i,6:col_cnt]),na.rm=T)
ABS_mart_TF<-(ABS_mart>100)
table(ABS_mart_TF)
## ABS_mart_TF
## FALSE  TRUE
##   192  2034


ind<-which(ABS_mart_TF==F);length(ind)
## [1] 192


ind_c<-grep("v21",names(mart)) # current asset
mart[ind[1:5],c(1:4,ind_c)]
##    v01_Stock v02_D_date v03_D_yr v04_D_YN Y04_v21_cur_asst
## 6          6          0        0        0               NA
## 30        30          0        0        0               NA
## 32        32          0        0        0               NA
## 40        40          0        0        0               NA
## 43        43   20100120     2010        0               NA
##    Y05_v21_cur_asst Y06_v21_cur_asst Y07_v21_cur_asst Y08_v21_cur_asst
## 6                NA               NA               NA               NA
## 30               NA               NA               NA               NA
## 32               NA               NA               NA               NA
## 40               NA               NA               NA               NA
## 43               NA               NA               NA               NA
##    Y09_v21_cur_asst Y10_v21_cur_asst Y11_v21_cur_asst Y12_v21_cur_asst
## 6                NA               NA               NA               NA
## 30               NA               NA               NA               NA
## 32               NA               NA               NA               NA
## 40               NA               NA               NA               NA
## 43               NA               NA               NA               NA
##    Y13_v21_cur_asst
```

```
## 6              NA
## 30             NA
## 32             NA
## 40             NA
## 43             NA
```

```
mart<-mart[ABS_mart_TF,]
rownames(mart)<-NULL
```

```
summary(mart[,1:6])
##    v01_Stock   v02_D_date       v03_D_yr        v04_D_YN
## Min.   :   2  Length:2034   Length:2034    Min.   :0
## 1st Qu.: 751  Class :character  Class :character  1st Qu.:0
## Median :1512  Mode  :character  Mode  :character  Median :0
## Mean   :1485                                      Mean   :0
## 3rd Qu.:2238                                      3rd Qu.:0
## Max.   :2790                                      Max.   :0
##
##    Y04_v11_aud   Y04_v21_cur_asst
## Min.   :0.00   Min.   :2.54e+07
## 1st Qu.:0.00   1st Qu.:8.94e+09
## Median :0.00   Median :2.26e+10
## Mean   :0.13   Mean   :1.22e+11
## 3rd Qu.:0.00   3rd Qu.:6.03e+10
## Max.   :1.00   Max.   :1.40e+13
##                NA's   :159
```

(6) rdata로 저장

지금까지 작업한 결과의 data를 rdata로 backup한다.

```
save(mart,mart_org,gInfo,gInfo_ND,gInfo_D,gInfo_xls,gInfo_D_xls,fin,fin_ND,fin
_D,fin_xls,fin_D_xls,rate,rate_ND,rate_D,rate_xls,rate_D_xls,file="data/mart_a
ll.rdata")
```

```
save(mart,file="data/mart.rdata")
```

(7) 과정 정리

6개의 엑셀 파일을 읽어들여 먼저 상장사 정보와 상장폐지사 정보를 rbind로 통합하고, 각기 다른 유형의 데이터에 대해 merge를 이용해 통합하였다. 그 결과 2004년부터 2013년까지의 감사의견을 비롯해, 재무제표 정보, 재무비율 정보, 그리고 파생변수까지 포함한 데이터마트가 완성되었다.

위에서 보듯이 원천데이터를 확보하여도 여러 가지로 전처리를 거쳐야 하며, 이 과정이 전체 분석의 상당 부분을 차지한다. 이제 이 데이터를 모델링을 위해 어떻게 바꿀 것인지 후처리를 고민할 준비가 되었다.

2. 3년 단위분할 마트 생성

지금까지 생성한 mart는 2004년부터 2013년의 data가 포함되어 있다. 상장폐지 예측 모델은 과거 3개년 간의 data를 이용해 모델생성 · 검증 · 예측을 수행하므로, 3개년씩의 data로 나누어야 한다. 즉, 2007년 상장폐지기업 예측을 위해서는 2004년~2006년의 3개년 data를 이용해야 하므로, 2004년~2006년의 data를 mart로부터 분리해야 한다. 같은 방식으로 2008년 상장폐지기업을 예측하기 위해서는 2005년~2007년의 data를 분리해야 하는 것이다. 주의할 것은 같은 2006년 data라 하더라도 2007년 상장폐지 예측 시는 D-1년 정보로 사용되며, 2008년 상장폐지 예측 시에는 D-2년의 정보로 사용된다는 것이다. 이러한 개념의 이해가 매우 중요하다.

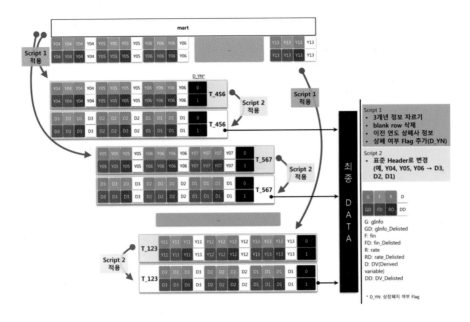

한 가지 더 고려해야 하는 것은, 패키지별 알고리즘에 따라 NA값을 허용하는 것도 있지만, NA값을 허용하지 않는 것도 있다는 것이다. randomForest는 NA값을 허용하지 않으므로, 이러한 패키지를 위한 마트도 별도로 만들어야 한다.

(1) randomForest용 mart 생성

randomForest는 NA값을 허용하지 않는다. 따라서 NA값을 모두 0으로 바꾸어 별도의 mart를 만들어 준다. 물론 Missing Value를 처리하는 방법은 여러 가지가 있지만, 본 모델에서는 간단하게 0으로 처리하였다.

먼저 이전에 만든 mart를 memory에 올려 변수명 일부와 상장폐지연도별 분포를 살펴본다. 연도별로 변수를 모두 포함하고 있으므로 상당히 많아 앞의 10개만 살펴보았다.

```
load("data/mart.rdata")
names(mart)[1:10]
##  [1] "v01_Stock"          "v02_D_date"          "v03_D_yr"
##  [4] "v04_D_YN"           "Y04_v11_aud"         "Y04_v21_cur_asst"
##  [7] "Y04_v22_Ncur_asst"  "Y04_v23_cur_liab"    "Y04_v24_s_trm_borr"
```

```
## [10] "Y04_v25_Ncur_liab"
```

```
table(mart$v03_D_yr)
##
##     0 2007 2008 2009 2010 2011 2012 2013 2014
## 1660   15   24   81   90   62   53   33   16
```

다섯 번째 변수인 Y04_v11_aud부터 NA값이 있을 수 있으므로 이로부터 나머지 모든 column에 대해 NA인 위치를 찾아 이를 0으로 바꾸면, randomForest와 같이 NA값을 허용하지 않는 알고리즘을 위한 mart 생성이 완료된다.

```
###################################
# change NA to 0 for randomForest #
###################################
mart_rF<-mart
names(mart_rF)[1:7]
## [1] "v01_Stock"         "v02_D_date"        "v03_D_yr"
## [4] "v04_D_YN"          "Y04_v11_aud"       "Y04_v21_cur_asst"
## [7] "Y04_v22_Ncur_asst"
```

```
for (i in 5:ncol(mart_rF)){
  ind<-which(is.na(mart_rF[,i]))
  if (length(ind)>0) mart_rF[ind,i]<-0
}
```

(2) 3개년 data 생성

2004년부터 2006년까지의 data는 T_456과 T_456_rF이며, 뒤에 rF가 붙은 data는 randomForest와 같이 NA값을 허용하지 않는 패키지용 data이다.

① T_456생성

grep함수를 이용해 2004년~2006년 column을 추출해 내고, 결과를 확인한다. grep는 특정 문자를 포함하는 위치를 찾아 준다.

```
#########################
# T_456, T_456_rF (Y04~Y06) #
#########################
names(mart)[1:10]
##  [1] "v01_Stock"        "v02_D_date"        "v03_D_yr"
##  [4] "v04_D_YN"         "Y04_v11_aud"       "Y04_v21_cur_asst"
##  [7] "Y04_v22_Ncur_asst" "Y04_v23_cur_liab" "Y04_v24_s_trm_borr"
## [10] "Y04_v25_Ncur_liab"


ind_04<-grep("Y04",names(mart))
ind_05<-grep("Y05",names(mart))
ind_06<-grep("Y06",names(mart))
ind<-c(1:4,ind_04,ind_05,ind_06)


T_456_ini<-mart[,ind]
T_456_rF_ini<-mart_rF[,ind]


m<-ncol(T_456_ini)
names(T_456_ini)[c(1:10,(m-9):m)]
##  [1] "v01_Stock"        "v02_D_date"
##  [3] "v03_D_yr"         "v04_D_YN"
##  [5] "Y04_v11_aud"      "Y04_v21_cur_asst"
##  [7] "Y04_v22_Ncur_asst" "Y04_v23_cur_liab"
##  [9] "Y04_v24_s_trm_borr" "Y04_v25_Ncur_liab"
```

```
## [11] "Y06_v27_tot_eqt"              "Y06_v28_sal"
## [13] "Y06_v29_op_prf"               "Y06_v30_int_exp"
## [15] "Y06_v51_R_op_prf_sal"         "Y06_v52_R_op_prf_int_exp"
## [17] "Y06_v53_R_cur_rat"            "Y06_v54_R_liab_rat"
## [19] "Y06_v55_R_borr_eqt"           "Y06_v71_R_cur_rat_dv"


names(T_456_rF_ini)[c(1:10,(m-9):m)]
##  [1] "v01_Stock"                    "v02_D_date"
##  [3] "v03_D_yr"                     "v04_D_YN"
##  [5] "Y04_v11_aud"                  "Y04_v21_cur_asst"
##  [7] "Y04_v22_Ncur_asst"           "Y04_v23_cur_liab"
##  [9] "Y04_v24_s_trm_borr"          "Y04_v25_Ncur_liab"
## [11] "Y06_v27_tot_eqt"             "Y06_v28_sal"
## [13] "Y06_v29_op_prf"              "Y06_v30_int_exp"
## [15] "Y06_v51_R_op_prf_sal"        "Y06_v52_R_op_prf_int_exp"
## [17] "Y06_v53_R_cur_rat"           "Y06_v54_R_liab_rat"
## [19] "Y06_v55_R_borr_eqt"          "Y06_v71_R_cur_rat_dv"
```

추출한 결과로부터 data가 거의 없는 row를 제거하고, 결과를 확인한다.

```
# (456) Eliminate blank rows
ABS_456<-rep(0,nrow(T_456_rF_ini))
col_cnt<-ncol(T_456_rF_ini)

for (i in (1:nrow(T_456_rF_ini))) ABS_456[i]<-sum(abs(T_456_rF_ini[i,5:
col_cnt]))
ABS_456_TF<-(ABS_456>100)
table(ABS_456_TF)
## ABS_456_TF
## FALSE  TRUE
##   119  1915

T_456_ini<-T_456_ini[ABS_456_TF,]
```

```
T_456_rF_ini<-T_456_rF_ini[ABS_456_TF,]


table(T_456_ini$v03_D_yr);which(is.na(T_456_ini$v03_D_yr))
##
##    0 2007 2008 2009 2010 2011 2012 2013 2014
## 1547   15   24   80   89   60   52   33   15
## integer(0)


table(T_456_rF_ini$v03_D_yr);which(is.na(T_456_rF_ini$v03_D_yr))
##
##    0 2007 2008 2009 2010 2011 2012 2013 2014
## 1547   15   24   80   89   60   52   33   15
## integer(0)
```

2007년 이전에 상장폐지된 기업 정보는 지우고, 2007년에 상장폐지된 기업에 상장폐지 target column(v04_D_YN)을 1로 setting한다. 그리고 몇 개의 기업이 정상이고, 상장폐지되었는지 수치를 확인한다.

```
# (456) eliminate delisted rows prior years and set delisted flag
str(T_456_ini$v03_D_yr)
##  chr [1:1915] "0" "0" "0" "0" "0" "0" "0" "0" "0" ...


ind<-which((T_456_ini$v03_D_yr>="2007") | (T_456_ini$v03_D_yr=="0"))
T_456_ini<-T_456_ini[ind,]
ind<-which(T_456_ini$v03_D_yr=="2007")
T_456_ini[ind,"v04_D_YN"]<-"1"
table(T_456_ini$v04_D_YN) # 15/(1900+15)
##
##    0    1
## 1900   15


ind<-which((T_456_rF_ini$v03_D_yr>="2007") | (T_456_rF_ini$v03_D_yr=="0"))
T_456_rF_ini<-T_456_rF_ini[ind,]
```

```
ind<-which(T_456_rF_ini$v03_D_yr=="2007")
T_456_rF_ini[ind,"v04_D_YN"]<-1
table(T_456_rF_ini$v04_D_YN) # 15/(1900+15)
##
##    0    1
## 1900   15
```

2004년 data는 D-3를 의미하는 D3로, 2005년 data는 D2로, 2006년 data는 D1으로 시작하도록 변수명을 모두 바꾼다. 향후 이 변수명은 동일하게 사용될 것이므로 col_nm변수에 저장해 둔다.

```
# (456) change colnames
for (i in (1:nrow(T_456_ini))){
  names(T_456_ini)<-sub("Y04","D3",names(T_456_ini))
  names(T_456_ini)<-sub("Y05","D2",names(T_456_ini))
  names(T_456_ini)<-sub("Y06","D1",names(T_456_ini))
}

col_nm<-names(T_456_ini)
names(T_456_rF_ini)<-col_nm
```

target 변수(v04_D_YN)를 factor type으로 변환하고, 모델링에 불필요한 변수를 삭제한다.

```
# (456) fatorize T var & cut the inf col
T_456_ini$v04_D_YN<-factor(T_456_ini$v04_D_YN)
names(T_456_ini)[c(1:10,(m-9):m)]
##  [1] "v01_Stock"           "v02_D_date"
##  [3] "v03_D_yr"            "v04_D_YN"
##  [5] "D3_v11_aud"          "D3_v21_cur_asst"
##  [7] "D3_v22_Ncur_asst"    "D3_v23_cur_liab"
##  [9] "D3_v24_s_trm_borr"   "D3_v25_Ncur_liab"
## [11] "D1_v27_tot_eqt"      "D1_v28_sal"
```

```
## [13]  "D1_v29_op_prf"           "D1_v30_int_exp"
## [15]  "D1_v51_R_op_prf_sal"      "D1_v52_R_op_prf_int_exp"
## [17]  "D1_v53_R_cur_rat"         "D1_v54_R_liab_rat"
## [19]  "D1_v55_R_borr_eqt"        "D1_v71_R_cur_rat_dv"


T_456<-T_456_ini[,-c(1:3)]


T_456_rF_ini$v04_D_YN<-factor(T_456_rF_ini$v04_D_YN)
T_456_rF<-T_456_rF_ini[,-c(1:3)]
```

② 위와 동일한 방법으로 T_567~T_123까지 작성한다.

```
##########################
# T_567, T_567_rF (Y05~Y07) #
##########################
ind_07<-grep("Y07",names(mart))
ind<-c(1:4,ind_05,ind_06,ind_07)
T_567_ini<-mart[,ind]
T_567_rF_ini<-mart_rF[,ind]


# (567) Eliminate blank rows
ABS_567<-rep(0,nrow(T_567_rF_ini))
col_cnt<-ncol(T_567_rF_ini)
for (i in (1:nrow(T_567_rF_ini))) ABS_567[i]<-sum(abs(T_567_rF_ini[i,4:
col_cnt]))
ABS_567_TF<-(ABS_567>100)
T_567_ini<-T_567_ini[ABS_567_TF,]
T_567_rF_ini<-T_567_rF_ini[ABS_567_TF,]


# (567) eliminate delisted rows prior years and set delisted flag
ind<-which((T_567_ini$v03_D_yr>="2008") | (T_567_ini$v03_D_yr=="0"))
T_567_ini<-T_567_ini[ind,]
ind<-which(T_567_ini$v03_D_yr=="2008")
```

```
T_567_ini[ind,"v04_D_YN"]<-1
table(T_567_ini$v04_D_YN) # 24/(1888+24)
##
##    0    1
## 1888   24


ind<-which((T_567_rF_ini$v03_D_yr>="2008") | (T_567_rF_ini$v03_D_yr=="0"))
T_567_rF_ini<-T_567_rF_ini[ind,]
ind<-which(T_567_rF_ini$v03_D_yr=="2008")
T_567_rF_ini[ind,"v04_D_YN"]<-1
table(T_567_rF_ini$v04_D_YN) # 24/(1888+24)
##
##    0    1
## 1888   24


# (567) change colnames
names(T_567_ini)<-col_nm
names(T_567_rF_ini)<-col_nm


# (567) fatorize T var & cut the inf col
T_567_ini$v04_D_YN<-factor(T_567_ini$v04_D_YN)
T_567<-T_567_ini[,-c(1:3)]

T_567_rF_ini$v04_D_YN<-factor(T_567_rF_ini$v04_D_YN)
T_567_rF<-T_567_rF_ini[,-c(1:3)]


###########################
# T_678, T_678_rF (Y06~Y08) #
###########################
[중략]


###########################
# T_789, T_789_rF (Y07~Y09) #
###########################
```

[중략]

```
###########################
# T_890, T_890_rF (Y08~Y10) #
###########################
```
[중략]

```
###########################
# T_901, T_901_rF (Y09~Y11) #
###########################
```
[중략]

```
###########################
# T_012, T_012_rF (Y10~Y12) #
###########################
```
[중략]

```
###########################
# T_123, T_123_rF (Y11~Y13) #
###########################
ind_13<-grep("Y13",names(mart))
ind<-c(1:4,ind_11,ind_12,ind_13)
T_123_ini<-mart[,ind]
T_123_rF_ini<-mart_rF[,ind]

# (123) Eliminate blank rows
ABS_123<-rep(0,nrow(T_123_rF_ini))
col_cnt<-ncol(T_123_rF_ini)
for (i in (1:nrow(T_123_rF_ini))) ABS_123[i]<-sum(abs(T_123_rF_ini[i,5:col_
cnt]))
ABS_123_TF<-(ABS_123>100)

T_123_ini<-T_123_ini[ABS_123_TF,]
```

```
T_123_rF_ini<-T_123_rF_ini[ABS_123_TF,]


# (123) eliminate delisted rows prior years and set delisted flag
ind<-which((T_123_ini$v03_D_yr>="2014") | (T_123_ini$v03_D_yr=="0"))
T_123_ini<-T_123_ini[ind,]
ind<-which(T_123_ini$v03_D_yr=="2014")
T_123_ini[ind,"v04_D_YN"]<-1
table(T_123_ini$v04_D_YN) # 16/(1660+16)
##
##    0    1
## 1660   16


ind<-which((T_123_rF_ini$v03_D_yr>="2014") | (T_123_rF_ini$v03_D_yr=="0"))
T_123_rF_ini<-T_123_rF_ini[ind,]
ind<-which(T_123_rF_ini$v03_D_yr=="2014")
T_123_rF_ini[ind,"v04_D_YN"]<-1
table(T_123_rF_ini$v04_D_YN) # 16/(1660+16)
##
##    0    1
## 1660   16


# (123) change colnames
names(T_123_ini)<-col_nm
names(T_123_rF_ini)<-col_nm


# (123) fatorize T var & cut the inf col
T_123_ini$v04_D_YN<-factor(T_123_ini$v04_D_YN)
T_123<-T_123_ini[,-c(1:3)]


T_123_rF_ini$v04_D_YN<-factor(T_123_rF_ini$v04_D_YN)
T_123_rF<-T_123_rF_ini[,-c(1:3)]
```

(3) 감사의견과 파생변수는 factor화

감사의견은 0 혹은 1의 값만을 가지고 있다. 다른 연속적인 수치도 아니고, 0과 1 이 숫자의 크기와도 관계없으므로 factor로 만들어 주었다. 또한, 파생변수도 −1, 0, 1 값만 가지는 factor로 바꾸었다.

```
##############################################
# factorize audit opinion column & derived variable #
##############################################
ind_aud<-grep("_aud",names(T_456))
for (i in 1:length(ind_aud)) T_456[,ind_aud[i]] <- factor(T_456[,ind_aud[i]],
levels= c("0","1"))
ind_dv<-grep("_dv",names(T_456))
for (i in 1:length(ind_dv)) T_456[,ind_dv[i]]<-factor(T_456[,ind_dv[i]],levels
=c("-1", "0","1"))
str(T_456[,ind_aud])
## 'data.frame':    1915 obs. of  3 variables:
##  $ D3_v11_aud: Factor w/ 2 levels "0","1": 1 1 1 1 1 1 1 1 1 1 ...
##  $ D2_v11_aud: Factor w/ 2 levels "0","1": 1 1 1 1 1 1 1 1 1 1 ...
##  $ D1_v11_aud: Factor w/ 2 levels "0","1": 1 1 1 1 1 1 1 1 1 1 ...

str(T_456[,ind_dv])
## 'data.frame':    1915 obs. of  3 variables:
##  $ D3_v71_R_cur_rat_dv: Factor w/ 3 levels "-1","0","1": 3 3 1 1 3 3 3 1 1
1 ...
##  $ D2_v71_R_cur_rat_dv: Factor w/ 3 levels "-1","0","1": 3 3 1 3 3 3 3 1 1
1 ...
##  $ D1_v71_R_cur_rat_dv: Factor w/ 3 levels "-1","0","1": 3 3 1 3 1 3 3 1 1
1 ...

ind_aud<-grep("_aud",names(T_567))
for (i in 1:length(ind_aud)) T_567[,ind_aud[i]]<-factor(T_567[,ind_aud[i]],
levels= c("0","1"))
ind_dv<-grep("_dv",names(T_567))
```

```
for (i in 1:length(ind_dv)) T_567[,ind_dv[i]]<-factor(T_567[,ind_dv[i]],
levels=c("-1", "0","1"))
```

[중략]

```
ind_aud<-grep("_aud",names(T_123))
for (i in 1:length(ind_aud)) T_123[,ind_aud[i]]<-factor(T_123[,ind_aud[i]],
levels= c("0","1"))
ind_dv<-grep("_dv",names(T_123))
for (i in 1:length(ind_dv)) T_123[,ind_dv[i]]<-factor(T_123[,ind_dv[i]],
levels=c("-1", "0","1"))
```

```
names(T_456)
##  [1] "v04_D_YN"              "D3_v11_aud"
##  [3] "D3_v21_cur_asst"       "D3_v22_Ncur_asst"
##  [5] "D3_v23_cur_liab"       "D3_v24_s_trm_borr"
##  [7] "D3_v25_Ncur_liab"      "D3_v26_l_trm_borr"
##  [9] "D3_v27_tot_eqt"        "D3_v28_sal"
## [11] "D3_v29_op_prf"         "D3_v30_int_exp"
## [13] "D3_v51_R_op_prf_sal"   "D3_v52_R_op_prf_int_exp"
## [15] "D3_v53_R_cur_rat"      "D3_v54_R_liab_rat"
## [17] "D3_v55_R_borr_eqt"     "D3_v71_R_cur_rat_dv"
## [19] "D2_v11_aud"            "D2_v21_cur_asst"
## [21] "D2_v22_Ncur_asst"      "D2_v23_cur_liab"
## [23] "D2_v24_s_trm_borr"     "D2_v25_Ncur_liab"
## [25] "D2_v26_l_trm_borr"     "D2_v27_tot_eqt"
## [27] "D2_v28_sal"            "D2_v29_op_prf"
## [29] "D2_v30_int_exp"        "D2_v51_R_op_prf_sal"
## [31] "D2_v52_R_op_prf_int_exp" "D2_v53_R_cur_rat"
## [33] "D2_v54_R_liab_rat"     "D2_v55_R_borr_eqt"
## [35] "D2_v71_R_cur_rat_dv"   "D1_v11_aud"
## [37] "D1_v21_cur_asst"       "D1_v22_Ncur_asst"
## [39] "D1_v23_cur_liab"       "D1_v24_s_trm_borr"
## [41] "D1_v25_Ncur_liab"      "D1_v26_l_trm_borr"
```

```
## [43] "D1_v27_tot_eqt"          "D1_v28_sal"
## [45] "D1_v29_op_prf"           "D1_v30_int_exp"
## [47] "D1_v51_R_op_prf_sal"     "D1_v52_R_op_prf_int_exp"
## [49] "D1_v53_R_cur_rat"        "D1_v54_R_liab_rat"
## [51] "D1_v55_R_borr_eqt"       "D1_v71_R_cur_rat_dv"
```

(4) rdata로 저장

지금까지 만든 3개년 data mart를 rdata로 저장하였다.

```
save(T_456_ini,T_456,T_456_rF_ini,T_456_rF,T_567_ini,T_567,T_567_rF_ini,T_567_
rF,T_678_ini,T_678,T_678_rF_ini,T_678_rF,T_789_ini,T_789,T_789_rF_ini,T_789_rF
,T_890_ini,T_890,T_890_rF_ini,T_890_rF,T_901_ini,T_901,T_901_rF_ini,T_901_rF,T
_012_ini,T_012,T_012_rF_ini,T_012_rF,T_123_ini,T_123,T_123_rF_ini,T_123_rF,fil
e="data/3yr_data_04to13.rdata")
```

(5) 과정 정리

2004년부터 2013년까지의 감사의견을 비롯해, 재무제표 정보, 재무비율 정보, 그리고 파생변수까지를 포함한 데이터마트에서, 모델링에 필요한 데이터로 변경하였다. 3개년씩 T_456은 2004년부터 2006년까지의 data와 2007년 상장폐지된 회사에 대한 flag를 가지고 있다. 이러한 방식으로T_567, …, T_123도 같은 방식으로 만들었다.

이렇게 해서 모델링을 들어갔으면 좋겠지만, 상장폐지사가 그리 많지가 않아 이를 해결해야 한다. 다음 장에 들어가기 전에 해결방법을 한 번 생각해보기 바란다.

3. 3개 data 통합 후 상장폐지사 예측 모델링

2004년~2006년 data는 2007년 상장사와 상장폐지사의 data를 가지고 있다. 이 data의 상장폐지사 비율은 0.8%(15/1916)로 매우 낮다. 비슷하게 각 연도의 상장폐지사 비율은 5%를 넘지 않는다. 따라서 모델링 시 target이 적어 안정적인 결과가 나오기 힘들다.

이를 극복하기 위해 3개년의 상장폐지사를 묶어 모델링을 시도하였다. 즉, 2007년 ~2009년까지 상장폐지사의 수는 120개로 전체 2,000여 개 사 대비 5%를 상회한다.

이렇게 T_456, T_567, T_678을 합하여 T_4to8 training set을 만들고, T_901, T_012, T_123을 합하여 T_9to13 test set을 만들었다. training set과 test set을 같은 data에서 나누지 않은 것도 data의 총수가 많지 않은 점을 고려하였다.

원칙적으로 이렇게 train data와 test data를 연도를 달리하여 만들게 되면, 트렌드 변화가 심한 상황에서는 검증을 할 수 없는 상황이 발생한다. 다행히도, 상장폐지 예측은 재무정보를 기반으로 하고, 이러한 재무정보는 10년이라는 긴 기간 동안에도 트렌드 변화가 없는 것 같다. 그만큼 재무정보를 이용한 모델링은 트렌드를 타지 않는, 매우 안정적인 환경에서의 모델링이라 할 수 있다.

이렇게 만들어진 data를 기반으로 party와 rpart, randomForest 패키지를 사용해 모델링을 수행해 보겠다.

(1) 3개년 data 합하기

T_456, T_567, T_678을 합해 T_4to8을 만드는 과정이다. 먼저 앞에서 만든 3개년 data를 memory에 올린다.

```
load("data/3yr_data_04to13.rdata")
```

이제 3개의 data가 같은 column명을 가지고 있는지 확인한다.

```
########################
# 2004 to 2008 : T_4to8 #
########################
names(T_456_ini)[1:10]
##  [1] "v01_Stock"        "v02_D_date"       "v03_D_yr"
##  [4] "v04_D_YN"         "D3_v11_aud"       "D3_v21_cur_asst"
##  [7] "D3_v22_Ncur_asst" "D3_v23_cur_liab"  "D3_v24_s_trm_borr"
## [10] "D3_v25_Ncur_liab"

table(names(T_456_ini)==names(T_567_ini))
##
## TRUE
##   55
table(names(T_456_ini)==names(T_678_ini))
##
## TRUE
##   55

names(T_456_rF_ini)[1:10]
##  [1] "v01_Stock"        "v02_D_date"       "v03_D_yr"
##  [4] "v04_D_YN"         "D3_v11_aud"       "D3_v21_cur_asst"
##  [7] "D3_v22_Ncur_asst" "D3_v23_cur_liab"  "D3_v24_s_trm_borr"
## [10] "D3_v25_Ncur_liab"

table(names(T_456_rF_ini)==names(T_567_rF_ini))
##
## TRUE
##   55

table(names(T_456_rF_ini)==names(T_678_rF_ini))
```

```
##
## TRUE
##   55
```

다음은 2007년, 2008년 data에서 상장사를 제외한 상장폐지사 정보만을 추출하고, 2009년 data와 rbind를 이용해 통합한다. 각 3개년 data에 상장폐지사는 변수 v04_D_YN의 값이 1로 setting되어 있다.

```
ind_456<-which(T_456_ini$v04_D_YN=="1")
ind_567<-which(T_567_ini$v04_D_YN=="1")
T_4to8_ini<-rbind(T_456_ini[ind_456,],T_567_ini[ind_567,],T_678_ini)
names(T_4to8_ini)[1:10]
##  [1] "v01_Stock"        "v02_D_date"       "v03_D_yr"
##  [4] "v04_D_YN"         "D3_v11_aud"       "D3_v21_cur_asst"
##  [7] "D3_v22_Ncur_asst" "D3_v23_cur_liab"  "D3_v24_s_trm_borr"
## [10] "D3_v25_Ncur_liab"


T_4to8<-T_4to8_ini[,-c(1:3)]
names(T_4to8)[1:10]
##  [1] "v04_D_YN"         "D3_v11_aud"       "D3_v21_cur_asst"
##  [4] "D3_v22_Ncur_asst" "D3_v23_cur_liab"  "D3_v24_s_trm_borr"
##  [7] "D3_v25_Ncur_liab" "D3_v26_l_trm_borr" "D3_v27_tot_eqt"
## [10] "D3_v28_sal"


ind_456_rF<-which(T_456_rF_ini$v04_D_YN=="1")
ind_567_rF<-which(T_567_rF_ini$v04_D_YN=="1")
T_4to8_rF_ini<-rbind(T_456_rF_ini[ind_456_rF,],T_567_rF_ini[ind_567_rF,],
T_678_rF_ini)
names(T_4to8_rF_ini)[1:10]
##  [1] "v01_Stock"        "v02_D_date"       "v03_D_yr"
##  [4] "v04_D_YN"         "D3_v11_aud"       "D3_v21_cur_asst"
##  [7] "D3_v22_Ncur_asst" "D3_v23_cur_liab"  "D3_v24_s_trm_borr"
## [10] "D3_v25_Ncur_liab"
```

```
T_4to8_rF<-T_4to8_rF_ini[,-c(1:3)]

names(T_4to8_rF)[1:10]

## [1] "v04_D_YN"        "D3_v11_aud"       "D3_v21_cur_asst"

## [4] "D3_v22_Ncur_asst" "D3_v23_cur_liab"  "D3_v24_s_trm_borr"

## [7] "D3_v25_Ncur_liab" "D3_v26_l_trm_borr" "D3_v27_tot_eqt"

## [10] "D3_v28_sal"


str(T_4to8_rF[,1:10])

## 'data.frame':    1947 obs. of  10 variables:

## $ v04_D_YN        : Factor w/ 2 levels "0","1": 2 2 2 2 2 2 2 2 2 2 ...

## $ D3_v11_aud      : num  0 0 0 0 0 0 0 0 0 0 ...

## $ D3_v21_cur_asst : num  1.60e+11 1.25e+11 4.58e+11 5.60e+11 5.48e+09 ...

## $ D3_v22_Ncur_asst : num  2.13e+12 1.59e+11 5.19e+11 3.16e+11 5.40e+09 ...

## $ D3_v23_cur_liab : num  4.34e+11 9.13e+10 2.55e+11 7.52e+11 4.46e+09 ...

## $ D3_v24_s_trm_borr: num  1.15e+11 3.05e+10 0.00 6.96e+10 1.75e+09 ...

## $ D3_v25_Ncur_liab : num  1.07e+12 3.36e+10 2.22e+10 8.98e+10 3.27e+09 ...

## $ D3_v26_l_trm_borr: num  9.84e+11 5.86e+09 1.27e+10 1.40e+10 2.87e+09 ...

## $ D3_v27_tot_eqt  : num  7.82e+11 1.59e+11 7.00e+11 3.50e+10 3.15e+09 ...

## $ D3_v28_sal      : num  2.63e+11 3.63e+11 1.77e+12 2.18e+12 8.33e+09 ...
```

이렇게 하면, 2007년과 2008년에 상장폐지된 회사가 마치 2009년에 상장폐지된 것처럼 취급된다. 이렇게 함으로써 정상 상장회사의 수는 그대로 유지하고, 상장폐지사를 늘림으로써 찾고자 하는 패턴을 증가시켰다.

통합한 결과에 상장폐지사의 수를 확인하고, 몇 %가 존재하는지 계산해 보았다. 이 수치가 5%가 넘어야 안정적인 모델 생성이 가능할 것으로 판단된다.

```
table(T_4to8$v04_D_YN);table(T_4to8_rF$v04_D_YN)

##

##    0    1

## 1827  120

##

##    0    1

## 1827  120
```

```
120/(1827+120) # 6.16 %
## [1] 0.06163
```

여기서 한 가지 트렌드를 알 수 있는 것은 3년간의 상장폐지 비율이다. 3년 동안 100개의 회사 중 6개는 상장폐지된다는 것이다. 이유야 다양하겠지만, 이 비율을 산술적으로 생각해보면, 100개/6개×3년 ≒ 50. 이 숫자는 평균 상장기간이라고 해석할 수도 있을 것이다. 3년에 6개씩 상장폐지되니까, 50년이 지나면 100개 모두 상장폐지된다는 의미다. 이는 또한 회사가 상장되어 50년 정도 상장을 유지한다는 것이다. 상장사 평균수명이라고 할까?

위와 같은 방식으로 T_901, T_012, T_123을 통합한다.

```
########################
# 2009 to 2013 : T_9to13 #
########################
ind_901<-which(T_901_ini$v04_D_YN=="1")
ind_012<-which(T_012_ini$v04_D_YN=="1")
T_9to13_ini<-rbind(T_901_ini[ind_901,],T_012_ini[ind_012,],T_123_ini)
T_9to13<-T_9to13_ini[,-c(1:3)]

ind_901_rF<-which(T_901_rF_ini$v04_D_YN=="1")
ind_012_rF<-which(T_012_rF_ini$v04_D_YN=="1")
T_9to13_rF_ini<-rbind(T_901_rF_ini[ind_901_rF,],T_012_rF_ini[ind_012_rF,],
T_123_rF_ini)
T_9to13_rF<-T_9to13_rF_ini[,-c(1:3)]

table(T_9to13$v04_D_YN);table(T_9to13_rF$v04_D_YN)
##
##    0    1
## 1660  102
##
##    0    1
```

```
## 1660   102
```

```
102/(1660+102) # 5.79 %
## [1] 0.05789
```

통합 결과와 과정에서 생긴 data를 backup한다.

```
save(T_4to8_ini,T_4to8,T_4to8_rF_ini,T_4to8_rF,T_9to13_ini,T_9to13,T_9to13_rF_
ini,T_9to13_rF,file="data/3_3yr_bind.rdata")
```

(2) Formula

Formula는 독립변수와 종속변수를 기술해 주는 식이다. 보통 아래와 같이 사용한다.

$$y \sim x_1 + x_2 : 독립변수는 \ x_1과 \ x_2, \ 종속변수는 \ y.$$

하지만, 대부분의 경우 모델링 시 하나의 종속 변수 외에 다른 모든 column을 독립변수로 하는 data set을 만들기 때문에 종속변수만 지정하고, 다른 변수는 모두 독립변수로 투입하라는 아래와 같은 공식을 사용한다.

$$y \sim .$$

본 상장폐지예측 모델의 종속변수는 'v04_D_YN' 이므로 아래와 같은 Formula를 모델링에 투입하였다.

```
myFormula<-v04_D_YN~.
```

(3) 모델링

모델링을 위해 여러 알고리즘을 사용할 수 있는데, 본 사례에서는 party, rpart, randomForest 알고리즘을 사용하였다.

① party

party가 제공하는 모델링 함수는 ctree이다. 패키지가 설치되지 않았다면, 첫 번째 # 뒤의 install.packages("party") 명령을 실행하여 설치부터 하고, 그 이후를 실행하면 된다.

```
# install.packages("party")
library(party)
## Loading required package: grid
## Loading required package: zoo
##
## Attaching package: 'zoo'
##
## The following objects are masked from 'package:base':
##
##     as.Date, as.Date.numeric
##
## Loading required package: sandwich
## Loading required package: strucchange
## Loading required package: modeltools
## Loading required package: stats4
```

모델생성을 위해 ctree함수를 사용한다. train data는 T_4to8이다. train결과 0 과 1을 분리한 매트릭스와 3개의 성능지표를 계산하였다.

```
# Train the model
T_4to8_mdl_ctree<-ctree(myFormula,data=T_4to8)
(T_4to8_ct_m_tr<-table(predict(T_4to8_mdl_ctree),T_4to8$v04_D_YN))
##
##        0    1
##   0 1811   60
##   1   16   60


T_4to8_ct_m_tr[2,2]/sum(T_4to8_ct_m_tr[2,]) # Precision
## [1] 0.7895
```

```
T_4to8_ct_m_tr[2,2]/sum(T_4to8_ct_m_tr[,2]) # Detect rate
## [1] 0.5
```

```
sum(diag(T_4to8_ct_m_tr))/sum(T_4to8_ct_m_tr) # Accuracy
## [1] 0.961
```

생성된 모델을 시각화한다.

```
# Visualization
plot(T_4to8_mdl_ctree,type="simple")
```

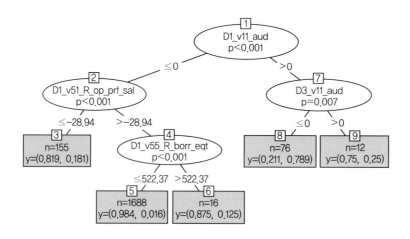

시각화 결과, 전년도 감사의견과 3년 전 감사의견이 영향을 미침을 알 수 있다. 즉, 전년도 감사의견이 적정이 아니었고, 3년 전 감사의견은 적정인 경우 78.9%가 상장폐지되었다. 다른 변수들이 상장폐지의 비율에 영향을 미치는 것을 살펴보면, 매출액영업이익률이 −28.94%보다 작다면 상장폐지 확률이 18%이고, 큰 경우는 12.5% 이하라는 것이다. 이렇게 모델링에서 분기점으로 쓰이는 node의 변수들이 중요 변수인 것이다.

여기서 놀라운 것을 발견할 수 있다. 감사의견의 파워이다. 회계사들이 수행하는 외부감사는 회사가 자체 작성한 재무제표에 공신력을 부여하는 매우 중요한 절차이다. 여기서 도출된 감사의견은 외부 이해관계자에게 그 자체로 시그널을 보내는 것이다. 일단 감사의견으로 적정의견을 받지 못하면, 70% 이상의 상장폐지 리스크에 노출되는 것이다.

이번에는 test data set(T_9to13)을 이용하여 성능을 평가하였다.

```
# Test the model
tPred_p_9to13<-predict(T_4to8_mdl_ctree,newdata=T_9to13)
(T_4to8_ct_m_tt<-table(tPred_p_9to13,newdata=T_9to13$v04_D_YN))
##                 newdata
## tPred_p_9to13     0    1
##              0 1646   41
##              1   14   61


T_4to8_ct_m_tt[2,2]/sum(T_4to8_ct_m_tt[2,]) # Precision
## [1] 0.8133


T_4to8_ct_m_tt[2,2]/sum(T_4to8_ct_m_tt[,2]) # Detect rate
## [1] 0.598


sum(diag(T_4to8_ct_m_tt))/sum(T_4to8_ct_m_tt) # Accuracy
## [1] 0.9688
```

test data set에서 산출된 성능과 과히 다르지 않다. 이는 data set간의 연도차이가 상당함에도 정상기업과 상장폐지 기업을 나누는 기준은 많이 변동하지 않았다는 것을 알 수 있게 해준다.

party알고리즘을 적용한 결과를 요약하면, Precision과 Accuracy가 매우 높고, Detect rate도 비교적 높은 것을 볼 수 있다. 즉, 예측결과는 매우 정확하고, 실제 상장폐지사의 60%를 예측하고 있다. 5% 밖에 되지 않는 상장폐지사를 60% detect 한다는 것은 lift가 12배인 것이다. 상당한 예측력이다. 더욱이, 이 모델링은 필자가 투입한 변수의 40%와 파생변수 1개만을 투입한 결과임을 상기하면, 매우 놀라운 예측모델이다.

그리고 party모델에서 확인한 비즈니스적인 의미는 감사의견은 적어도 상장폐지가 우려되는 기업에게는 매우 공신력이 높은 지표라는 것이다. 저자가 회계법인 재직 시절 상장폐지 위기에 놓인 회사들을 몇몇 보았는데, 그 때마다 감사의견 변형에 대해, 즉 적정의견을 표시하지 않을 것에 대해 많은 논란이 있었다. 회사마다 이슈는 달랐지만, 당시 감사에 참여한 전문가들의 의견이 많은 영향력을 행사하고 있었다는 것을 새삼 깨닫게 된다.

② rpart

이번에는 rpart 알고리즘을 이용해 모델링을 해보자. partykit는 rpart의 시각화가 약해 party 패키지처럼 시각화할 수 있도록 하는 패키지이다.

```
# install.packages("rpart")
# install.packages("partykit")
library(rpart)
library(partykit)
##
## Attaching package: 'partykit'
##
## The following objects are masked from 'package:party':
##
##     ctree, ctree_control, edge_simple, mob, mob_control,
##     node_barplot, node_bivplot, node_boxplot, node_inner,
##     node_surv, node_terminal
##
## The following object is masked from 'package:grid':
##
##     depth
```

raprt함수를 이용해 모델링을 하고, 성능 지표를 산출했다. party 패키지보다 훌륭한 모델을 만들었다.

```
# Train the model
T_4to8_mdl_rp<-rpart(myFormula,data=T_4to8,control=rpart.control
(minsplit=10))
(T_4to8_rp_m_tr<-table(predict(T_4to8_mdl_rp, newdata=T_4to8,type="class"),
```

```
T_4to8$v04_D_YN))
##
##        0    1
##   0 1812   37
##   1   15   83
```

```
T_4to8_rp_m_tr[2,2]/sum(T_4to8_rp_m_tr[2,]) # Precision
## [1] 0.8469
```

```
T_4to8_rp_m_tr[2,2]/sum(T_4to8_rp_m_tr[,2]) # Detect rate
## [1] 0.6917
```

```
sum(diag(T_4to8_rp_m_tr))/sum(T_4to8_rp_m_tr) # Accuracy
## [1] 0.9733
```

시각화 결과가 만족스럽지 못해 partykit을 사용해 산출해 보았다.

> **Tip** "partykit"을 이용하면 rpart에서 예쁘지 않게 시각화 되는 것을 "party"의 시각화
> 와 같이 바꿀 수 있다.

```
# Visualization
# plot rpart
plot(T_4to8_mdl_rp)
text(T_4to8_mdl_rp,use.n=TRUE)
```

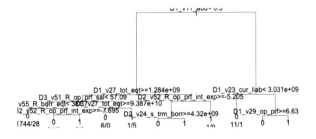

```
# plot using partykit
plot(as.party(T_4to8_mdl_rp))
```

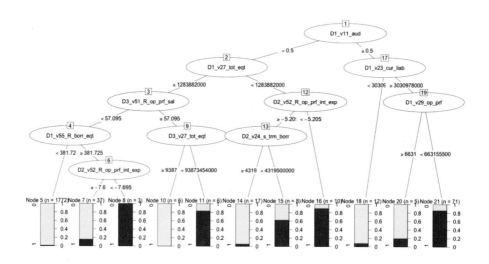

상당히 복잡한 결과가 나왔다. 맨 아래 흰색보다 검은색이 더 많은 박스가 5개 존재하는데 이에 속하는 기업이 상장폐지로 예측되는 것이다. 왼쪽에서 세 번째 박스에 도착한 3개 기업은 모두 상장폐지되었다. 이를 예측하는 변수는 5개로 1, 2, 3, 4, 6번 노드를 거쳐 도착하게 된다. 각각 전년도 감사의견 적정, 전년도 자본총계 12.8억 이상, 3년 전 매출액영업이익률 57.095% 이하, 전년도 부채비율 381.72 이상, 이자보상비율 −7.695 이하이다.

여기서는 감사의견 외에 다른 재무변수들의 파워를 확인할 수 있다. 상장폐지된 회사들이 시각화에 나타난 모든 변수를 거친다. 다음의 숫자는 노드 번호를 의미한다.

1.감사의견, 2와 9.자본총계, 3.매출액영업이익률, 4.부채비율, 6과 12.이자보상비율, 13.단기차입금, 17.유동부채, 19.영업이익

재무분야 종사자라면 위의 변수들이 얼마나 중요한지를 잘 알 것이다. 이렇게 여러 변수를 종합적으로 판단하여 상장폐지를 예측하기 위해서는 모델의 도움이 필수적이라 생각되며, 그렇기 때문에 좋은 성능의 모델링이 가능한 것이다.

Tip 'where'를 이용해 각 observation(row)이 의사결정 나무에서 어느 leaf에 속하는지 볼 수 있다. 즉, 기업별로 어느 노드에 속해 있는지와 이로 인해 어느 정도의 확률로

상장폐지가 예측되는지를 확인할 수 있다. 아래 script에서는 10개의 회사에 대해 예시로 보여주고 있다. [ ]로 둘러싸인 부분을 없앤다면 1,800여 개의 리스트를 보게 된다. party에서도 모델 object 뒤에 @where를 사용해 확인이 가능하다.

```
attributes(T_4to8_mdl_rp)
## $names
##  [1] "frame"               "where"               "call"
##  [4] "terms"               "cptable"             "method"
##  [7] "parms"               "control"             "functions"
## [10] "numresp"             "splits"              "variable.importance"
## [13] "y"                   "ordered"
##
## $xlevels
## named list()
##
## $ylevels
## [1] "0" "1"
##
## $class
## [1] "rpart"


T_4to8_mdl_rp$where[1:10]
##   81  367  407  427  438  504  587  735  926 1085
##    7    5    5   16   21   21   21    5   16   21
```

이번에는 test set에서 모델의 성능을 보자.

```
# Test the model
tPred_rp_9to13<-predict(T_4to8_mdl_rp, newdata=T_9to13,type="class")
(T_4to8_rp_m_tt<-table(tPred_rp_9to13,T_9to13$v04_D_YN))
##
## tPred_rp_9to13    0    1
##              0 1641   62
```

```
##                  1   19   40
```

```
T_4to8_rp_m_tt[2,2]/sum(T_4to8_rp_m_tt[2,]) # Precision
## [1] 0.678
```

```
T_4to8_rp_m_tt[2,2]/sum(T_4to8_rp_m_tt[,2]) # Detect rate
## [1] 0.3922
```

```
sum(diag(T_4to8_rp_m_tt))/sum(T_4to8_rp_m_tt) # Accuracy
## [1] 0.954
```

모델링 결과를 보면, rpart의 모델 train은 party보다 모두 잘 나옴을 알 수 있다. 하지만 모델 Test 결과는 약간 낮아졌다. 일단 party에서 아주 좋은 결과를 얻어 rpart에 대한 기대가 큰 것도 있지만, rpart가 다소 overfitting되는 경향이 있음을 알 수 있다. 이는 충분히 크지 못한 data set을 대상으로 하여 안정성이 떨어진 결과이다. 2,000여 개의 기업에 대해 많은 변수를 사용해 나누다 보면 하나의 leaf에 속하는 대상이 한자리 수로 작아진다. 즉, 특이한 몇몇 기업이 분류를 만들어 모델을 복잡하게 하고, 이에 따라 안정적이기보다는 민감한 모델이 되는 것이다.

그래도 Precision과 Accuracy는 만족할 만하며, Detect Rate의 lift도 무려 8배 (40% / 5%)가 된다.

party모델에서 감사인의 파워를 느꼈다면, rpart모델에서는 마이닝 알고리즘의 파워를 느끼게 되었다. 감사인이 전문적인 식견으로 감사의견 하나로 기업을 의미 있게 분류한다면, 알고리즘은 전문가가 판단한 근거들을 변수로 설정하고, 그로부터 패턴을 찾아 기업을 분류하는 것이다. 이번 상장폐지예측 모델에서는 재무정보와 재무비율이 가용할 때는 전문가들의 의견이 첨부되어 있어, 그 의견을 포함해 분류할 수 있게 되어 더 좋은 결과를 얻게 된다.

③ randomForest
randomForest는 'NA' 데이터를 허용하지 않으므로 별도의 data set을 만들

어 투입했다. 시각화의 결과는 error rate를 시각화한 것이다. 시각화한 결과는 tree의 개수에 따른 class '0'(상장사)의 error rate(빨간 색)와 class '1'(상장폐지사)의 error rate(녹색)의 결과이며, OOB는 out-of-bag의 약자로서 class가 다르게 분류된 error rate이다.

먼저 패키지를 설치하고, memory에 올리는 script이다.

```
# install.packages("randomForest")
library(randomForest)
## randomForest 4.6-10
## Type rfNews() to see new features/changes/bug fixes.


set.seed(2020)
```

모델 생성을 하는데 system.time을 이용해 시간을 측정할 수 있다. 저자의 경우는 약 7초 정도 소요됐다. train set에서 평가를 해보면 precision과 accuracy는 매우 만족스럽다.

```
# Train the model
(st_rF_4to8<-system.time(T_4to8_mdl_rF<-randomForest(myFormula,data=T_
4to8_rF,prox=TRUE)))
##    user  system elapsed
##   6.739   0.052   6.792
# on the MacBook Pro (Core i7, 16 GB memory)


table(predict(T_4to8_mdl_rF),T_4to8_rF$v04_D_YN)
##
##        0    1
##   0 1808   64
##   1   19   56


(T_4to8_rF_m_tr<-table(predict(T_4to8_mdl_rF),T_4to8_rF$v04_D_YN))
```

```
##
##        0    1
##  0  1808   64
##  1    19   56
```

```
T_4to8_rF_m_tr[2,2]/sum(T_4to8_rF_m_tr[2,]) # Precision
## [1] 0.7467
```

```
T_4to8_rF_m_tr[2,2]/sum(T_4to8_rF_m_tr[,2]) # Detect rate
## [1] 0.4667
```

```
sum(diag(T_4to8_rF_m_tr))/sum(T_4to8_rF_m_tr) # Accuracy
## [1] 0.9574
```

시각화는 중요변수와 error rate를 시각화하였다.

```
# Visualization
varImpPlot(T_4to8_mdl_rF, n.var=15)
```

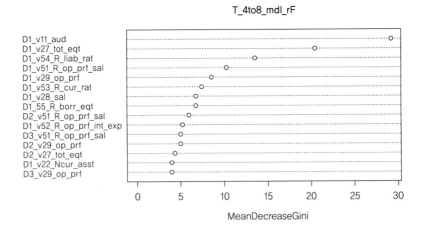

```
plot(T_4to8_mdl_rF)
legend("topright", colnames(T_4to8_mdl_rF$err.rate),col=1:4,cex=0.8,fill=1:4)
```

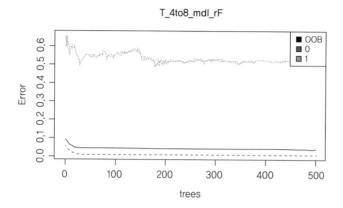

randomForest는 여러 의사결정 나무를 만들어 다수결로 예측을 하는 모형이므로 최종 의사결정 나무가 1개만 존재하지 않으므로 의사결정 나무로 시각화할 수 없다. 사실 이 부분 때문에 randomForest를 이 책에 포함할지 고민하였다. 알고리즘 설명과 시각화를 위와 같이 한 줄로 설명하면 만족도가 떨어질 것이기 때문이다.

하지만 여러 차례의 모델링 경험을 통해 얻은 결론은 randomForest는 어떠한 상황에서도 안정적인 모델을 만든다는 것이다. 다소 부실한 결과를 내놓을 때도 있지만, 이때는 위에서처럼 중요변수를 시각화 해보면, 2~3개 변수에 중요도가 쏠려 있다. 그렇다면 우리가 만든 모델은 어떨까? 앞의 rpart에서 언급한 바와 같이 분류 대상이 2,000여 개이고, 변수가 많아 민감도가 좀 있는 정도이다. 이러한 이유로 뒤에서 나올 1개의 상장폐지연도를 대상으로 한 모델링을 시도한 것이다.

test set으로 모델링 결과를 확인해 보자.

```
# Test the model
tPred_rF_9to13<-predict(T_4to8_mdl_rF, newdata=T_9to13_rF,type="class")
(T_4to8_rF_m_tt<-table(tPred_rF_9to13,T_9to13$v04_D_YN))
##
```

```
## tPred_rF_9to13     0     1
##              0  1650   57
##              1    10   45


T_4to8_rF_m_tt[2,2]/sum(T_4to8_rF_m_tt[2,]) # Precision
## [1] 0.8182


T_4to8_rF_m_tt[2,2]/sum(T_4to8_rF_m_tt[,2]) # Detect rate
## [1] 0.4412


sum(diag(T_4to8_rF_m_tt))/sum(T_4to8_rF_m_tt) # Accuracy
## [1] 0.962
```

train set 결과와 유사하게 나왔다. 그만큼 randomForest를 사용하면 모델이 안정적이라는 것을 의미한다. rpart와 유사하게 Precision과 Accuracy는 매우 우수하며, Detect Rate 또한 높지만, party 알고리즘에는 미치지 못한다. Lift 역시 9배로 상당히 높다고 평가할 수 있다.

(4) 3개년 모델링 결과

3개년 모델링을 통해 본 결과는 상당히 모델이 안정적이어서 전체적인 Accuracy나 Precision이 높다는 것을 알 수 있다. 하지만, Risk Hedge를 위해 Detect Rate는 좀 더 높였으면 하는 바람이 있을 것이다. 때로는 Accuracy와 Precision을 희생하더라도 Detect Rate를 높일 필요가 있을 것이다. 그 방법은 이 책의 마지막 부분에 설명하였다.

(5) 상장폐지사의 중요 변수별 탐색적 분석

주요 변수별 상장사와 상장폐지사의 분포를 살펴보고자 한다.

이 부분은 모델을 만들기 전 변수를 만들 때 해야 하지만, 일부러 뒤로 미루었다. 그 이유는, 탐색적 분석은 변수에 대한 이해와 변수 간 상관분석 등을 통해 모델링에 대한 인사이트를 얻기 위해 수행한다. 하지만 이번 모델링에서는 변수들에 대해 자신이 있었고, 바로 모델링을 시도하였다. 즉, 이미 모델링에 대한 인사이트가 있었기에 변수를 충분히 확보하였다고 판단하고 바로 모델링에 들어간 것이다. 저자는 재무 분야에서 15년간 경험을 쌓았으며 특히, 회계사로서뿐 아니라 각종 컨설팅을 하면서 많은 경력을 쌓아 이러한 인사이트가 있었고, 게다가 함께 했던 다른 회계사도 저자와 비슷한 경력을 가지고 있어서 관련 변수를 잘 짚어 냈기에 탐색적 분석을 거치지 않고 모델링에 들어간 것이다. 하지만, 탐색적 분석을 생략하는 것은 좋은 사례가 아니므로 권장하지는 않는다.

① 주요 변수의 도출

party나 rpart는 모델의 tree에서 변수를 확인할 수 있으나, randomForest는 tree를 확인할 수 없으므로 주요 변수에 대해서는 다음과 같은 방법으로 알 수 있다.

varImpPlot(T_4to8_mdl_rF, n.var=15)

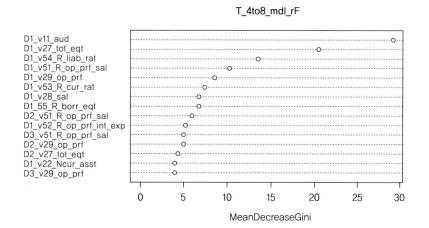

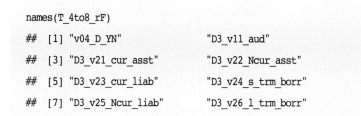

```
##  [9] "D3_v27_tot_eqt"              "D3_v28_sal"
## [11] "D3_v29_op_prf"               "D3_v30_int_exp"
## [13] "D3_v51_R_op_prf_sal"         "D3_v52_R_op_prf_int_exp"
## [15] "D3_v53_R_cur_rat"            "D3_v54_R_liab_rat"
## [17] "D3_v55_R_borr_eqt"           "D3_v71_R_cur_rat_dv"
## [19] "D2_v11_aud"                  "D2_v21_cur_asst"
## [21] "D2_v22_Ncur_asst"            "D2_v23_cur_liab"
## [23] "D2_v24_s_trm_borr"           "D2_v25_Ncur_liab"
## [25] "D2_v26_l_trm_borr"           "D2_v27_tot_eqt"
## [27] "D2_v28_sal"                  "D2_v29_op_prf"
## [29] "D2_v30_int_exp"              "D2_v51_R_op_prf_sal"
## [31] "D2_v52_R_op_prf_int_exp"     "D2_v53_R_cur_rat"
## [33] "D2_v54_R_liab_rat"           "D2_v55_R_borr_eqt"
## [35] "D2_v71_R_cur_rat_dv"         "D1_v11_aud"
## [37] "D1_v21_cur_asst"             "D1_v22_Ncur_asst"
## [39] "D1_v23_cur_liab"             "D1_v24_s_trm_borr"
## [41] "D1_v25_Ncur_liab"            "D1_v26_l_trm_borr"
## [43] "D1_v27_tot_eqt"              "D1_v28_sal"
## [45] "D1_v29_op_prf"               "D1_v30_int_exp"
## [47] "D1_v51_R_op_prf_sal"         "D1_v52_R_op_prf_int_exp"
## [49] "D1_v53_R_cur_rat"            "D1_v54_R_liab_rat"
## [51] "D1_v55_R_borr_eqt"           "D1_v71_R_cur_rat_dv"
```

② 상장사 vs 상장폐지사

 도출된 주요 변수에 대해 두 Class에 따른 분포를 표시해 보았다.

```
ind0<-which(T_4to8_rF$v04_D_YN==0) # 상장사 index
ind1<-which(T_4to8_rF$v04_D_YN==1) # 상장폐지사 index

# D1_v11_aud (1st important var)
table(T_4to8_rF$D1_v11_aud,T_4to8_rF$v04_D_YN)
##
##        0    1
```

```
##   0 1802   57
##   1   25   63
```

```
barplot(table(T_4to8_rF$D1_v11_aud,T_4to8_rF$v04_D_YN),horiz = T,xlab="#
company",ylab="Delist_YN",main="D1_v11_aud (1st important var)",legend.text =
c("pred_0", "pred_1"))
```

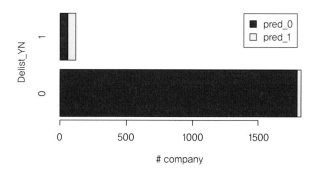

D1_v11_aud(1st important var)

전년도 감사의견은 변별력이 있음을 알 수 있다.

```
# D1_v27_tot_eqt (2nd important var)
(q0<-quantile(T_4to8_rF$D1_v27_tot_eqt[ind0]))
##        0%        25%        50%        75%        100%
## -6.997e+11  2.011e+10  4.312e+10  1.074e+11  5.811e+13
(q1<-quantile(T_4to8_rF$D1_v27_tot_eqt[ind1]))
##        0%        25%        50%        75%        100%
## -4.207e+11 -4.906e+09  3.919e+09  2.504e+10  4.366e+12
```

```
boxplot(T_4to8_rF$D1_v27_tot_eqt~T_4to8_rF$v04_D_YN, ylim = c(q1[2], q0[4]),
main="D1_v27_tot_eqt (1st important var)")
```

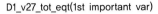

D1_v27_tot_eqt(1st important var)

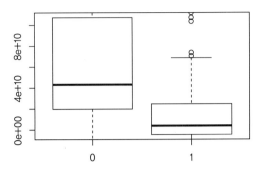

전년도 자본총계 역시 변별력이 상당하다.

```
# D1_v54_R_liab_rat(3rd important var)
(q0<-quantile(T_4to8_rF$D1_v54_R_liab_rat[ind0]))
##      0%    25%    50%    75%    100%
##    0.00  36.56  79.39 151.05 6913.71


(q1<-quantile(T_4to8_rF$D1_v54_R_liab_rat[ind1]))
##      0%    25%    50%    75%    100%
##    0.00   0.00  42.19 279.65 12464.47


boxplot(T_4to8_rF$D1_v54_R_liab_rat~T_4to8_rF$v04_D_YN, ylim = c(0, q1[4]),
main="D1_v54_R_liab_rat(2nd important var)")
```

D1_v54_R_liab_rat(2nd important var)

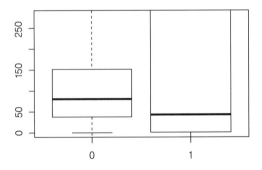

전년도 부채비율은 자체적으로는 변별력이 없으나, 다른 변수와 조합하여 중요하므로 주요변수로 나타난 것으로 보인다.

```
# D1_v51_R_op_prf_sal(4th important var)
(q0<-quantile(T_4to8_rF$D1_v51_R_op_prf_sal[ind0]))
##        0%      25%      50%      75%     100%
## -1032.08     0.28     4.61    10.35    95.10


(q1<-quantile(T_4to8_rF$D1_v51_R_op_prf_sal[ind1]))
##        0%       25%       50%       75%     100%
## -5288.640  -125.537  -38.865   -6.375   63.010


boxplot(T_4to8_rF$D1_v51_R_op_prf_sal~T_4to8_rF$v04_D_YN, ylim = c(q1[2],
q0[4]),main="D1_v51_R_op_prf_sal(3rd important var)")
```

D1_v51_R_op_prf_sal(3rd important var)"

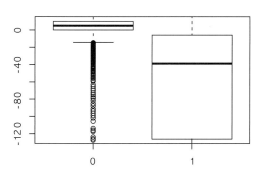

전년도 매출액 대비 영업이익률도 변별력이 있음을 알 수 있다.

```
# D1_v29_op_prf(5th important var)
(q0<-quantile(T_4to8_rF$D1_v29_op_prf[ind0]))
##         0%       25%        50%        75%       100%
## -3.659e+12  1.429e+08  3.367e+09  1.195e+10  6.540e+12


(q1<-quantile(T_4to8_rF$D1_v29_op_prf[ind1]))
```

```
##          0%       25%       50%       75%      100%
## -2.878e+11 -9.314e+09 -4.573e+09 -1.446e+09  4.544e+11

boxplot(T_4to8_rF$D1_v29_op_prf~T_4to8_rF$v04_D_YN, ylim = c(q1[2], q0[4]),
main="D1_v29_op_prf(4th important var)")
```

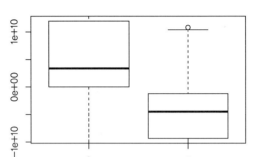

D1_v29_op_prf(4th important var)

전년도 영업이익도 변별력이 있음을 알 수 있다.

③ 결론과 활용

이와 같이 변수의 변별력을 보고, 개별 회사별로 어느 Class에 가까운지를 볼 수 있으며, Class 1(상장폐지사)에 속한다면 어떻게 대책을 세워야 하는지도 알 수 있게 될 것이다.

한 가지 예를 들어 보자. 우리 회사가 매출액 대비 영업이익율(D1_v51_R_op_prf_sal)이 낮아 Class 1으로 분류되었다면 어떻게 해야 할까?

먼저, 고객별 제품별 영업이익율을 산출하여 손익분석을 해야 한다. 손익분석 결과, 매출액 대비 영업이익율이 낮은 고객과 제품을 선별하여 대책을 마련하여야 한다. 영업이익율을 높이는 방법은 단순히 단가를 높일 수도 있고, 고정비가 높은 경우 일정 규모 이상의 매출만을 취급한다는 식의 대안이 있을 것이다. 또는 원가가 높은 제품의 판매를 줄이는 방법도 있을 것이다.

이와 같이, 상장폐지로 예측된 회사의 경우 어느 변수에 의해 분류되었는지를 보는 것은 매우 중요하며, party와 rpart에서는 tree에서 바로 확인이 가능하고, randomForest와 같이 tree를 확인할 수 없는 패키지는 varImp와 같은 주요변수를 도출하는 함수를 사용해 확인할 수 있다.

4. 단일연도 상장폐지사 예측 모델링

3개년 상장폐지사 통합 모델이 매우 안정적이어서, 1개년 상장폐지사 모델을 시도해 보았다.

(1) data load 및 Formula

```
load("data/3yr_data_04to13.rdata")
myFormula<-v04_D_YN~.
```

(2) 모델링

① party

```
library(party)
## Loading required package: grid
## Loading required package: zoo
##
## Attaching package: 'zoo'
##
## The following objects are masked from 'package:base':
##
##     as.Date, as.Date.numeric
##
## Loading required package: sandwich
## Loading required package: strucchange
## Loading required package: modeltools
## Loading required package: stats4

# Train the model
T_901_ctree<-ctree(myFormula,data=T_901)
(T_901_ct_m_tr<-table(predict(T_901_ctree),T_901$v04_D_YN))
##
```

```
##        0   1
##   0 1692  25
##   1    3  28
```

```
T_901_ct_m_tr[2,2]/sum(T_901_ct_m_tr[2,]) # Precision
## [1] 0.9032
```

```
T_901_ct_m_tr[2,2]/sum(T_901_ct_m_tr[,2]) # Detect rate
## [1] 0.5283
```

```
sum(diag(T_901_ct_m_tr))/sum(T_901_ct_m_tr) # Accuracy
## [1] 0.984
```

party를 이용한 모델링 결과, Train에서 상당히 좋은 결과가 나왔다. 3개년 모델링보다 좋은 성과를 보이고 있다. 저자 생각에는 overfitting으로 짐작된다. 과연 그럴까? 일단 시각화 결과를 보자.

```
# Visualization
plot(T_901_ctree,type="simple")
```

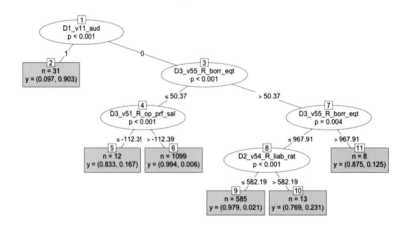

의사결정 나무도 만만치 않게 좋은 결과가 나왔다. 상장폐지를 예측하는 leaf가 1개이지만, 상장폐지사가 섞여 있는 정상 leaf 중 가장 안 좋은 것이 10번 leaf로

13개 중 4개가 있는 것 같다. 그 다음은 5번 leaf와 11번 leaf로 각각 2개와 1개가 섞여 있을 뿐이다. 감사의견만을 고려해서 구분했다고 해도 과언이 아닌 모델에 대해 오분류율이 상당히 낮다는 것을 확인할 수 있다. 여전히 overfitting이 의심되는 상황이다. test set을 적용해 보자.

```
# Test the model
tPred_p_2011<-predict(T_901_ctree,newdata=T_012)
(T_901_ct_m_tt<-table(tPred_p_2011,newdata=T_012$v04_D_YN))
##              newdata
## tPred_p_2011    0    1
##            0 1661   10
##            1    6   23


T_901_ct_m_tt[2,2]/sum(T_901_ct_m_tt[2,]) # Precision
## [1] 0.7931


T_901_ct_m_tt[2,2]/sum(T_901_ct_m_tt[,2]) # Detect rate
## [1] 0.697


sum(diag(T_901_ct_m_tt))/sum(T_901_ct_m_tt) # Accuracy
## [1] 0.9906
```

결과가 매우 놀랍다. 상장폐지로 예측한 회사의 80%가 상장폐지 되었고, 실제 상장폐지된 회사의 70%를 탐지했다. 3개년 통합 모델링보다 좋은 성과이다. 이를 해석해보면, 2012년 상장폐지사는 감사의견이 변형된 기업을 위주로 상장폐지되었다고 할 수 있을 것이다. 모델링을 통해 이러한 트렌드도 파악할 수 있다.

② raprt

```
library(rpart)
library(partykit)
##
## Attaching package: 'partykit'
##
## The following objects are masked from 'package:party':
##
##     ctree, ctree_control, edge_simple, mob, mob_control,
##     node_barplot, node_bivplot, node_boxplot, node_inner,
##     node_surv, node_terminal
##
## The following object is masked from 'package:grid':
##
##     depth


# Train the model
T_901_rp<-rpart(myFormula,data=T_901,control=rpart.control(minsplit=10))
(T_901_rp_m_tr<-table(predict(T_901_rp, newdata=T_901,type="class"),
T_901$v04_D_YN))
##
##      0   1
## 0 1694  18
## 1    1  35


T_901_rp_m_tr[2,2]/sum(T_901_rp_m_tr[2,]) # Precision
## [1] 0.9722


T_901_rp_m_tr[2,2]/sum(T_901_rp_m_tr[,2]) # Detect rate
## [1] 0.6604
sum(diag(T_901_rp_m_tr))/sum(T_901_rp_m_tr) # Accuracy
## [1] 0.9891
```

역시 상당히 우수한 train set에서의 모델링 결과를 보여주고 있다. 시각화하여
확인해 보자.

```
# Visualization
plot(as.party(T_901_rp))
```

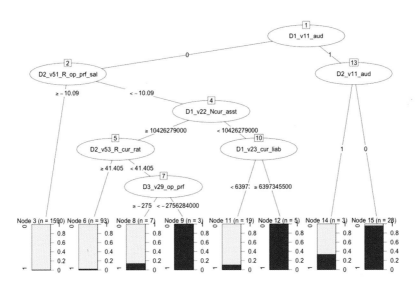

시각화 결과를 보면, 감사의견으로 분류되지 않는 8개 상장폐지사를 9번과 12번
노드에서 잘 분류해 내고 있다. 역시 상장폐지로 분류된 회사는 모든 변수를 거치고
있다.

```
# Test the model
tPred_rp_2013<-predict(T_901_rp, newdata=T_012,type="class")
(T_901_rp_m_tt<-table(tPred_rp_2013,T_012$v04_D_YN))
##
## tPred_rp_2013    0    1
##             0 1651    9
##             1   16   24


T_901_rp_m_tt[2,2]/sum(T_901_rp_m_tt[2,]) # Precision
```

```
## [1] 0.6

T_901_rp_m_tt[2,2]/sum(T_901_rp_m_tt[,2]) # Detect rate
## [1] 0.7273
sum(diag(T_901_rp_m_tt))/sum(T_901_rp_m_tt) # Accuracy
## [1] 0.9853
```

test set에서 성능 평가 결과 Precision은 좀 떨어졌지만, 탐지율과 정확성은 여전히 좋은 결과를 보여주고 있다. 역시 rpart는 overfitting 경향이 있다.

③ randomForest

```
library(randomForest)
## randomForest 4.6-10
## Type rfNews() to see new features/changes/bug fixes.

set.seed(2020)

# Train the model
T_901_rf<-randomForest(myFormula,data=T_901_rF,prox=TRUE)
(T_901_rF_m_tr<-table(predict(T_901_rf),T_901_rF$v04_D_YN))
##
##        0    1
##   0 1692   29
##   1    3   24


T_901_rF_m_tr[2,2]/sum(T_901_rF_m_tr[2,])
## [1] 0.8889


T_901_rF_m_tr[2,2]/sum(T_901_rF_m_tr[,2])
## [1] 0.4528


sum(diag(T_901_rF_m_tr))/sum(T_901_rF_m_tr)
```

[1] 0.9817

Visualization

plot(T_901_rf)

legend("topright", colnames(T_901_rf$err.rate),col=1:4,cex=0.8,fill=1:4)

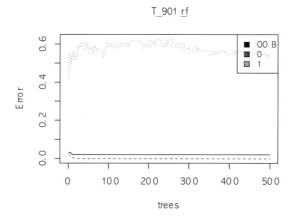

Test the model

tPred_rF_2013<-predict(T_901_rf,newdata=T_012_rF)

(T_901_rF_m_tt<-table(tPred_rF_2013,newdata=T_012_rF$v04_D_YN))

```
##                newdata
## tPred_rF_2013    0     1
##            0  1664    12
##            1     3    21
```

T_901_rF_m_tt[2,2]/sum(T_901_rF_m_tt[2,])

[1] 0.875

T_901_rF_m_tt[2,2]/sum(T_901_rF_m_tt[,2])

[1] 0.6364

sum(diag(T_901_rF_m_tt))/sum(T_901_rF_m_tt)

[1] 0.9912

역시 randomForest는 안정적인 모델링이 가능함을 확인할 수 있다.

(3) 1개년 모델링 결과

상장폐지예측 모델링 초기에는 target이 많지 않아 패턴을 찾기가 어려울 것이라 짐작하였으나, 생각보다 모델 성능도 좋고 안정적이었다. 이에 따라 1개년 모델링을 시도해 본 것인데, 그 결과도 상당히 안정적이었다.

이러한 결과로 미루어 볼 때, 재무정보를 이용한 상장폐지 예측은 매우 안정적이어서 적은 수의 target을 대상으로 해도 패턴을 잡을 수 있다는 것이다. 그만큼 재무분야는 안정적이라는 것을, 다른 말로 보수적임을 확인할 수 있었다.

5. caret 패키지를 이용한 모델링

이제 모델링에 대한 확신이 생겼으니, 다양한 패키지를 쉽게 이용할 수 있는 방법을 살펴보자. caret 패키지는 'Classification and Regression Training' 을 나타내는 것으로 여러 모델링 알고리즘을 포함하고 있다. 따라서 패키지 설치부터 상당히 많은 패키지를 설치하게 된다. 하지만, 사용 시에는 표준화된 형식을 따르게 되므로 편리한 장점이 있다.

(1) 패키지 설치 및 load

패키지 설치 시 의존성이 있는 패키지를 모두 설치하고, 제안이 있는 경우 이를 따른다는 의미다. 저자는 이미 설치가 되어 있으므로 별도로 설치하지는 않겠다.

```
# install.packages("caret", dependencies = c("Depends", "Suggests"))
```

(2) 모델링

caret 패키지는 기본적으로 parallelprocessing을 제공하므로 이를 이용하고자 한다. 저자는 MacBook을 쓰고 있으므로 Mac용으로 실행하였다.

```
# for MAC
# install.packages("doMC")
library(doMC)
## Loading required package: foreach
## Loading required package: iterators
## Loading required package: parallel
registerDoMC(cores=6)

# for Windows
# install.packages("doParallel")
# library(doParallel)
# registerDoParallel(6)

load("data/3yr_data_04to13.rdata")
myFormula<-v04_D_YN~.
```

caret은 random효과가 있으므로 모델링 때마다 조금씩 다른 결과를 도출한다.
이러한 random효과를 고정시키는 방법이 set.seed이다. 주로 결과를 재생산하기
위해 사용한다.

```
library(caret)
## Loading required package: lattice
## Loading required package: ggplot2

set.seed(2020)
```

caret 패키지는 다양한 알고리즘을 사용하는데, 모델생성은 표준화되어 있어
train함수를 사용한다. 여기에 알고리즘은 method라는 옵션으로 지정한다.

```
# Train the Model
(st_ctree<-system.time(ctreeFit_901 <- train(myFormula,data=T_901_rF, method=
"ctree")))
## Loading required package: party
```

```
## Loading required package: grid

## Loading required package: zoo

##

## Attaching package: 'zoo'

##

## The following objects are masked from 'package:base':

##

##     as.Date, as.Date.numeric

##

## Loading required package: sandwich

## Loading required package: strucchange

## Loading required package: modeltools

## Loading required package: stats4

##     user   system  elapsed

##   45.374   1.572   11.253

# on the MacBook Pro (Core i7, 16 GB memory)
```

모델링 결과를 확인해 보자.

```
ctreeFit_901
## Conditional Inference Tree
##
## 1748 samples
##   51 predictors
##    2 classes: '0', '1'
##
## No pre-processing
## Resampling: Bootstrapped (25 reps)
##
## Summary of sample sizes: 1748, 1748, 1748, 1748, 1748, 1748, ...
##
## Resampling results across tuning parameters:
##
```

```
##    mincriterion  Accuracy  Kappa  Accuracy SD  Kappa SD
##    0.01          1         0.6    0.005        0.1
##    0.5           1         0.6    0.006        0.1
##    1             1         0.6    0.006        0.1
##
## Accuracy was used to select the optimal model using  the largest value.
## The final value used for the model was mincriterion = 1.
```

```
confusionMatrix(ctreeFit_901)
## Bootstrapped (25 reps) Confusion Matrix
##
## (entries are percentages of table totals)
##
##           Reference
## Prediction    0    1
##        0 96.8  1.5
##        1  0.2  1.5
```

train set에서 상당히 좋은 결과가 나왔다. Detect rate도 50%로 잘 나온 편이다.

이번에는 시각화를 해보자. 생성된 모델에 포함된 final Model을 시각화하면 된다.

```
# Visualization
names(ctreeFit_901)
##  [1] "method"       "modelInfo"   "modelType"   "results"
##  [5] "pred"         "bestTune"    "call"        "dots"
##  [9] "metric"       "control"     "finalModel"  "preProcess"
## [13] "trainingData" "resample"    "resampledCM" "perfNames"
## [17] "maximize"     "yLimits"     "times"       "terms"
## [21] "coefnames"    "xlevels"
```

```
plot(ctreeFit_901$finalModel)
```

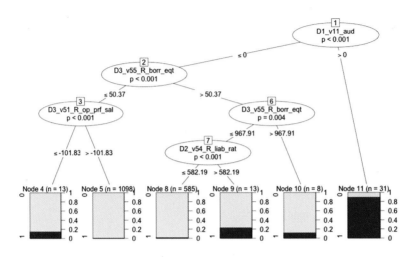

여기서 주의할 것은 method에 따라 알고리즘이 달라지는 것이므로 그에 따라 생성된 모델이 달라진다는 것이다. 즉, names( )함수를 사용해 나오는 결과가 다르다는 것이다. 여기서는 party패키지의 알고리즘을 사용하고 있으므로, final model이 있는 것이다. randomForest를 method로 지정하면 final model이 나올까?

test set을 투입해 예측해 보자.

```
# Predict the Model
pred_ctree<-predict(ctreeFit_901,newdata=T_012_rF)
confusionMatrix(pred_ctree,T_012_rF$v04_D_YN,positive="1")
## Confusion Matrix and Statistics
##
##           Reference
## Prediction    0    1
##          0 1661   10
##          1    6   23
##
##                Accuracy : 0.991
##                  95% CI : (0.985, 0.995)
##     No Information Rate : 0.981
##     P-Value [Acc > NIR] : 0.000747
##
```

```
##                    Kappa : 0.737
## Mcnemar's Test P-Value : 0.453255
##
##              Sensitivity : 0.6970
##              Specificity : 0.9964
##           Pos Pred Value : 0.7931
##           Neg Pred Value : 0.9940
##               Prevalence : 0.0194
##           Detection Rate : 0.0135
##     Detection Prevalence : 0.0171
##        Balanced Accuracy : 0.8467
##
##          'Positive' Class : 1
##
```

confusion matrix 확인 결과 매우 좋은 성과가 나옴을 알 수 있다. 여기서 한 가지 더 우리가 사용하는 용어와 다른 용어를 확인할 수 있다. Detect rate는 'Sensitivity' 라 되어 있고, Precision은 'Pos Pred Value' 로 되어 있다.

주요 변수를 살펴보자. plot에서 top옵션은 상위 몇 개의 변수를 보여줄 것인지를 결정하는 사항이다. 여기서는 15개의 주요변수를 보겠다.

```
impVar_ctree<-varImp(ctreeFit_901)
## Loading required package: pROC
## Type 'citation("pROC")' for a citation.
##
## Attaching package: 'pROC'
##
## The following objects are masked from 'package:stats':
##
##     cov, smooth, var


plot(impVar_ctree,top=15,cex=2)
```

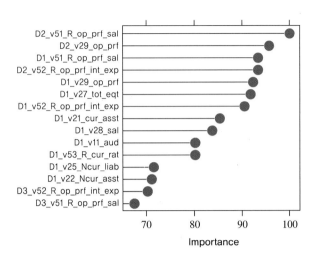

주요 변수의 분포가 매우 잘 나오고 있다는 것을 확인할 수 있다. 그 만큼 모델이 안정적임을 말하고 있다. 이 부분은 표준화되어 있으므로 다른 알고리즘에도 적용할 수 있다. 이러한 것이 caret의 장점이다.

(3) 2014년 예측 모델링

이제 모델링이 어느 정도 안정되었으니 2014년 예측을 수행해 보겠다.

```
set.seed(2020)
# Train the Model
(st_ctree<-system.time(ctreeFit_012 <- train(myFormula,data=T_012_rF, method=
"ctree")))
##    user  system elapsed
## 52.534   2.052  10.302

ctreeFit_012
## Conditional Inference Tree
##
## 1700 samples
##   51 predictors
##    2 classes: '0', '1'
##
```

```
## No pre-processing

## Resampling: Bootstrapped (25 reps)

##

## Summary of sample sizes: 1700, 1700, 1700, 1700, 1700, 1700, ...

##

## Resampling results across tuning parameters:

##

##   mincriterion  Accuracy  Kappa  Accuracy SD  Kappa SD

##   0.01          1         0.7    0.005        0.1

##   0.5           1         0.7    0.004        0.1

##   1             1         0.7    0.004        0.1

##

## Accuracy was used to select the optimal model using  the largest value.

## The final value used for the model was mincriterion = 1.


confusionMatrix(ctreeFit_012)

## Bootstrapped (25 reps) Confusion Matrix

##

## (entries are percentages of table totals)

##

##           Reference

## Prediction   0    1

##         0 97.7  0.5

##         1  0.4  1.4


# Predict the Model

pred_ctree<-predict(ctreeFit_012,newdata=T_123_rF)

confusionMatrix(pred_ctree,T_123_rF$v04_D_YN,positive="1")

## Confusion Matrix and Statistics

##

##           Reference

## Prediction   0    1

##         0 1645    5

##         1   15   11
```

```
##
##                Accuracy : 0.988
##                  95% CI : (0.982, 0.993)
##     No Information Rate : 0.99
##     P-Value [Acc > NIR] : 0.8692
##
##                   Kappa : 0.518
## Mcnemar's Test P-Value : 0.0442
##
##             Sensitivity : 0.68750
##             Specificity : 0.99096
##          Pos Pred Value : 0.42308
##          Neg Pred Value : 0.99697
##              Prevalence : 0.00955
##          Detection Rate : 0.00656
##    Detection Prevalence : 0.01551
##       Balanced Accuracy : 0.83923
##
##        'Positive' Class : 1
##
```

```
impVar_ctree<-varImp(ctreeFit_012)
plot(impVar_ctree,top=15,cex=2)
```

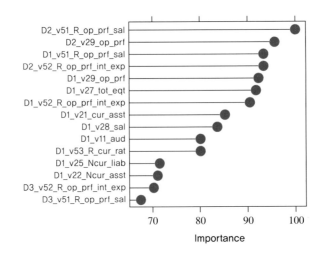

모델링 결과, Accuracy(0.9881)와 Detect Rate(0.687500)가 상당히 좋음을 알수 있다. Precision(Pos Pred Value: 0.423077)은 다소 낮은 것 같은데 왜일까? 아직 7월이 지났을 뿐이고, 예측된 회사들 중에 속속 상장폐지 되는 회사들이 나오면 이 수치는 올라갈 것으로 생각된다.

6. 탐지율을 높이는 방법

드디어 탐지율을 높이는 방법을 공개할 때이다. 상장폐지 예측 모델링과 같이 리스크를 회피하고자 하는 모델링에서는 정확도보다는 탐지율을 높이는 것이 중요하다. 이러한 상황에서 활용할 수 있는 방법을 설명하겠다.

(1) prior 옵션을 적용한 rpart 모델링

rpart 알고리즘에서 prior옵션을 이용하는 방법이다. 먼저, 데이터와 패키지를 메모리에 로드한다.

```
load("data/3yr_data_04to13.rdata")
myFormula<-v04_D_YN~.

library(rpart)
library(partykit)
## Loading required package: grid
##
## Attaching package: 'partykit'
##
## The following object is masked from 'package:grid':
##
##     depth
```

이제 모델을 생성하고, 결과를 확인해 보자. 여기서, prior 옵션은 실제 target 분포와 달리 target이 더 많은 것으로 지정하기 위해 사용한 옵션이다. 여기서는 '0'

이 80%, '1'이 20% 존재한다고 설정한 것이다. 실제는 95 : 5의 비율이다.

```
# Train the Model
T_901_rpp<-rpart(myFormula,data=T_901,parms=list(prior=c(0.8,0.2)))
(T_901_rpp_m_tr<-table(predict(T_901_rpp, newdata=T_901,type="class"),
T_901$v04_D_YN))
##
##         0    1
##   0  1639    2
##   1    56   51


T_901_rpp_m_tr[2,2]/sum(T_901_rpp_m_tr[2,]) # Precision
## [1] 0.4766


T_901_rpp_m_tr[2,2]/sum(T_901_rpp_m_tr[,2]) # Detect rate
## [1] 0.9623


sum(diag(T_901_rpp_m_tr))/sum(T_901_rpp_m_tr) # Accuracy
## [1] 0.9668
```

결과를 확인해 보면, 상장폐지사는 실제 53개 존재하지만 무려 107개가 있다고 예측한 결과를 내놓았다. 그리고 탐지율은 53개 중 51개로 96%로 높았다. 이대로만 된다면, 주식투자 시 107개 회사에는 투자하지 않고, 96%의 상장폐지 위험을 회피하게 된다.

시각화하여 보자.

```
# Visualization
plot(as.party(T_901_rpp))
```

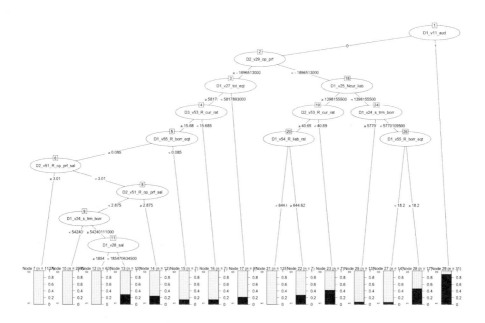

시각화 결과 매우 복잡한 결과가 나왔다. 그만큼 많은 분류를 통해 다양한 상장폐지 예측회사가 분류된 것이다.

그런데 시각화 결과가 다소 난감할 것이다. 상장폐지사가 50% 이상 포함된 노드는 맨 우측의 29번뿐이고, 노드에 포함된 기업의 수도 31개뿐이다. 그렇다면, 107개는 어떻게 나온걸까?

이를 확인해 보겠다.

```
T_901_rpp$where[1:10]
##  1 2 3  4 5  6  7 8  9 10 ##  7 7  7 10  7 7  7 16  7 10


predict(T_901_rpp)[1:10,2]
##      1      2      3      4      5      6      7      8      9     10 ##
0.0000 0.0000 0.0000 0.00000.0000 0.0000 0.0000 0.5713 0.0000 0.0000
```

train set의 각 기업이 어느 노드에 포함되는지와 모델에 의해 상장폐지될 확률을 보여주었다. 8번째 회사가 16번 노드에 포함되는데 상장폐지 확률이 57.13%로 상장폐지로 분류된다. 하지만 시각화 결과에서는 7개 중 1개만이 상장폐지된 것으로 나타났다. 이를 미루어 볼 때 7개 중 1개만 상장폐지된 노드도 rpp는 상장폐지로 분류한다는 것을 짐작할 수 있다.

이제 상장폐지 확률이 50%를 넘는 기업을 찾아 그 위치를 ind_pred에 넣고, 이들의 위치를 표시하고, 개수의 합계를 구해 보았다. 정확히107개가 나왔다. rpp에 의해 상장폐지로 분류된 노드는 13, 14, 15, 16, 17, 22, 23, 28, 29임을 확인한 것이다. 또한, 25, 27번 노드는 상장폐지로 분류되지 않았다. 이 두 노드에 포함된 회사가 Detect되지 않은 2개 회사일 것이다. Confusion matrix와 시각화 결과를 다시한 번 보고 확인해 보자.

```
ind_pred<-which(predict(T_901_rpp)[,2]>0.5)table(T_901_rpp$where[ind_pred])
## ## 13 14 15 16 17 22 23 28 29 ## 10 12  7 7  9  7  7 1731

sum(table(T_901_rpp$where[ind_pred]))
## [1] 107
```

결과적으로 시각화에서는 실제 상장폐지사의 분포를 보여주지만, prior 옵션을 사용한 rpart는, 상장폐지사 분포가 적은 노드도 상장폐지로 예측한다는 것이다.

이제 test set에 모델을 적용하여 예측하여 보자.

```
# Test the Model
tPred_rpp_012<-predict(T_901_rpp, newdata=T_012,type="class")
(T_901_rpp_m_tt<-table(tPred_rpp_012,T_012$v04_D_YN))
##
## tPred_rpp_012    0     1
##              0 1585    8
##              1   82   25

T_901_rpp_m_tt[2,2]/sum(T_901_rpp_m_tt[2,]) # Precision
```

```
## [1] 0.2336


T_901_rpp_m_tt[2,2]/sum(T_901_rpp_m_tt[,2]) # Detect rate
## [1] 0.7576


sum(diag(T_901_rpp_m_tt))/sum(T_901_rpp_m_tt) # Accuracy
## [1] 0.9471
```

역시 정확도(Precision)는 낮지만, 탐지율(Detect rate)은 상당히 높음을 확인할 수 있다.

(2) 2014년 예측에 적용

아래는 2014년 예측에 적용한 것이다. prior를 이번에는 좀 더 강하게 해 보았다. 결과가 만족스러운가?

```
# Train the Model
T_012_rpp<-rpart(myFormula,data=T_012,parms=list(prior=c(0.7,0.3)))
(T_012_rpp_m_tr<-table(predict(T_012_rpp, newdata=T_012,type="class"),
T_012$v04_D_YN))
##
##        0    1
##   0 1601    0
##   1   66   33


T_012_rpp_m_tr[2,2]/sum(T_012_rpp_m_tr[2,]) # Precision
## [1] 0.3333


T_012_rpp_m_tr[2,2]/sum(T_012_rpp_m_tr[,2]) # Detect rate
## [1] 1


sum(diag(T_012_rpp_m_tr))/sum(T_012_rpp_m_tr) # Accuracy
## [1] 0.9612
```

Visualization

plot(as.party(T_012_rpp))

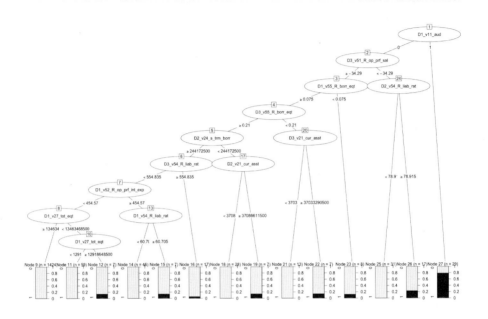

Test the Model

tPred_rpp_012<-predict(T_012_rpp, newdata=T_123,type="class")

(T_012_rpp_m_tt<-table(tPred_rpp_012,T_123$v04_D_YN))

##

tPred_rpp_012   0   1

0 1563   3

1   97   13

T_012_rpp_m_tt[2,2]/sum(T_012_rpp_m_tt[2,]) # Precision

[1] 0.1182

T_012_rpp_m_tt[2,2]/sum(T_012_rpp_m_tt[,2]) # Detect rate

[1] 0.8125

sum(diag(T_012_rpp_m_tt))/sum(T_012_rpp_m_tt) # Accuracy

[1] 0.9403